国家社科重大招标项目（编号:11&ZD16
湖南省社科青年项目（编号:16YBQ002
湖南省教育厅一般项目（编号：17C014
长沙市科技项目（编号：ZD1601078）
马栏山视频文创研究基地项目（编号：20SPWC-11）

循环经济"元素流—价值流"研究

以钢铁企业为例

熊 菲 ◎ 著

中国财经出版传媒集团
经济科学出版社
Economic Science Press

图书在版编目（CIP）数据

循环经济"元素流—价值流"研究：以钢铁企业为例/熊菲著.—北京：经济科学出版社，2021.11
ISBN 978-7-5218-1949-6

Ⅰ.①循… Ⅱ.①熊… Ⅲ.①企业管理-供应链管理-研究-中国 Ⅳ.①F279.23

中国版本图书馆 CIP 数据核字（2020）第 190978 号

责任编辑：李　雪
责任校对：刘　昕
责任印制：邱　天

循环经济"元素流—价值流"研究
——以钢铁企业为例

Research on the "Element Flow – Value Flow" of Circular Economy based on Iron and Steel Industry

熊　菲　著

经济科学出版社出版、发行　新华书店经销
社址：北京市海淀区阜成路甲 28 号　邮编：100142
总编部电话：010-88191217　发行部电话：010-88191522
网址：www.esp.com.cn
电子邮箱：esp@esp.com.cn
天猫网店：经济科学出版社旗舰店
网址：http://jjkxcbs.tmall.com
北京季蜂印刷有限公司印装
710×1000　16 开　17.75 印张　300000 字
2021 年 11 月第 1 版　2021 年 11 月第 1 次印刷
ISBN 978-7-5218-1949-6　定价：68.00 元
(图书出现印装问题，本社负责调换。电话：010-88191510)
(版权所有　侵权必究　打击盗版　举报热线：010-88191661
QQ：2242791300　营销中心电话：010-88191537
电子邮箱：dbts@esp.com.cn)

前　　言

循环经济的本质是在不断提高经济效率的基础上物质循环与价值流动的统一。传统循环经济实践的过程中，只关注元素循环，忽略了价值的流动，是一种"循环不经济"的不合理的过程，导致企业在实施经济核算时无法进行可持续性经济分析与管理。

钢铁企业开展循环经济的核心是基于元素的物质流动，伴随元素流的流动，带来价值的循环流动与增值，对企业财务状况和环境绩效产生重大影响。基于此，探讨钢铁企业循环经济"元素流—价值流"分析方法体系，为钢铁企业循环经济实践提供管理工具和应用指南。

本书研究内容主要包含以下内容：

一是通过集成相关学科理论基础，融合技术性的元素流和经济性的价值流分析，构建企业循环经济"元素流—价值流"系统框架，并分析钢铁企业运用的缘由和层面。同时，从研究钢铁企业循环经济"元素流—价值流"相关的产业经济政策、法律法规、技术支撑和执行及监管支撑等方面入手，系统提出促进钢铁企业循环经济"元素流—价值流"分析的配套体系。

二是追踪和反馈铁元素流在烧结、炼焦、炼铁到轧钢这一工艺全流程的资源价值流，构建以内部资源价值损失和外部环境损害价值二维分析的价值流转计算方程式。基于循环经济的3R原则（减量化，再利用，再循环），建立以资源输入、流转与输出和环保处理为核心的综合评价指标体系。由此建立决策与控制体系，寻求企业元素流优化路线，满足钢铁企业工艺流程的循环经济管理的需要。

三是将企业工艺流程边界扩展到工业共生链企业间的"元素流—价值流"分析框架，建立钢铁企业固态、气态、液态物质循环和社会大宗废弃物处理循环四条工业共生链。从集成的角度探讨工业共生链成本分配方法；在对工业共生链进行综合测度的层面，一方面以共生效率为基础，从资源输入、输出的角度构建测度体系；另一方面通过资源流程方程式对企业环境、经济效率进行测度。以前述方法为基础，建立基于工业共生链的企业间循环经济"元素流—价值流"决策分析，构建基于工业共生链的企业间控制模式，并进行具体实施。

四是以某钢铁企业案例，在对企业基本情况和现行成本核算进行介绍的基础上，对企业内部工艺流程和工业共生链的企业间"元素流—价值流"研究进行案例验证。

本书主要创新如下：

一是揭示元素流与价值流耦合机理，提出"元素流—价值流"应用的系统框架。目前研究主要针对单独的元素流和价值流分析，且是总体的"黑箱式"分析，以钢铁企业技术层面上铁元素流为核心，融合与之对应的经济层面上的价值流分析，达到元素流和价值流的"黑箱"透明化，尝试性构建适宜于钢铁企业的循环经济"元素流—价值流"分析的系统框架，提高资源利用率，达到循环可持续发展的目的。

二是建立微观层面小循环的钢铁企业"元素流—价值流"方法体系。现有研究主要关注宏观层面上的物质流分析，少有技术层面上的企业元素流分析，而经济性分析主要集中在产品总成本和分步骤成本核算层面，技术性分析与经济性分析脱节。由此，将研究放在微观小循环的元素流及对应的价值流分析，指导企业循环经济生产方式，为企业"元素流—价值流"提供管理工具体系。

三是通过物质集成分析，构建从小循环向中循环过渡的工业共生链企业间"元素流—价值流"方法体系。现有循环经济研究大多数集中在对工业共生链静态的总体性评价分析，缺乏动态的总体和结构性相结合的双重分析。因此，以钢铁企业为依托，通过将"元素流—价值流"分析连接到相关企业，建立工业共生链企业群，对资源效率、环境效率和经济效率进行系统计算分析，建立集整体性和结构性一体的"元素流—价值流"管理系统。

循环经济"元素流—价值流"分析研究是循环经济学、生态经济学、资源科学、环境管理学、工业生态学、工程流程学及环境会计等诸多学科研究的理论融合和集成创新，是一种基于交叉学科的理论和方法体系，它的产生丰富了现有循环经济、元素流及价值流分析等理论与方法，有助于评价企业循环经济改造的环境和经济效益，为元素流路线的优化提供决策支持。其涉及知识面广，理论体系错综复杂，工艺流程技术方法繁多。限于作者的学术水准，本书仍存在部分不足，并未能对循环经济"元素流—价值流"分析后续研究的相关衍生问题进行深入分析。在全球资源枯竭化、环保要求日益严格化背景下，企业间资源整合优化及生态产业集群对循环经济价值流分析提出许多值得进一步探讨的问题：包括与产品全生命周期方法结合，扩展研究对象进行循环经济"元素流—价值流"分析的分析；与不同层面联系和不同行业联系，扩展循环经济"元素流—价值流"方法实施的层面行业范围，亟盼各位专家、学者和广大读者不吝指正！

目 录

第 1 章 绪论 ·· 1
  1.1 选题背景与意义 ··· 1
  1.2 国内外研究现状 ··· 7
  1.3 研究内容和研究方法 ·· 15

第 2 章 循环经济"元素流—价值流"理论基础与系统框架 ······ 20
  2.1 "元素流—价值流"分析的理论基础 ··························· 20
  2.2 "元素流—价值流"耦合机理研究 ······························ 26
  2.3 "元素流—价值流"分析系统框架 ······························ 30
  2.4 钢铁企业应用"元素流—价值流"的缘由 ···················· 39
  2.5 钢铁企业应用层面 ··· 46
  2.6 本章小结 ·· 49

第 3 章 工艺流程的"元素流—价值流"管理研究 ··················· 50
  3.1 "元素流—价值流"分析框架 ····································· 50
  3.2 "元素流—价值流"核算分析 ····································· 58
  3.3 "元素流—价值流"评价体系研究 ······························ 86
  3.4 "元素流—价值流"决策优化体系研究 ······················· 96
  3.5 "元素流—价值流"控制体系研究 ···························· 102
  3.6 本章小结 ·· 109

第 4 章 工业共生链的企业间"元素流—价值流"管理研究 ····· 111
  4.1 工业共生链的企业间"元素流—价值流"模型 ··········· 111

4.2　工业共生链集成的"元素流—价值流"成本分配 …………… 127
　　4.3　工业共生链集成的"元素流—价值流"综合测度 …………… 136
　　4.4　工业共生链集成的"元素流—价值流"诊断与决策 ………… 158
　　4.5　工业共生链集成的"元素流—价值流"目标控制 …………… 162
　　4.6　本章小结 ………………………………………………………… 165

第5章　"元素流—价值流"管理的配套体系研究 ……………………… 166
　　5.1　现状分析 ………………………………………………………… 166
　　5.2　产业经济政策保障体系完善 …………………………………… 172
　　5.3　法律法规保障体系完善 ………………………………………… 179
　　5.4　技术支撑保障体系构建 ………………………………………… 185
　　5.5　执行及监管支撑体系建设 ……………………………………… 189
　　5.6　本章小结 ………………………………………………………… 196

第6章　钢铁企业实施"元素流—价值流"管理的案例验证 …………… 197
　　6.1　企业基本情况介绍 ……………………………………………… 197
　　6.2　实施验证目标与原则 …………………………………………… 199
　　6.3　实施验证的步骤 ………………………………………………… 200
　　6.4　生产流程的实施研究 …………………………………………… 201
　　6.5　钢铁工业共生链的实证研究 …………………………………… 228
　　6.6　本章小结 ………………………………………………………… 251

第7章　结论 ………………………………………………………………… 252
　　7.1　基本结论 ………………………………………………………… 252
　　7.2　主要创新点 ……………………………………………………… 255
　　7.3　研究展望 ………………………………………………………… 256

参考文献 …………………………………………………………………… 258
后记 ………………………………………………………………………… 273

第 1 章

绪　　论

1.1　选题背景与意义

1.1.1　选题背景

随着科技的进步和社会生产力的飞速发展，人类正以前所未有的速度改造着自然，创造大量的物质财富。与此同时，全球化浪潮带来的全球性环境问题史无前例地影响着人类，已成为制约人类生存和发展的经济问题、政治问题和文化问题。

改革开放以来，我国经济发展迅速，实现了国内生产总值翻两番的战略目标，GDP 从 1978 年的 0.37 万亿元增至 2019 年的 99.09 万亿元，增长了 267 倍之多，经济增长速度位居世界前列。① 但由于一直没能摆脱传统的"高投入、高消耗、高污染和低效率"的粗放型经济增长方式，付出了巨大的代价：资源和能源快速枯竭、生态环境退化以及雾霾等现象日益突出。

资源能源消耗形势更加严峻。30 年来，我国已经从对矿物、化石燃料和其他原材料消耗较少的国家发展成为全球第一大资源消耗国。与全球第二大资源

---

① 国家统计局《中华人民共和国 2019 年国民经济和社会发展统计公报》，http://www.stats.gov.cn/tjsj/zxfb/202002/t20200228_1728913.html. 2020 - 2 - 28.

消耗国的美国相比，中国的资源消耗量是美国的4倍。2019年，全国能源消费总量为48.6亿吨标煤，比上年增长3.3%，是发达国家的数倍，环境退化成本的增速已经超过GDP增长速度。①

环境污染加重趋势尚未得到有效遏制。据中国生态环境部发布的《2019年全国大、中城市固体废物污染环境防治年报》[1]显示，全国共有200个大、中城市向社会发布了2018年固体废物污染环境防治信息。其中，一般工业固体废物产生量为15.5亿吨，工业危险废物产生量为4 643.0万吨，医疗废物产生量为81.7万吨，生活垃圾产生量为21 147.3万吨。

在移动源污染物排放方面，2018年，全国机动车一氧化碳（CO）、碳氢化合物（HC）、氮氧化物（NO_x）、颗粒物（PM）排放量分别为3 089.4万吨、368.8万吨、562.9万吨、44.2万吨。其中，汽车是污染物排放总量的主要贡献者，其排放的一氧化碳（CO）、氮氧化物（NO_x）和颗粒物（PM）超过90%，碳氢化合物（HC）超过80%。

大气环境日益恶化。2018年，全国338个地级及以上城市中，仅121个城市环境空气质量达标，占全部城市数的35.8%，217个城市环境空气质量超标，占到了64.2%。2018年全国平均霾日数为20.5天，霾天气过程次数和影响面积明显增加。全国共发生14次沙尘天气过程。酸雨区面积约53万平方千米，占国土面积的5.5%。

海洋环境不容忽视。在全国管辖海域，2018年夏季，劣四类水质海域面积为33 270平方千米，三四类水质海域面积为38 450平方千米，未达到第一类海水水质标准的海域面积为109 790平方千米。在近岸海域，水质总体稳中向好，水质级别为一般，主要污染指标为无机氮和活性磷酸盐。417个点位中，一类和二类海水比例合计为74.6%，同比上升6.7个百分点；劣四类为15.6%，同比持平。主要污染指标为无机氮、活性磷酸盐和石油类。

由此可见，经济的发展与环境的容量无法兼容，出现了不可持续的局面。地球自然环境的恶化和污染的加剧，标志着传统的发展方式已经无法持续下去，因此，需要形成新的发展模式，实现人与自然、人与社会的和谐发展。在经济领域，推进循环经济，实现资源与能源的再回收再利用，节约资源和能

---

① 国家统计局《中华人民共和国2019年国民经济和社会发展统计公报》，http://www.stats.gov.cn/tjsj/zxfb/202002/t202002228_1728913.html. 2020-2-28.

源，清洁生产，放弃以前的高污染高消费的方式，走生态文明发展道路。

当前，我国已进入由高速增长期过渡到中高速增长期的经济新常态，要想提升经济增长质量，使经济健康、持续发展，就要寻找新的经济增长点，而积极推动循环经济发展，助力生态文明建设不但是我国实现经济可持续发展的必由之路，而且是确保今后我国经济持续、健康发展的新亮点。

循环经济，是在生产、流通和消费等过程中进行的减量化、再利用、资源化活动的总称。[①] 它的基本特征是低消耗高效率，是对传统经济增长模式的发展创新，是一种可持续发展的经济理念。我国正处于工业化的初、中级阶段，目前经济进入新常态状态，发展循环经济对我们这么一个国情的国家而言，是一项带有全局性、紧迫性、长期性的战略任务，也是推动环境效益和经济效益双赢，实现可持续发展的必由之路。党中央、国务院高度重视循环经济的发展，《国务院关于加快发展循环经济的若干意见》，明确了我国循环经济的发展方向和重点任务，也确立了国家发改委在推动循环经济发展中的组织、协调和牵头作用。我们研究提出的将资源节约作为基本国策、生态文明建设纳入"五位一体"总体布局、节约集约循环利用的新资源观等，在中央关于"十一五""十二五""十三五"国民经济和社会发展规划建议中都得到了充分体现。习近平总书记在视察循环经济示范企业格林美时指出："变废为宝、循环利用是朝阳产业。垃圾是放错位置的资源，把垃圾资源化，化腐朽为神奇，是一门艺术，你们要再接再厉。"[②] 党的十八大把初步建立资源循环利用体系作为2020年全面建成小康社会目标之一，指出，经济发展方式转变更多地依靠节约资源和循环经济推动。党的十九大指出，建立健全绿色低碳循环发展的经济体系。推进资源全面节约和循环利用，实施国家节水行动，降低能耗、物耗，实现生产系统和生活系统循环链接。

循环经济的发展历程起始于工业领域，然后逐渐扩展到企业、生态工业园和循环型社会三个层面。其中，企业作为经济发展的主体，对于整个经济的可持续发展具有关键的作用。因此，大力推进企业的循环经济发展战略是整个经济发展的重要环节。钢铁企业既是典型的原材料和基础企业，又是资源密集型与能源密

---

① 《中华人民共和国循环经济促进法》，全国人大常委会2008年8月29日公布。
② 中国共产党新闻网.《习近平："变废为宝"是艺术》，http://cpc.people.com.cn/n/2013/0722/c64094-22279999.html.

集型的企业。钢铁素有"工业粮食"之称，由于其具有良好的物理、机械和工艺加工技能，已成为农业、日用消费品工业、交通运输业、建筑业以及国防工业等部门不可缺少的结构材料和功能材料。但另一方面，钢铁企业排放的大量废水、废渣和废气对环境造成了严重污染。每生产1吨钢，大约要产生16 000立方米废气、10吨左右废水和500千克的废渣。三废中既有有害物质，又有可回收利用的价值，因此越来越多的钢铁企业开始改变传统的"资源—产品—污染排放"的单向线性经济方式，采用"资源—产品—再生资源"的循环经济范式来发展钢铁工业。随着钢铁工业的快速发展，资源约束矛盾凸显，环境制约更加严峻。我国钢铁工业进一步发展循环经济，已成为一项十分重要而紧迫的任务。铁矿石是钢铁工业的最主要原料，但我国的铁矿石资源不足，据自然资源部列示数据显示，人均铁矿资源占有量仅居世界的42%，煤是钢铁工业最主要的燃料，我国煤矿资源相对丰富，但用于钢铁生产的炼焦煤仅占25%~27%，且炼焦煤储量中气煤占50%以上，主焦煤仅占19%，很难满足钢铁工业发展的需要。而我国的钢铁资源需求与供给已经不太均衡，利用国外资源难度较大，钢铁工业能源和资源利用率不高，再生资源利用率低，企业的污染排放仍然比较严重，到2019年，中国粗钢产量已经达到9.96亿吨，所排放的各种污染物占同期工业排放量的比例也会有所增加；而在今后10年内，国内粗钢产量还会进一步提高，那么，各种污染物的排放量必将进一步增加。

鉴于此，国务院在2005年发布的《国务院关于加快发展循环经济的若干意见》中提出钢铁工业作为高能耗、高资源消耗、高污染的行业，必须实行循环经济；与此同时，国家发展改革委和环保总局等六部委联合下发《关于组织开展循环经济试点（第一批）工作的通知》，正式启动了钢铁等7个行业国家循环经济试点的工作。2013年国务院发出《关于印发循环经济发展战略及近期行动计划的通知》，明确提出构建钢铁行业循环经济产业链。2017年，发展改革委会同有关部门制定了《循环发展引领行动》，提出加快构建低消耗、少排放、能循环的现代产业体系，推动实现生产、流通、消费各环节绿色化、低碳化、循环化。该意见提出，促进经济绿色低碳循环发展，要求加强源头防控，转变发展方式，要推动生产系统协同处理城市及产业废弃物，推进钢铁企业消纳铬渣等危险废物。2018年，工业和信息化部印发《坚决打好工业和通信业污染防治攻坚战三年行动计划》，重点围绕"调结构、优布局、强产业、全链条"，强化技术创新，加强政策保障，推进工业绿色转型发展。为进一步推行清洁生产，发展改革委、生态环境部共同发布了《钢铁行业（烧结、球团）清洁生产评价指标体系》《钢铁行业（高炉炼铁）清洁生产评价指标体系》《钢铁行业（炼钢）清洁生产评价指标体系》《钢铁行业（钢延压加工）清洁生产评价指标体系》《钢铁行业（铁合金）清洁生产评价指标体系》。2019 年，工业和信息化部、国家开发银行联合发布《关于加快推进工业节能与绿色发展的通知》，重点支持钢铁工业能效提升，实施超低排放改造，实现能源综合利用，建立钢铁绿色制造体系等。

由钢铁企业的特点来看，在钢铁生产中只要秉承可持续发展的理念，不断创新技术，采用清洁生产工艺，降低资源、能源消耗，结合循环经济和生态文明分析研究，就能够使得钢铁工业成为资源节约型和环境友好型的产业。企业循环经济活动开展中的物质流动和价值流动，是循环经济的重要支撑。前者是物质的物理、化学和生物变化过程的功能体现，后者则是由社会再生产的生产、分配、交换和消费四个环节推动，以产品、商品和消费品的货币资金的形式出现的。企业循环经济的核心是其内部物质的循环流动，同时企业的货币资金也将随之发生价值循环流动，两者不是孤立运行的，而是相互依存、紧密融合并互相作用的，其结果会对企业的经营状况、财务业绩以及可持续发展产生重大影响。但由于相关价值信息的计量存在一定的难度等原因，很难对企业资源价值的动态流转过程进行追踪、计量和评价，使得偏好货币化信息的企业管理者很难据此进行决策；此外，循环经济工业共生链是在循环经济系统内模仿自然生态系统，通过固态物质流、液态物质流、信息流等功能将各企业连接在一起形成工业共生链条。它能够提高资源利用效率，废弃物能够有效利用、企业因此增加收入等，但在运作过程中还存在许多不稳定的因素，如共生因素、价值流因素等。另外，资源、环境、工业生态等自然科学中的生态效率、环境效率等虽能反映与企业环境相关的信息，但很难适应企业循环经济决策过程中的系统信息需求。

因此，从现有理论基础出发，基于环境会计、资源科学、工业工程学和工业生态学等学科相关理论进行集成创新，为企业发展循环经济构建适合的理论体系和方法，并在钢铁这一最具循环经济发展潜力的企业实施验证，是本书的研究意义所在。

1.1.2 研究意义

从现有理论出发，针对循环经济研究的不足，以协调循环经济元素流、价值流路线为目标，研究适应钢铁企业循环经济发展的"元素流—价值流"理论和方法体系，是钢铁企业在循环经济"元素流—价值流"理论方法上的应用研究，这对钢铁企业、钢铁工业共生链企业间的循环经济发展、元素流路线调整的诊断和控制，以及企业可持续发展和生态文明建设皆具有较强的理论与现实意义。

1. 理论意义

（1）拓展循环经济元素流的理论研究领域。目前研究对钢铁企业元素流的分析较多，但对于伴随的价值流分析却较少涉及，根据钢铁企业元素流划分物量中心、确定分配标准、在不同的节点价格的定位，对元素流与价值流耦合的机理进行分析，可弥补循环经济研究中偏重于技术性的元素流研究，忽略对其经济性的价值流研究的不足，有利于钢铁企业有效适应循环经济的发展。

（2）构建适合我国钢铁企业的循环经济"元素流—价值流"二维分析模式。依据元素流与价值流互动影响规律，以钢铁企业二维经济活动为主要研究对象，进行元素流路线、价值流路线的跟踪描绘，建立"元素流—价值流"在管理循环中的流程与标准，为我国钢铁企业发展循环经济"元素流—价值流"分析的理论与方法提供指导。

（3）延伸钢铁企业的"元素流—价值流"生产环节组织研究。研究边界从企业延伸到钢铁工业共生链的企业间的领域。为钢铁企业与其他串联企业形成新的资源、能源与工业共生的关系，促进循环经济钢铁工业生态链的有效运行提供思路。

2. 实践意义

（1）西方国家已经进入后工业化时代，已基本淘汰这一类"高污染、高能耗、高成本"的前端产业，而我国正处于工业化初、中级阶段，前端产业在产业经济结构中仍占较大比重。与其他企业相比，钢铁企业以元素的流动为核心，属于典型的流程制造企业，同时也是最具潜力、最有条件和最迫切需要发展循环经济的企业。因此，从钢铁企业的视角进行"元素流—价值流"的分析研究，为我国发展循环经济，推动生态文明建设无疑具有较强的现实意义。

（2）探索性地构建钢铁企业工艺流程、钢铁工业共生链两个层面的"元素流—价值流"分析模式,研究在两个层面中"元素流—价值流"的耦合,使得"元素流—价值流"二维分析模式有了具体生产的数据验证,以检验钢铁企业循环经济"元素流—价值流"二维分析模式操作的可行性。

(3) 循环经济"元素流—价值流"体系的重要性毋庸置疑,以某钢铁企业案例分析的方式对其可行性进行了检验,结果证明循环经济"元素流—价值流"体系在钢铁企业和基于钢铁工业共生链两个层面的循环经济发展实践中的适用性和可行性。

1.2 国内外研究现状

1.2.1 循环经济研究现状

美国经济学家鲍尔丁于20世纪60年代提出"宇宙飞船经济理论",是循环经济思想的发源。他将地球比作太空中的一艘小宇宙飞船,对外部环境而言,它无依无靠。然而,在飞船内部,人口和经济的增长又会消耗掉飞船内的有限资源,同时,一些发展过程中产生的废弃物会污染飞船内的环境。如果按照这样的模式发展,飞船最终将会毁灭。为了避免悲剧的发生,必须彻底改变这种粗放的经济增长方式,走人与自然和谐发展的道路(Kennis Bardin,1968)[2]。自此之后,循环经济在世界各地开始迅速发展。

循环经济是按照生态规律的原则来指导整个经济活动的,具体包括产品的生产、分配、消耗以及废弃物的回收处理,要求在整个经济活动中做到资源使用最小化、生产效率最大化和对环境的影响最小化,彻底从传统的开环经济增长模式,转化到"资源—产品—再生资源"的闭环模式。从而充分提高资源和能源的利用效率,最大限度地减少废弃物的排放,实现社会、经济和环境的"三赢"发展[3]。

目前,国际上对循环经济的研究和实践主要在三个不同的尺度范围上将生产(包括资源消耗)和消费(包括废弃物排放)这两个重要环节有机融合起来。包括以下内容:

(1) 小循环,即企业内范围。主要侧重于在企业内部推行产品生态设计、清洁生产、节能降耗和资源循环利用,实现污染物排放的最小化(Reijinders,2000)[4]。在研究方法上以生态设计、绿色技术改造及创新、物量平衡等技术工程领域为主(Fischer,1998;Bruvloo,1998)[5-6],如美国杜邦化学公司的生产模式。

(2)中循环,即企业之间的范围。主要在区域层面通过企业间的工业代谢和共生关系建立生态工业链、工业生态园(Kondo,2001;Boix M.,2015)[7-8],从而形成一种资源循环模式,企业间交易成本较低,经济效益得到提高。如卡伦堡生态工业园区模式。

(3)大循环,即国家(社会乃至洲际、全球)范围。主要是针对消费过程中产生的物质与能量循环问题的研究,如日本的循环型社会体系以及德国的包装物双元回收体系(DSD),其中日本的循环经济社会模型相比德国模式属于更加典型的国家层面模式,以法律的形式强调从全社会范围内实现循环经济(日本环境省,2012)[9]。

国内循环经济的研究起步较晚,从第一次提出这一概念到现在仅20余年。主要研究侧重在以下几个方面:

(1)循环经济的定义及概念的界定。刘庆山于1994年最早提出循环经济概念,提出再生资源是废弃物资源的资源化,其实质是自然资源的循环经济利用。[10]其他学者主要从物质运动角度(段宁,2001;褚大建,2001;钱易,2004)[11-14]、生态保护角度(曲格平,2003;冯之浚,2004;吴季松,2005)[15-17]、技术范式的角度(毛如柏、冯之浚,2003)[18]和经济形态和增长方式的角度(周宏春,2005)[19]分别进行界定。目前,学术界普遍认同2009年生效的《中华人民共和国循环经济促进法》中的说法,即"循环经济,是指在生产、流通和消费等过程中的减量化、再利用和资源化活动的总称"。

(2)循环经济评价标准、方法及分类研究。国内学者对循环经济的评价指标展开大量的研究。周国梅(2003)[20]借鉴生态效率指标体系,将循环经济评价指标体系分为总体层、系统层、状态层和变量层。李健(2004)[21]认为应综合考虑经营效果、能源属性、绿色效果、生产过程属性、销售和消费属性、环境效果和发展潜力七个方面对企业的影响,分别设定对应的评价指标体系。在其他层面上,元炯亮(2003)[22]提出了生态工业园区评价指标体系框架,其中包括多项评价指标,例如经济指标、生态环境指标、生态网络指标和管理指标。黄和平(2006)[23]基于物质流分析的视角,对区域循环经济评价进行了研究。冯之浚

(2008)[24]提出从生态工业园的产业体系和支撑体系两方面来反映循环经济水平；吴丽丽（2015）[25]从综合类工业园区循环经济绩效评价指标体系标准化进行了探讨。刁秀华等（2019）[25]基于循环经济特征建立了区域工业生态化的指标体系和测度方法，并对辽宁工业生态化程度进行了测度以及横、纵向比较。

另外，还对循环经济发展的可行性、模式、战略实施和法律法规等方面进行了探讨（陆钟武，2003；叶文虎，2009；王兆华，2014；俞金香，2019）[27-30]。

综合国内外研究的情况，从研究层面上来看，目前研究主要是从微观的企业层面、中观的区域层面和宏观的国家社会层面三个层面展开，而现有研究对国家和区域层面的循环经济研究比较多，微观层面较少。对宏观和区域层面的废弃物治理和资源循环利用进行了大量的实证研究，但对于微观企业的研究仅限于企业循环经济的具体实施条件和重点，有一定的不足之处。

1.2.2 钢铁企业循环经济理论与实践发展

钢铁企业不仅是典型的原材料和基础企业，而且是资源密集型与能源密集型的企业，因此钢铁企业发展循环经济，不仅关系到自身可持续发展，而且对于其他企业，乃至建设资源节约型和环境友好型社会都有着重大意义。为此，国内外学者对钢铁企业循环经济发展进行了相关研究。

1. 理论方面

国外钢铁企业循环经济研究相对较早，无论是在生产工艺的改进方面还是在定量分析方面都有了一定的成果。简·彼得·安德森（Andersen J. P.，2001）[31]建立了炼钢过程中能量和物质流动模型，为模拟冶炼过程中的能量利用和废弃物排放奠定了理论基础。申明玉（MK. S，2002）[32]开发研究了新型的节能环保冶炼工艺，能够从生产源头减少污染和有害物排放。唐纳德·福斯纳赫特（Donald R. Fosnacht，2011）[33]探讨了在钢铁生产的节点采用燃烧氧的固体锅炉，从而减少二氧化碳的排放和提高能源的效率。尼古拉斯·帕尔多（Nicolás Pardo，2013）[34]分析了钢铁行业发展的三种场景，提出通过采取技术措施减少能源消耗和二氧化碳（CO_2）的排放，并对钢铁生产过程中产生的废弃物和副产品的循环利用方面做出突出贡献。

国内学者也对循环经济在钢铁企业的应用进行了比较系统的研究。其中以学者殷瑞钰（2000）[35]的研究最为突出，他对我国钢铁工业绿色化问题进行了比较系统的研究，并提出了相应的量化指标和评价方法。蔡九菊、杜涛和陆钟武等（2002）[36]学者提出关于钢铁生产流程环境负荷的基本概念，并构建评价和指标体系，引入LCA方法和生命周期的概念，提出了钢铁产品半生命周期评价方法。殷瑞钰和张春霞（2005）[37]指出，钢铁工业应该具有三大功能，即钢铁产品制造功能、能源转换功能和社会大宗废弃物处理—消纳功能三者缺一不可，这也是钢铁企业融入循环经济社会的有效途径。李金平和戴铁军（2014）[38]基于系统科学理论和方法，建立了钢铁工业物质流与价值流动态耦合模型，对其物质流和价值流耦合状况进行研究。

通过上述文献看来，钢铁企业循环经济的国内外研究主要集中在生产工艺的改善以及定量分析上，已开始涉及钢铁企业元素流的研究，但仍处于起步阶段。

2. 实践方面

国外钢铁企业循环经济发展的做法主要有如下几种：依靠法律法规推进循环经济的发展；对发展循环经济给予政策支持；构建循环经济技术创新体系；建立有效的循环经济监督机制。

国内钢铁企业的实践主要是充分发挥钢铁联合企业在发展循环经济中的主体地位作用，从钢铁企业的环境保护进展来看，主要经历了4个阶段（见图1-1）：

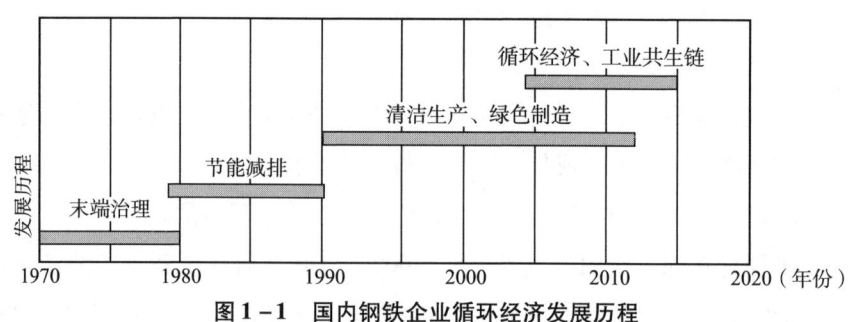

图1-1 国内钢铁企业循环经济发展历程

（1）20世纪70年代开始，重点是末端治理，即开展治理环境污染工作，且以可见粉尘、烟气、污水等治理为主。专注各类污染物的减排。

（2）20世纪80年代到90年代，狠抓节能减排，即节约能源、降低能源消耗、减少污染物排放。

（3）20世纪90年代末到21世纪初，推行清洁生产、绿色制造，公布执行了行业清洁生产评价指标体系（试行），开始循环经济试点。

(4) 2005 年至今，国家发展和改革委员会正式发布《钢铁产业发展政策》，2013 年《国务院关于印发循环经济发展战略及近期行动计划的通知》，明确提出构建钢铁行业循环经济产业链。自此，我国钢铁企业发展循环经济的系统工程开始扎实有序地向更深层次发展。

1.2.3 "元素流—价值流"研究进展

循环经济的基本研究方法主要包括物质流分析方法、生态效率分析方法与情景分析方法（Spatari S.，Bertram M.，Fuse K.，Graedel T. E.，Rechberger H.，2002）[39]。其中以物质流分析方法最为典型，该分析通过追踪、估算特定物质在经济—环境系统中的输入、输出和贮存，为资源减量化和可持续发展提供科学依据。元素流分析（SFA）和总物流分析（Bulk – MFA）是物质流分析的两种主要方法。SFA 是一种定量分析的方法，是在一定范围内（如一个国家、地区、行业或企业），对一些特定的物质（如铁、铝等）参与的过程进行定量分析，并建立经济活动对环境影响的定量关系。Bulk – MFA 则是在一定区域经济系统中，对输入与输出该系统的所有物质进行定量分析的方法。如表 1 – 1 所示，Bulk – MFA 和 SFA 在研究特点和研究范围上存在着一定的差异，但两者的计算方法存在着一致性。

表 1 – 1　　　　　　　Bulk – MFA 与 SFA 的类比分析

方法	研究层面的差异	研究特点的差异	计算方法的相同之处
总物流分析法（Bulk – MFA）	侧重于全球、国家、地区范围内的所有物质的输入、输出分析	(1) 目的：物质减量化 (2) 更关注输入物流 (3) 研究系统所有物质的流动情况 (4) 以质量为单位 (5) 对某一时间内国家间的对比分析，常以社会经济指标（如 GDP 和人口）作为衡量标准	(1) 两者计算方法类似： ·满足质量守恒定律：输入＝输出； ·每一种物质都必须确定其参与的流通过程； ·输入流量等于输出物流量； ·以年为时间段来计算； ·确定系统边界。 (2) 是系统的分析方法。 (3) 需要的数据相似。
元素流分析（SFA）	分析范围更广，由全球、国家和地区，扩展到行业和企业	(1) 目的：解决某一特定物质的环境问题 (2) 既关注内部物流，又关注输入和输出物流，包括某一特定物质的所有物流 (3) 以内部物流之间的相互影响关系为基础进行物流分析	

随着元素流分析方法和技术的日益成熟,对企业的元素流分析也日益增多。借助元素流分析手段,可对企业生产环节进行详细的分解,以此对各个环节的资源利用效率和物质消耗强度进行定量化评估,并为企业的可持续发展和循环经济提供科学依据。依据这一特征,本书从钢铁企业的视角,主要研究铁元素流在钢铁企业的流动分析,在工业共生链层面扩展到物质流分析。

国外方面,苏珊·基齐亚等(Susanne Kytzia, et al., 2004)[40]在传统物质流基础上引入经济意义的货币流,探讨了食品消费产业链中经济人的行为动机与资源消费之间的关系。杰里迈亚·约翰逊等(Jeremiah Johnson, et al., 2005)[41]研究从开采到废弃的整个生命周期过程中,银元素在不同的国家、地区及全球等多层面的存量与流动(STFA)。田崎智宏等(Tomohiro Tasaki, et al., 2004)[42]研究了日本的废弃电视中的溴化阻燃剂和相关化合物的元素流分析和管理情况。翁贝托·阿里纳(Umberto Arena, 2014)[43]等基于元素流分析制订了废弃物管理计划,融入生命周期评价,制定材料和物质流分析与环境评价方法,对废弃物管理经营和决策提供支持。还有研究者对元素流方法应用范围、动态控制等层面进行了深入探讨(Erik, 2002; Hiroki Hatayama, 2006; N. Chèvre, 2011)[44-46]。

国内对于元素流的研究和应用还刚刚开始,与国外存在着一定的差距。在吸收国外元素流分析和运用的经验基础上,目前取得了如下进展:

针对钢铁企业层面,关于元素流最早的研究始于2002年,陆钟武[47]提出有时间概念的钢铁产品生命周期铁流图,并从铁资源消耗量和排放量两方面,提出了对钢铁产品生命周期铁流图进行评分的方法。卜庆才(2005)[48]采用这一方法对物质流在钢铁工业中的应用进行详细解析,在充分调查研究的基础上,提出了一系列有关废钢产业发展的政策建议。还有一些学者对钢铁企业的物质流和能量流进行了深入探讨(蔡九菊等,2006;杜涛等,2006;龙研,2009;周继程,2012;肖序,2017)[49-53]。区域层面上,主要是研究物质流分析方法对钢铁工业生态园构建的影响和园区模式的建立等(张芸等,2008;赵业清,2009;逯馨华等,2010)[54-56]。宏观层面上,以铁元素流为起点,构建了国家尺度的生态包袱、物质流分析框架,对行业物质流指标账户进行分类(王青等,2005;罗璇,2010,燕凌羽,2013;张琦等,2019)[57-60]。

此外,关于氯、铜、锌、铅、铝和磷等有色金属的元素流研究也较为深入(郭学益等,2008,2009;杨宁等,2009;范海亮,2010;王文娟,2011;钟琴道等，2014；陈敏鹏等，2015）[61-67]。

20世纪60年代以后，国内外专家学者开始慢慢关注循环经济元素流分析与经济学的关联。费伊·达钦（Faye Duchin，1992）[68]认为，在对物质流模型进行经济学扩展时，可应用"里昂惕夫价格模型"来进行分析，即通过将物质流分析与经济投入产出分析工具结合起来进行融合；克里斯·亨德里克森等（Hendrickson C.，1998）[69]将经济投入产出表应用于LCA，在评价中纳入生态和经济标准，执行一个多标准评价体系。格雷戈里·基奥莱安（Gregory Keoleian，2000）[70]通过分析生产成本和经济结构的变化来评价经济系统获得的生态效益；国内学者（李慧明等，2007）[71]也对两者融合的可能性进行了初步分析与探讨；周兴龙尝试性提出过"二元"结构的微观物质流分析方法设想（周兴龙，2008）[72]。肖序等（2017）[73]用物质流、价值流和组织三个维度构建了环境管理会计的"物质流—价值流—组织"三维模型及其理论体系。

这些研究做了有益的尝试，但由于受到研究者学科背景的限制，仍局限于循环经济的物质流分析框架内，仅仅是简单机械地将物质流的经济分析作为物质流的附属品进行研究，没有能够深入到物质流的技术和经济特性。且都是初步设想，未能从经济学和会计学的角度进行深入研究，也没有明确提出循环经济价值流分析框架和体系。另外，其融合思路主要从宏观角度出发，结合经济投入产出工具进行价值流分析，这种基于统计角度的分析方法难以全面揭示微观领域企业、工业生态园区范围内资源物质流与资源价值流之间严格的数量逻辑关系，易造成同一或众多资源之间价值流分析的不匹配，导致信息的决策性不高，由此会计学逐渐开始接纳物质流分析的思想，马库斯·斯特罗贝尔（Markus Strobel，2001）[74]认为材料、能源是企业物质流成本会计的重要组成部分，企业的材料、能源、人力和土地资源等都构成了企业的经济增加值。德国奥格斯堡大学管理与环境协会对物质流成本会计的推动起到了重要的作用。[75]此后日本在这一基础上将之发扬光大。2007年，由日本主导对ISO/TC207提出将MFCA列入ISO，2011年9月，以编号ISO14051正式发行（ISO，2011）。[76-77]

国内方面，有学者认为在循环经济背景下，环境会计应该进一步突破与创新，改变企业环境会计系统仅仅关注与环境污染输出环节的确认、计量、核算与报告的现状，应该将其扩展至企业全流程环节，从资源输入、消耗与循环、输出、回收与再利用的全过程进行实时环境成本动态监控、环境损害核算与管理，优化企业内部资源流转路径，达到企业资源节约、环境保护与经济绩效提升的目的（肖序，2008；2009）[78-80]，周志方（2009）[81]以企业资源元素流转路线为依据，尝试构建资源消耗、环境保护与经济绩效相协调的资源价值流转会计体系，为企业提高经济效益、环境效益和社会效益提供新的视角。金友良（2011）[82]从成本的角度探讨企业内部资源流转，分析与传统核算方法的差异，寓循环理念于成本核算中，构建资源流成本核算模式。郑玲（2012）[83]基于生态设计理念，在揭示产品生态设计与资源价值流转内在逻辑关联的基础上，构建了基于生态设计的资源价值流转分析理论与方法。谢志明（2009）[84]在燃煤发电企业循环经济物质流与价值流融合分析的基础上，按照资源价值流核算、报告、效率评价及保障条件的逻辑主线展开研究，尝试性地构建应用于燃煤发电企业的循环经济资源价值流分析的基本理论和方法体系。罗喜英（2012）[85]对循环经济背景下的资源损失进行了界定，从资源损失核算系统、控制系统和评价体系三方面构建了资源损失定量化体系，并对实物流和价值流进行了资源损失定量化核算、控制和评价。

1.2.4 研究述评

（1）从研究层面来看，循环经济研究的角度主要偏重于宏观和中观层面，企业微观层面的较少，而企业循环经济研究则主要以物质流分析、循环经济发展模式、发展水平评价为主，主要针对工艺的改进，没有涉及与物质流相对应的价值流的分析，而循环经济物质流分析则立足于物质或元素数量流，其价值计算与分析存在一定的欠缺。

（2）从研究角度来看，大部分是从自然科学或工程科学角度进行研究。难以涵盖企业生产领域中资源输入、消耗、输出及再回收利用这一全流程的价值计算与分析，不能满足企业循环经济"元素流—价值流"分析的系统性需求。

（3）从研究方法来看，大多数学者构建了不同的模型来描述物质流，包括纯生态模型等，但这类模型很少涉及经济分析，如成本效益分析、价值分析等方面的内容，另外则是与环境污染相关的经济学模型，仅仅关注到了污染的外部性，很少考虑元素在经济系统的流转因素。

（4）从研究的行业来看，目前价值流研究主要集中在燃煤发电、有色冶金等企业进行，且主要涉及企业微观层面，极少将视角落到钢铁这一最具发展潜力的企业，以及钢铁工业共生链这一循环经济发展的方向。

　　基于此，本书将首先考虑以下问题：为什么现有的元素流（物质流）分析不能满足循环经济发展的需要？循环经济分析的理论和方法体系应该如何构建？方法体系建立之后将如何实施？在此基础上，试图整合国内外现有研究成果，提出耦合社会、经济因素的元素流为特征的循环经济"元素流—价值流"概念，建立理论和系统框架，并以钢铁企业为例进行深入研究和探讨。要重点解决的问题是经济活动过程中元素流与价值流如何耦合和相互作用，以及如何从企业和工业共生链的角度综合进行"元素流—价值流"理论和系统框架构建。因此，首先系统、科学地将技术角度的元素流和经济角度的价值流理论进行耦合分析，建立综合理论和系统框架；在此基础上，从钢铁企业工艺流程和工业共生链企业间两个层面具体分析循环经济"元素流—价值流"方法体系，并用案例加以验证，最终使之能够提高整个经济系统效率，促进循环经济的可持续健康发展。

1.3　研究内容和研究方法

1.3.1　研究内容

　　目前，循环经济在钢铁企业的发展初见成效，大众已经形成发展循环经济是钢铁企业可持续发展的必由之路的共识。国务院因此制定了钢铁企业发展循环经济的战略决策，而在新常态经济下构筑钢铁企业基于"元素流—价值流"的分析体系，探索钢铁企业可持续发展的潜力和发展循环经济的对策，就显得尤为重要。

　　本书共7章，具体研究内容安排如下：

　　第1章，绪论。在对选题背景和意义作必要分析后，从循环经济研究现状、钢铁企业循环经济的发展、"元素流—价值流"的研究进展等角度对企业循环经济"元素流—价值流"有关的文献进行梳理和分析，进而引出本书的研究内容和方法，为本书的后续研究奠定了文献基础。

第2章，循环经济"元素流—价值流"理论基础与系统框架。分析企业循环经济"元素流—价值流"的理论基础，全面把握企业循环经济价值流分析的演进与发展规律。在此基础上，对元素流和价值流耦合和相互作用机理进行解析，提出企业"元素流—价值流"系统框架，包括内涵与分类、功能定位与目标和主要内容。基于此，提出选择钢铁企业应用"元素流—价值流"方法的原因，以及钢铁企业应用此方法进行分析的层面，为后续研究提供研究的重点和方向。

第3章，工艺流程的"元素流—价值流"管理研究。提出内部资源价值流核算程序与外部环境损害价值核算为核心的钢铁企业循环经济价值流计算方程式，以资源消耗、流转、输出与环保处理四环节为中心构建钢铁企业工艺流程分析与评价体系，以及建立基于AHP的决策优化模型和融合PDCA的资源价值流转优化控制体系。

第4章，工业共生链的企业间"元素流—价值流"管理研究。在前两章研究的基础上，将钢铁工业共生链按照固态、气态、液态和社会废弃物集成进行分类，研究钢铁工业共生链的资源"元素流—价值流"的成本分配，继而对钢铁工业共生链进行基于DEA的综合测量和资源流转方程式的测量，最后探讨钢铁工业共生链的循环经济"铁元素流—价值流"诊断决策和目标控制体系。

第5章，"元素流—价值流"管理的配套体系研究，从研究钢铁企业循环经济"元素流—价值流"相关的产业经济政策、法律法规、技术支撑和执行及监管支撑等方面入手，系统提出了促进钢铁企业循环经济"元素流—价值流"分析的支撑保障体系。

第6章，以某钢铁企业为案例，通过该企业内部工艺流程的资源"元素流—价值流"状态分析，构建钢铁企业工艺流程中的"元素流—价值流"核算、评价以及决策优化模型；通过与其他相关企业建立工业共生关系，分析了以该钢铁企业为核心的工业共生链之间的运行与优化模式，建立了固态、气态、液态和社会大宗废弃物的成本分配、综合测量、诊断决策和目的控制体系。

第7章，研究结论、主要创新点与研究展望。对全书的研究结论进行总结，阐述了本书的创新点，指出未来需要深入研究的方向。

本书研究框图如图1-2。

第1章 绪 论

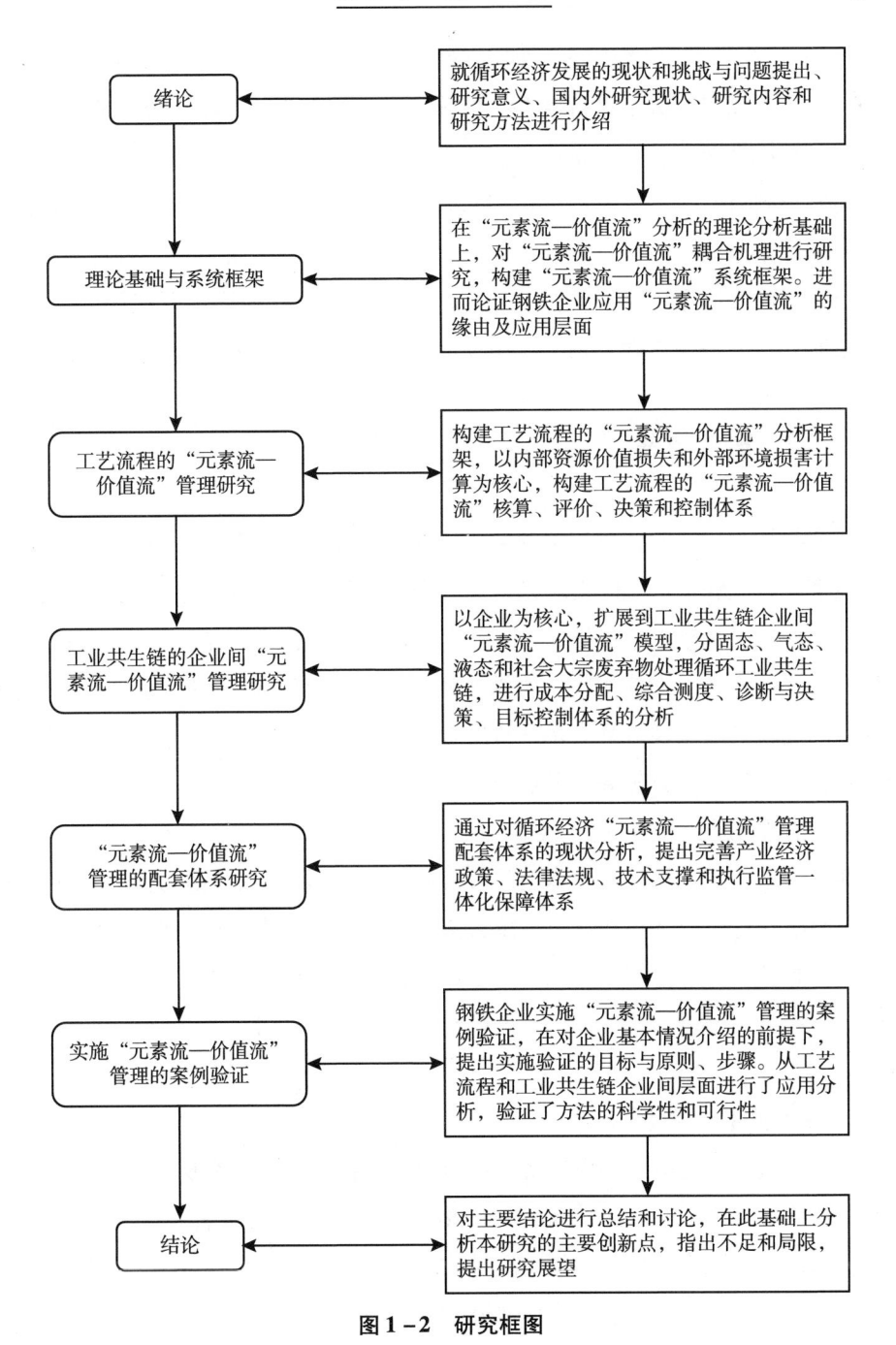

```
绪论 → 就循环经济发展的现状和挑战与问题提出、
        研究意义、国内外研究现状、研究内容和
        研究方法进行介绍
  ↓
理论基础与系统框架 → 在"元素流—价值流"分析的理论分析基础
                    上,对"元素流—价值流"耦合机理进行研
                    究,构建"元素流—价值流"系统框架。进
                    而论证钢铁企业应用"元素流—价值流"的
                    缘由及应用层面
  ↓
工艺流程的"元素流— → 构建工艺流程的"元素流—价值流"分析框
价值流"管理研究     架,以内部资源价值损失和外部环境损害计
                    算为核心,构建工艺流程的"元素流—价值
                    流"核算、评价、决策和控制体系
  ↓
工业共生链的企业间"元 → 以企业为核心,扩展到工业共生链企业间
素流—价值流"管理研究   "元素流—价值流"模型,分固态、气态、
                      液态和社会大宗废弃物处理循环工业共生
                      链,进行成本分配、综合测度、诊断与决
                      策、目标控制体系的分析
  ↓
"元素流—价值流" → 通过对循环经济"元素流—价值流"管理
管理的配套体系研究   配套体系的现状分析,提出完善产业经济
                    政策、法律法规、技术支撑和执行监管一
                    体化保障体系
  ↓
实施"元素流—价值流" → 钢铁企业实施"元素流—价值流"管理的案
管理的案例验证         例验证,在对企业基本情况介绍的前提下,
                      提出实施验证的目标与原则、步骤。从工艺
                      流程和工业共生链企业间层面进行了应用分
                      析,验证了方法的科学性和可行性
  ↓
结论 → 对主要结论进行总结和讨论,在此基础上分
        析本研究的主要创新点,指出不足和局限,
        提出研究展望
```

图1-2 研究框图

本书综合运用了工业生态学、环境经济学、环境会计学和管理学等多学科的理论与方法,在国内外最新研究进展的基础上,揭示企业循环经济元素流发展模

式与理论研究中的不足，以及企业循环经济价值流分析的欠缺；通过对循环经济价值流分析与元素流分析进行耦合机理分析，构筑企业循环经济价值流分析的理论模式与系统框架；从钢铁企业工艺流程、工业共生链的递进层次构建循环经济"元素流—价值流"分析体系；完善循环经济"元素流—价值流"分析的保障制度体系和政策措施，为衡量钢铁企业循环经济"元素流—价值流"理论方法体系的可行性，将其应用于某钢铁企业和工业共生链的循环经济建设实践中去检验。结果表明，该方法操作性较强，对循环经济建设具有很好的促进作用。

1.3.2 研究方法

在文献检索与查阅，对相关领域的研究进行评析的基础上，对钢铁企业发展循环经济元素流和价值流的问题进行深入全面的研究，集成创新相关学科的理论和方法，构建了基于工艺流程、工业共生链层面的钢铁企业循环经济"元素流—价值流"系统框架，并应用于某钢铁企业，最后提出保障应用措施。由于本研究所涉及问题较具复杂性，且有多学科融合交叉的特点，故综合采用多种研究方法与分析技术来完成研究任务，重点突出以下方法的集成：

1. 文献研究与理论归纳

通过网络、学术期刊和学术访问等各种方式查阅和收集最新资料，梳理国内外循环经济理论研究和实践成果，融合资源科学、工业生态学、环境会计学等相关理论与最新成果，依据循环经济元素流与价值流互动耦合机理，以及两者技术性分析与经济性分析的统一，构筑循环经济"元素流—价值流"分析的理论与系统框架。

2. 案例研究与现场调研

对钢铁这一国内极具循环经济发展潜力的钢铁企业进行案例研究，通过现场调研，从生产过程中获取工艺流程图、物料输入输出平衡报表、技术经济月报、车间班组成本计算表、环境污染物质排放表、产品产量统计报表、当期财务报表等相关资料，加以分类汇总，形成研究的基础数据库。

3. 计算绘图与流程分析

设计、确定工业生产领域中（企业工艺流程或工业共生链区）每一节点的计算单元，绘制出相对应的元素流路线图。以此为基础，计算各单元资源输入、输出成本，废弃物损失及环境损害价值，制成资源价值流图；根据生产特点，分别设置不同层次：一是按理想值、实际值计算资源流成本并比较；二是按过去、现在层面计算并比较；三是按研究对象不同层面绘制资源价值流图进行分析。

4. 规范研究与实证研究

规范研究是探讨"应该是什么"的系统化知识体系，按照事物的本质描述事物，概括出若干可能的基本结论；实证研究是关于"实际是什么"的系统化知识体系。采用此种方法，通过理论融合构建钢铁企业"元素流—价值流"分析体系，在此基础上，通过实证案例对理论进行实证检验。

本书基于循环经济发展的背景，为钢铁企业的循环经济"元素流—价值流"应用研究，其研究思路如图1-3。

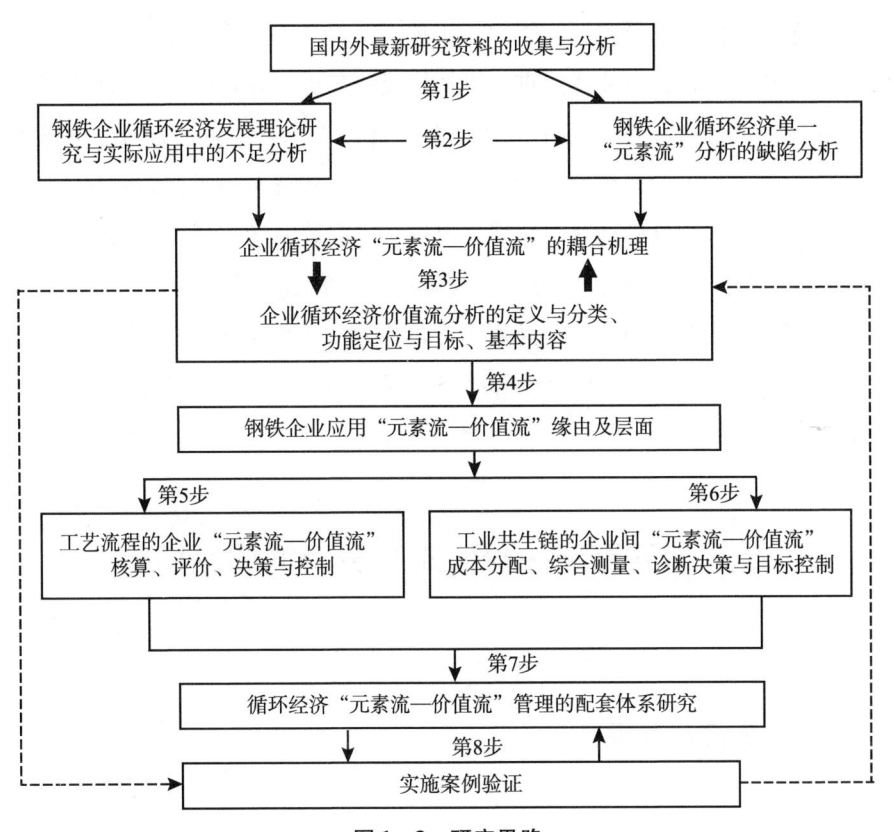

图1-3 研究思路

第 2 章

循环经济"元素流—价值流"理论基础与系统框架

钢铁企业在循环经济发展过程中,出现了"循环不经济"现象,企业经济核算缺乏方法体系,钢铁企业无法进行可持续经济分析,导致先进技术难以得到推广,企业发展循环经济动力逐渐减弱。基于此,本章在对资源科学、工业生态学、环境会计等相关学科理论进行集成的基础上,从技术层面上的元素流和经济层面上的价值流的耦合机理及变化规律出发,确定其内涵与分类、功能定位与目标以及基本内容,进一步对钢铁企业的应用缘由和层面进行分析。通过这一研究,可为钢铁企业的循环经济"元素流—价值流"提供基本理论方法和内容,对会计学理论与方法体系的扩展、循环经济实践水平的提升、环境管理的精细化程度提高具有显著的意义。

2.1 "元素流—价值流"分析的理论基础

2.1.1 资源科学理论

资源科学中,将资源流定义为在人类活动影响下,资源在产业、消费链条或不同区域之间所发生的位移和转化。既包括在不同地理空间资源作用下发生的空间位移(横向流动),又包括在原态、加工、生产、消费和废弃这一过程中形态、功能和价值的转化过程（纵向流动）。资源流理论以资源—环境—社会/经济—生态复合系统为基础，涵盖系统、物质、能量、价值、劳动力等基本要素。

初始资源进入企业后，随着企业工艺流程其形态逐步发生变化，其中一部分在企业内部循环再利用，绝大部分变成新的资源从企业输出，只有很少部分还原于自然，输出的部分即产品和废弃物。企业作为资源实物形态消耗、价值形态转变的载体，对其纵向流动的全过程分析可使得生产流程中的资源形态变化"透明化"，且有助于对企业内部资源流动的运转效率和利用效率进行评价。资源作为价值的载体，伴随着实物流动，价值也随之发生相应的变化，且这一流动量与状态将对资源的合理利用分析具有重要意义。因此，循环经济"元素流—价值流"分析可以该学科相关理论为基础，以企业工艺流程、工业共生链层面的元素流转为导向，建立资源价值流的价值核算与分析评价体系。

2.1.2 资源、环境与生态经济学理论

经济学是对人类社会的各种经济活动与经济关系进行系统性研究，以及研究如何用稀缺资源去从事各种经济活动的科学。经济学成本是指厂商在从事商品和劳动生产或分配时所使用生产要素的价值，除包括一般意义上的会计成本外，还包括属于机会成本性质的隐性成本。由于微观个体经济活动中的成本补偿制度，要通过市场销售的实现才能得以进行，故这些机会成本将受到市场上出价和要价的严格限制，因此，价格常常接近于市场上出售的物品和劳务的机会成本。经济学成本的这一性质在资源"元素流—价值流"研究中有十分重要的应用，包括对环境资源这种非市场物品的价值评估、厂商排放污染物将损失转嫁到社会的计算、钢铁企业进行环境保护活动的成本效益分析等。

将资源与环境方面的考虑延伸至经济学科，产生了两门新学科：资源经济学和环境经济学。从某种意义上说，这两门学科相互并行和关联，又各有侧重，同时也是资源"元素流—价值流"系统框架构建的重要理论支撑。资源经济学不同于资源科学对资源流转的界定，其将资源流分解为六大要素，分别为物质流、人员流、能源流、信息流、产权流以及价值流，其中价值流是其他五种流的经济意义变化的表现。在此基础上，本书进一步剔出资源产权、人力资源等的影响，提炼资源流转要素。另外，在资源经济学中，资源价值的增值过程，资源的总价值

与净价值模型也与本研究密切相关。如净价值＝产出价值（总价值）－投入价值。从企业单元的资源投入产出关系来看，产出价值就是产品价值与副产品价值，投入价值则为资源要素的总投入。因此，如果进一步考虑资源损害、副产品等的环境损害价值，则与资源价值流转分析的资源价值界定与内涵极为相近。从资源经济学与本书的关联看，资源物质流动理论是资源价值流转分析的逻辑起点，而资源价值界定应该成为资源价值流转分析的起始范畴。

而生态经济学是将生态因子延伸至经济学科所产生的研究和解决生态经济系统问题、探索生态经济系统结构、功能及其运动规律的学科。它通过结合生态学和经济学，旨在通过揭示人类经济活动与自然生态之间的关系，研究自然生态结构特征、功能和规律，最后达到生产力发展的平衡和生态效益的实现。因此，资源、环境与生态经济学的相关理论也是循环经济"元素流—价值流"分析的支撑。

2.1.3 工业生态学理论

联合国工业与发展组织（UNIDO）对生态工业的定义，是"在不破坏基本生态进程的前提下，促进工业在长期内给社会和经济利益做出贡献的工业化模式"。工业生态学理论将传统工业的"资源—产品—废物"模式转变为"资源—产品—再生资源"模式，即"废物"已被利用，变成"再生资源"，一个钢铁企业或产业的"副产品"是另一企业或产业的原材料，因此能够在确保经济效益的前提下，实现资源节约与生态环境保护。可见，工业生态学从根源上解决传统污染的"末端治理"缺陷，达到既治标又治本的效果。工业生态学的核心方法是系统分析，其中工业代谢分析、物质减量化、生态效率与本书研究具有十分密切的关系。工业生态学的学科形成时间较短，只有二十多年的时间，又是一门由生态、环境、能源、经济、信息技术、系统工程等多学科构成的新型交叉学科，不少内容仍在进一步的完善中。工业代谢分析、基于环境与经济协调发展的生态效率评价等分析方法，目前仍在局部实践领域进行试点性探索，理论上也有待进一步的升华与完善。

尽管如此，该学科中的"链网分析""生态效率理论及评价""工业代谢分析""原料与能源流动分析方法""整体综合及优化分析"等方法，仍可对本书的研究起到重要支撑作用。具体表现如下：（1）"生态效率"理论与资源价值流转分析目标的一致性。生态效率是指"增加更多价值的同时不断减少资源消耗和污染"，资源价值流转分析的目标之一就是通过环境业绩和财务业绩的结合，从而促进企业通过生态转型提高生态效率和环境效率；（2）工业代谢分析、原料与能源流动分析方法与资源价值流转分析核算和评价的联系。研究表明，通过生产过程的产品链及废物链的延伸与循环，可提升资源生产率、实现废物资源化、增加产品经济价值。目前，国内外研究将原料与能源流动分析方法应用于各行各业，旨在通过对经济系统的材料、能源与环境问题之间因果关系的严格量化，从而找出解决问题的路径，故其为企业资源流动的基本研究方法之一。显然，工业生态学与资源价值流转分析分别研究的是同一问题的两个方面（资源的物质流转分析与资源的价值循环分析），手段虽不同，但其目的、方法、本质与环境经济理念均具有高度的一致性。故其可为企业循环经济价值流分析核算、资源产出效益评价及废弃物货币化评估所借鉴，并与成本会计之"逐步结转"计算模式结合，即可构筑企业循环经济"元素流—价值流"分析核算模型与方法体系。

2.1.4 流程工程与工业工程学理论

流程工程学是近几年发展起来的一门新兴学科，该学科的研究对象是以物质和能量的转换为基础的制造流程中工程科学和工程技术问题。其中，尤以殷瑞钰院士等构建的冶金流程工程学为典型代表。殷瑞钰院士针对现代冶金等流程制造业所面临的要求综合解决包括产品成本、物耗、能耗、质量、生产效率、投资效益等市场综合竞争力和包括"资源—能源"可供性、"环境—生态"和谐性在内的可持续发展等重大集成性的前瞻性命题，在研究视野中，突破主要依靠基础科学（例如化学反应热力学、动力学等）和技术科学（例如"三传一反"）等局限，进而围绕冶金流程制造过程中存在的不同"时—空"尺度的科学问题，采用从整体上探索钢铁冶金制造流程的功能、结构、效率等流程工程学的方法，获得重大进展。

流程工程学在学科属性上是一种综合集成基础科学、技术科学（如传热、传质、传动量和反应器工程的"三传一反"）、工程科学问题及相关技术所组成的工程集成的知识体系。流程工程学主要研究流程制造（生产）过程中的物理本质、结构和整体行为。即以"流""流程网络"和"程序"三个基本要素为基础，分析物质流（元素流）在能量流（碳素流）的引导下，根据预先设定的"规划"，沿着"流程路线"动态有序运行，从而实现产品制造、能源转换及废弃物消纳等职能。其最大特点是从更大尺度探索单元操作、单元工序与装置、制造流程、生态制造链四大组成部分的"解析—优化""集成—协调"，这种尺度涉及效率、经济、环境及质量等开放范围，具有了循环经济的思想。从价值流角度分析，资金流量与存量的变化将与冶金流程的优化密切相关。而且，随着基础科学研究、技术开发与创新以及产业的发展与集成，整个社会、经济的可持续发展，都极大地改变对资源、能源需要的资金量。

借鉴流程工程学领域的流程优化理论与方法，采用资源价值流分析工具，首先从价值流分析角度出发，对循环经济的实施条件及发展潜力进行评价，接下来，根据评价结果，提出相应的可行性方案，然后，依据优化理论与方法，使制造流程中的物质和能源循环流通量最大化，资金占用量和经济合理性程度最优化，最终能够实现资源减量化、废弃物资源化以及循环再利用的目的。从此意义上说，这就是本书研究的理论基础。

美国工业工程师学会（AIIE）在1955年对工业工程（IE）的定义可以概要地表达如下：工业工程是对多因素组成的集成系统（例如，生产人员、设备和生产物料等）进行设计、改善和实施的一门学科，它综合了许多学科（包括数学、物理学、工程学和社会科学）的专门知识和技术，并结合工程分析和设计的原理方法对该集成系统进行预测和评价。工业工程是具有科技取向学科的知识，也是有管理取向的知识。其理论是一组结构化的概念和技术，用来解释和预测现实实践的现象。理论的逻辑起点，只能定位于现实的管理实务条件下，基于特定的实务所形成的范式可以用作衡量企业行为水平的统一标准。通过分析研究，设计出科学、合理的工作程序和作业方法作为标准，用于约束统一公众的所有工人，形成群体工作习惯，达到动力定型。因此标准化是形成群体行为准则的过程，一般是先进行方法研究，再进行作业测定，亦可交互进行。

工业工程学还对程序进行分析，记录现行作业全部事实，整个改进能否成功，取决于所记录事实的准确性，取决于记录事实的方法。它包括工作程序图、流程程序图和流程图、线图的绘制。从工业工程学与本书的联系看，其标准的构建正是循环经济"元素流—价值流"标准的构建基础，而工作流程图、流程程序图等内容则是标准构建的重要一环。借鉴工业工程学相关知识，可以为循环经济"元素流—价值流"标准的应用打下必不可少的基础，促进其更好地在企业和工业共生链层面上的应用。

2.1.5 环境会计学理论

会计学是一门以研究会计发展规律和有关人们从事会计这一实践活动的知识体系。核心内容是以货币作为主要计量手段，通过设置资产、负债、所有者权益、成本、收入、利润等会计要素，对企业的经济业务活动进行核算，以揭示企业活动的价值变动状况及其原因。核算对象则是企业的资金运动，即包括以成本、收入、利润为动态要素确认、计量钢铁企业资金的流转，以资产、负债、所有者权益为静态要素确认、计量企业资金的存量状况，两者互为统一，相结合形成了会计学独有的核算方法体系。

自20世纪80年代以来，这种以企业经济活动的资金变化为主要核算对象的会计学科，又延伸至与企业相关的环境系统中，形成了以环境成本、环境负债、环境效益为对象进行确认和计量的会计学分支学科——环境会计学。借助于会计学对环境成本的核算原理，环境会计学又向环境管理领域进行了延伸扩展，形成环境管理会计学。可以说，环境会计学是会计学科与环境学科交叉融合而成的一门应用性学科，同时也是环境经济学、环境管理学和会计学相结合的产物。因此，环境会计学除涵盖会计学的基本理论要素外，还融入相关学科的理论工具与模型，形成了一个具有自身特色的会计学分支体系。

环境会计与循环经济价值流分析存在着天然的内在关联，无论是环境财务会计还是环境管理会计，与本书在研究假设、研究对象、研究基础、研究属性等方面都高度一致，其最终目标与资源价值流转分析目标也一致。相对而言，后者的研究视角更为开阔，它不仅仅局限于环境污染末端，也综合考虑了资源、环境与经济绩效的综合协调关系。尽管环境会计学在钢铁企业循环经济发展及应用中还存在着诸多缺点和不足，但这一学科的相关原理和方法仍是本书研究的重要理论支撑。如价值流分析需以会计学的货币计量理论为基础，"价值"的概念边界需以会计学的成本分类方法为依据，价值流转核算与分析需参考流转成本会计的设计原理等，这些均是借鉴的重要内容。特别是近年来在德国、日本出现的新兴环境成本核算模式——材料流转成本会计（MFCA），为资源流转成本与价值核算直接提供了方法基础。

2.2 "元素流—价值流"耦合机理研究

耦合的概念由物理学衍生而来，指的是两个或两个以上的体系或两种运动形式间，通过相互作用而彼此影响以致联合起来的现象[①]。当前，在循环经济的研究领域，经济系统的元素循环是许多学者研究的热点，其中技术手段与方法体系的研究又是重中之重，然而，对经济系统运行的内在动力方面的研究却严重不足。众所周知，人类所从事的经济活动都是以交换为目的，在交换过程中元素不仅仅被传递，实现其使用功能，同时也伴随着价值的运动。因此，元素循环和价值循环的耦合是循环经济的内在驱动力。

2.2.1 元素流与价值流的内涵

内涵逻辑上指事物的特有属性在概念中的反映。事物的特有属性是客观存在的，它本身并不是内涵；只有当它反映到概念之中成为思想内容时，才是内涵。钢铁企业"元素流—价值流"研究中，涉及的元素、元素流、价值、价值流等概念都有其特有属性，区别于其他学科中的概念内涵，应首先予以明确界定。

1. 元素和元素流

"元素"是化学元素的简称，指的是自然界中 100 多种基本的金属和非金属物质，它们只由一种原子组成，其原子中的每一核子具有同样数量的质子，用一般的化学方法不能使之分解，并且能构成一切物质。简言之，元素是具有相同的核电荷数（即核内质子数）的一类原子的总称。元素依据物理性质和化学性质的不同可分两大类，即金属元素与非金属元素，如氮、氧、氦、氖等非金属元素，以及铁、镁等金属元素。目前已知的 118 种元素中，非金属元素种类仅 22 种，其余都是金属元素。本书研究的元素囊括了金属元素和非金属元素在内的两种元

[①] 《现代汉语词典》（汉英双语），外语教学与研究出版社 2002 年版，第 1433 页。

素。具体是指"在输入企业的生产和消耗的原材料、辅助材料和能源等物质以及影响企业生产经营活动的特定的元素和化合物"。[86]

"流"的概念来源于生态学的思想,用来揭示其各组分之间相互作用的方向、强度和速率。[87]因此,本书将"元素流"定义为在人类活动中,元素在不同的时空、不同的工艺链条单元、不同的产业集群、不同使用功能之间的运动、转移和转换,既包括元素在空间方向上的流动,又包括元素在价值和功能方向上的位移和改变。具有复杂性、动态性和时空性的特征,主要用来识别特定污染问题产生的原因,从而试图从中找到治理和预防这些问题的可能性。

2. 价值和价值流

价值,泛指客体对于主体表现出来的积极意义和有用性。可视为能够公正且适当反映商品、服务或金钱等值的总额。在经济学中,价值是商品的一个重要性质,它代表该商品在交换中能够交换得到多少其他商品,价值通常通过货币来衡量,成为价格。这种观点中的价值其实是交换价值的表现。古典经济学则认为价值和价格并不等同。按照马克思主义政治经济学的观点,价值就是凝结在商品中的无差别的人类劳动,即商品价值。在本研究中,价值所指代的是资源的价值,即由资源的效用和稀缺双重决定了其价值,反映环境和自然资源对于人类社会的价值,一般通过货币计量方式来表示。

价值流是从原材料转变为成品,并给它赋予价值的全部活动,包括从供应商处购买的原材料到达企业,企业对其进行加工后转变为成品再交付客户的全过程,企业内以及企业与供应商、客户之间的信息沟通形成的信息流也是价值流的一部分。完整的价值流包括增值和非增值活动,如供应链成员间的沟通、物料的运输、生产计划的制订和安排以及从原材料到产品的物质转换过程等。价值流管理就是通过绘制价值流图,进行价值流图分析来发现并减少浪费、降低成本,从而获得最高的边际利润。结合本书所研究的资源价值,可将价值流内涵定义为以元素流为基础,跟踪、描绘产品从原材料状态加工成产品的过程中每一个工序状态、工序间的一系列不同价值形态变化的全部活动。

2.2.2 元素流与价值流的耦合:二维分析

从以上学科的融合可见,循环经济是一种建立在资源的元素流转和价值循环的基础上，将物质、能量、人工、价格等要素有机整合的新经济发展模式。其核心是经济系统中的元素循环流动，企业货币资金将发生相应的价值循环流动，这两者相辅相成，对其结果进行分析可为企业进行管理、决策、控制和优化提供参考，对其循环经济活动的开展产生重大影响。因此，研究循环经济元素流与价值流耦合的机理及变化规律，并设计可供循环经济决策有用的价值数据系统，构建循环经济"元素流—价值流"分析的理论与系统框架，使循环经济活动既能创造更多价值，又能实现经济与生态环境的可持续发展具有重要的理论和现实意义。

按照循环经济技术、经济分析一体化及循环路线的结构化分析的要求，循环经济"元素流—价值流"研究的学术思想可抽象为元素流分析与价值流分析两个维度的统一，两者合二为一，即可耦合形成系统分析方法，为推动循环经济和生态文明的发展服务。具体来说，"二维"包含两方面的含义，见图2-1。

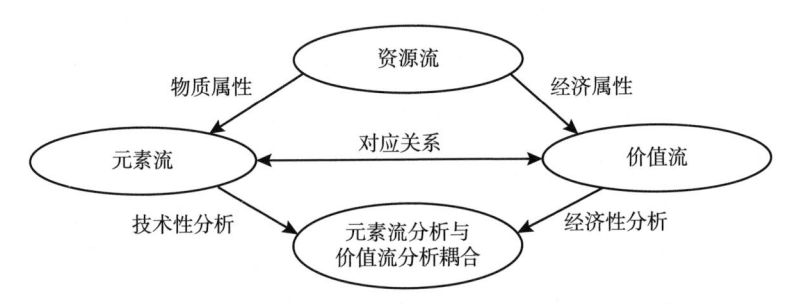

图2-1 元素流与价值流的耦合分析

第一个维度指的是资源的元素循环，对应元素流分析方法。主要从技术性分析的角度，从循环经济输入减量化、中间再循环、废弃物再资源化的3R原则出发，跟踪、描述、优化基于元素的物质流转、消耗、废弃情况，采用"增环""减环"方式，改善元素流问题。

第二个维度指的是资源的价值循环，对应价值流分析方法。主要从经济性分析的角度，依据基于元素的物质流路线的变化，深入至内部环节的成本变化及系统的效益波动，计量其成本流、产业价值流、新增价值流、环境损害价值评估等经济数据，形成与技术性分析相配套的管理工具体系，更好地为技术性改造提供有用数据。

从元素流分析与价值流分析的相互逻辑关系看，元素流分析决定价值流数据的形成，价值流分析则为元素流优化提供决策、控制、考核的经济数据及方法体系。可见，开展循环经济的手段就是通过元素流路线的优化来实现资源节约和环境保护的目的,进而创造更多价值,循环经济价值流转分析则可为此提供十分重要的信息和手段。

2.2.3 元素流与价值流耦合的作用定位

循环经济"元素流—价值流"分析依据循环经济的元素流与价值流耦合机理,从循环经济开展过程中元素流路线的增环、减环等动态变化出发,跟踪、描绘资源价值流动,采用多学科的成本、收入、利润、环境损害价值等工具,构建与技术性分析耦合的经济性分析,形成循环经济"元素流—价值流"分析理论和系统框架,为我国循环经济主体进行分析评价和优化控制提供理论和方法指导,建立循环经济的微观管理工具体系及宏观政策支撑体系。见图2-2。

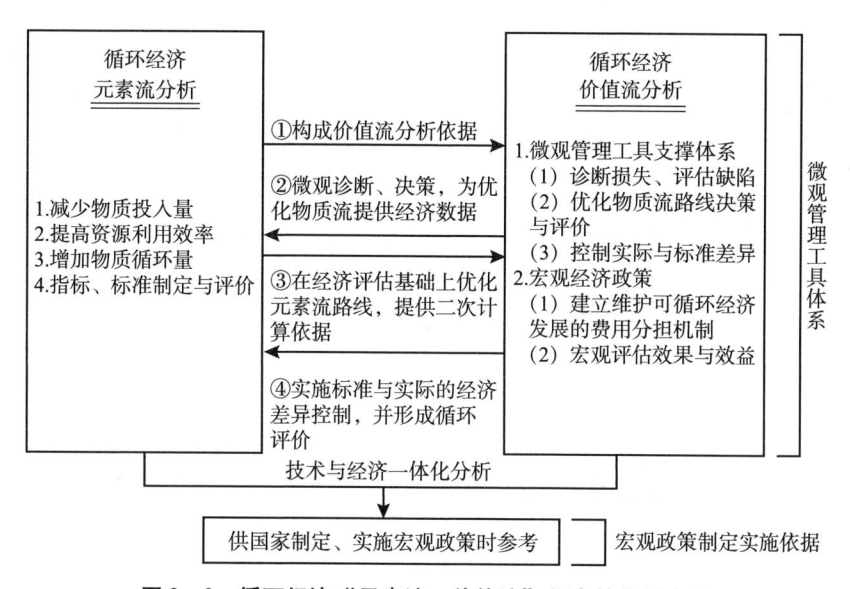

图2-2 循环经济"元素流—价值流"耦合的作用定位

其作用主要表现在以下三个方面:

第一,通过资源的元素流分析,可获得企业生产工艺流程中从资源投入、消耗或循环到资源输出的全部物质流转情况,工作人员加以应用分析后采取相关措施进行改善,从而减少物质投入量,提高资源利用效率,增加物质循环量,对企业循环经济指标、标准的制定与评价提供参考。

第二,通过资源的价值流分析,可在资源元素流转的基础上从成本或价值的角度考虑工业流程每一生产环境的资源元素流量,形成资源价值流。加以应用分析后从企业微观管理工具的角度诊断损失,评估现有元素流路线的缺陷,对元素流路线进行决策分析、优化,缩小实际成本与标准成本之间的差异。从国家宏观政策制定角度,可建立维护循环经济发展的费用分担机制,评估机制效果与效益。

第三,元素流与价值流的耦合过程,为一个典型的PDCA①循环往复的闭环过程。元素流分析可为价值流分析提供依据,而价值流分析诊断、决策后,又为元素流路线的优化提供经济数据,在此基础上既可优化元素流路线,又为价值流再次计算提供分析依据,在实施标准与实际的经济差异间,又可形成循环经济评价,是一个循环往复不断改善的过程。

由以上分析可知,"元素流—价值流"耦合机理可以为企业资源流提供较为完整而翔实的数据分析,从而构建资源"元素流—价值流"系统框架。微观上来说,企业可以更全面、有效评估其资源流转与循环经济发展现状,为企业循环经济、生态文明管理决策提供支持;宏观上来说,企业资源"元素流—价值流"分析这一技术与经济一体化分析相关数据,可为国家制定并实施宏观经济政策提供重要参考。

2.3 "元素流—价值流"分析系统框架

2.3.1 定义与分类

1. 定义

资源大量浪费和环境的严重污染已经不断地引起了人们的重视,而循环经济

---

① PDCA 循环又叫戴明环,是美国质量管理专家休哈特博士首先提出的,是全面质量管理所应遵循的科学程序。PDCA 的含义如下:P (Plan)——计划;D (Design)——设计(原为 Do,执行);C (Check)——检查;A (Action)——处理,对总结检查的结果进行处理,成功的经验加以肯定并适当推广、标准化;失败的教训加以总结,未解决的问题放到下一个 PDCA 循环里。以上四个过程不是运行一次就结束,而是周而复始地进行,一个循环完了,解决一些问题,未解决的问题进入下一个循环,这样阶梯式上升的。

是实现经济的可持续发展以及实施人和自然和谐共存的重要途径。国内的学者也对元素流的分析在循环经济方面的应用做了大量的研究，将元素流、价值流分析与循环经济联系起来。

针对产品中的某一元素 M，深入研究工业物质的循环流动及相应规律。以此为基础，把单位质量的元素 M 具有的价值定义为元素 M 的"价位"，就能得知物质循环流动中的价值流动。循环经济的核心是经济系统中基于元素的物质循环流动，价值的载体是物质，在物质的循环流动过程中会引起价值的循环流动，这一流动很大程度上影响了经济系统。本书中循环经济的"元素流—价值流"指的是通过对产品中的某特定元素在企业生产过程中的物质流动进行分析，描绘资源流在链、环和网的运动过程中价值的动态变化过程，以促进减量化、再利用和资源化的改善。

循环经济的价值是结合循环经济的特征，包括会计系统中的诸多关键要素，以及元素的物质流动及排放对环境（生态）系统造成的损害价值。依据循环经济、环境经济、环境会计等相关理论，循环经济"元素流—价值流"可以将资源价值细分为资源有效利用价值、废弃物损失价值、环境损害价值及资源附加价值。资源有效利用价值是指在企业生产经营过程中成为产品的那一部分价值；废弃物损失价值指企业生产经营过程中资源损失的价值，包括三废的价值等；环境损害价值是指在企业元素流转中，资源消耗、废弃物排放所导致的环境与生态损害评估价值，主要包括对自然的动物、植物生存环境的破坏，以及对人身体和精神健康等方面的损害评估价值等。资源附加价值是指结合管理学产品价值与经济学附加值的相关思想，在钢铁企业元素流转过程中，资源经过每个工艺环节后的价值增量，包括利润、税收以及人工、折旧等成本。

企业循环经济"元素流—价值流"中的资源价值体系细分之后，衍生了三个相应的成本：材料流成本、元素流成本和价值流成本，见图 2-3。材料流是指企业元素流过程中，各生产环节所消耗的材料、能源等物质所产生的成本，即图中所示的材料和能源的转移价值。元素流成本指的是企业元素流过程中，材料流与本环节的分配的加工费和制造费用的总和。价值流成本则是企业元素流过程中，元素流成本与废弃物对环境的外部损害成本之和。

2. 分类

（1）按照企业循环经济的发展模式划分。企业循环经济"元素流—价值流"

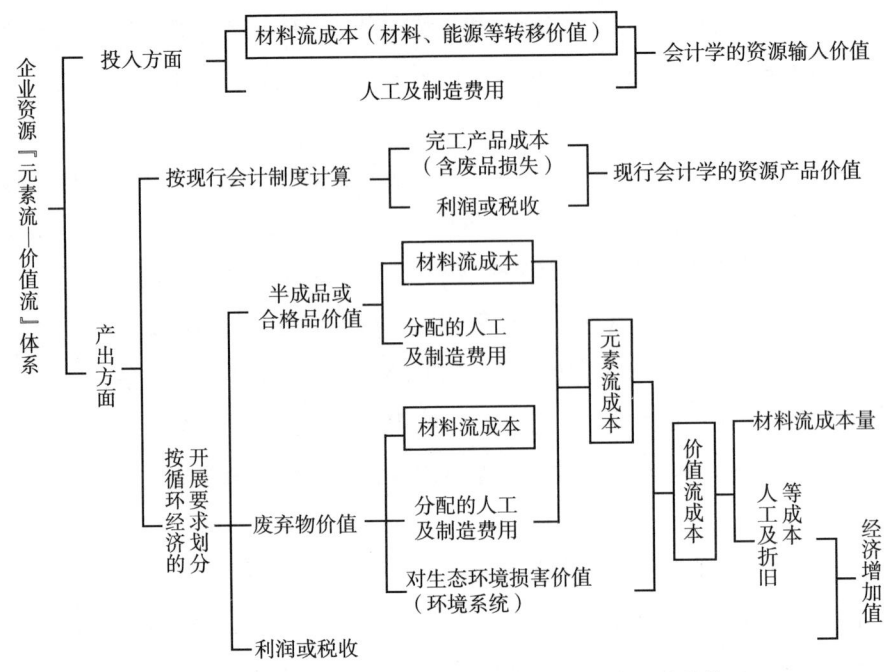

图 2-3 循环经济"元素流—价值流"中的资源价值体系

可以分为以下三种：①小循环"元素流—价值流"，即循环经济发展过程中，以元素流为核心的生产上下工序间的循环在企业内部的"元素流—价值流"。②中循环"元素流—价值流"，是企业层面小循环的扩展。在一定区域内，以企业元素流为主导，把与之相关的工业链企业链接起来，形成资源共享和互换副产品的工业共生组合，以保证资源的合理利用，形成生态产业园（工业共生链）。③大循环"元素流—价值流"，是指企业与社会经济系统结合，在更广泛的层面上形成社会范围内的物质、能源流动的大循环。

（2）按照循环经济发展的环境—会计的学科归属划分。会计学中的资金运动理论建立于企业物质流转基础之上，并形成互动影响的联动规律。"元素流—价值流"二维分析方法也遵循着这一客观变化规律，划分为元素流和价值流。元素流是在流程企业制造过程中元素的流动，它遵循企业流程标准，经过不同有序的生产车间及工序，形成自身的流动规律。在此基础上运用货币计量形成对应的价值流转，表现为经济上的成本、产值和附加价值等，可循环经济的持续改进提供核算、评价、决策和控制的定量数据。以此为据，企业可判别元素流的价值构成、流向及优化的重点环节，为改造项目的选择与决策进行经济性分析，并为方案所形成的元素流路线的优化效果做出成本效益评价，形成PDCA循环的持续改进模式。

（3）按照资源价值流的流向划分。可以分为资源流入价值、资源循环价值和资源输出价值。基于元素流的流动，企业在输入端资源价值投入、生产过程中的消耗和循环投入、输出端的产品与污染物排放的价值之间存在紧密的联系。从其形成原理来看，以企业原料输入、生产加工、回收利用的资源价值流转路径为前提，可从企业资源"入口""流转及循环""出口"三个环节分为资源流入机制、资源循环价值和资源输出价值。资源流入价值指的是企业元素流过程中，资源输入及初始消耗价值；资源循环价值指的是企业元素流过程中，生产内部资源流转的循环、利用的损失价值。资源流出价值，指的是企业元素流过程中，最终产品输出价值、废弃物排放及处置的价值。

（4）按照资源价值流的来源划分。可以分为内部资源价值和外部资源价值。内部资源价值是企业元素流过程中，按照各工序的元素流向划分，包括原材料与能源、人工等成本，同时资产的折旧、相关的制造费用也按照此标准分配，形成产品的资源有效利用价值和废弃物价值。另一方面借助相关环境工程学科的技术与方法，计算废弃物排放造成的环境污染与损害价值，即外部资源价值。

2.3.2 功能定位与目标

1. 功能定位

传统的生产模式下，企业作为污染的排放者无需承担消除对其他人造成不利环境影响的成本。企业从其自身利益出发，通常仅考虑与生产相关的原材料、能源及人工等成本与效益，忽视了企业的社会责任。即使有个别企业管理者主观上愿意承担社会责任，试图减轻环境污染的负面影响，但在没有法律干预的市场中，只要找不到既能减轻外在影响，又不会增加私人成本的办法，激烈的不规范市场竞争产生的"劣币驱逐良币"[①]效应还是会迫使他随波逐流。

企业每年消耗大量的物质、能源和水等资源，且排放大量的温室气体及"三

---

① "劣币驱逐良币"又称格雷欣法则，是指当一个国家同时流通两种实际价值不同而法定比价不变的货币时，实际价值高的货币（良币）必然要被熔化、收藏或输出而退出流通领域，而实际价值低的货币（劣币）反而充斥市场。这里指当没有实施环境改善措施的企业管理者在市场中大行其道，获得极大好处，而又不存在法律处罚时，愿意实施环境改善措施的企业管理者会越来越少，"劣币"逐渐驱逐了"良币"。

废",对人类的生存环境带来了极大的消极外部性影响。要解决日益严重的环境问题,"环境成本内在化"是其重要途径。环境成本内在化是要将整个经济生产活动中造成的环境污染和生态破坏所需的补偿费用计入产品成本之中。因此,其价格反映了两个重要的信息,一是生产成本和交易费用,二是产品的环境污染和补偿费用。在现代经济中,庇古手段中的排污收费①和科斯手段中的排污权交易②在污染控制中起到了重要的作用。环境成本内部化能够在一定程度上遏制环境污染的恶化,但仅仅属于政府规制为主导的末端治理。而目前我国正处于传统线性粗放型经济模式向循环经济新模式转型的阶段,大多数企业生产过程资源利用率较低,消耗资源较多,造成环境污染严重,且公司的元素(物质)流动呈现"黑箱"状态。因此我国的循环经济发展模式不能简单照搬发达国家的模式,需要从生产过程入手,将元素流过程透明化,并紧密结合价值流运动进行二维分析,从中找出可以改善的关键点实施改善,优化元素流路线,推动循环经济的发展。因此,建立以元素流和价值流二维分析为核心的循环经济分析体系,对钢铁企业循环经济、生态文明的发展具有重要作用。

循环经济"元素流—价值流"分析是依据企业循环经济的元素流路线,对资源、能源在企业内部不同时空的位移进行价值的确认、计量、报告和分析,并为循环经济决策与控制提供数据支撑的管理活动方式。

2. 目标

循环经济"元素流—价值流"通过现行环境会计的拓展,以循环经济开展过程中基于元素的物质循环为目标,获得相应规律,并结合经济学价值理论,将单元质量元素具有的价值定义为元素的"价位",运用会计学方法计算物质循环流动的价值量,促进企业循环经济与生态文明的发展。从其学科属性和定位来看,虽然与相关资源科学、工业生态学等学科存着紧密关联,但本质上仍归属于会计学范畴。因此,循环经济"元素流—价值流"目标与会计的目标具有一致性,其

---

① 1972年世界经济合作与发展组织(OECD)提出了污染者付费原则,即污染者应当承担由政府决定的控制污染措施的费用,以保证环境处于可接受的状态。根据这一原则,OECD国家普遍实行了征收环境税的政策。目前世界各国基本上都实行了排污收费或环境税制度来治理污染。

② 排污权交易的基本思想是把排放废物的权力通过拍卖或无偿分配的手段交给微观经济个体,这种污染权的数量是由政府根据国家环境目标确定的,这种权力还可以像普通商品那样在市场中交易,美、德、澳、英等发达国家继续进行了实践,我国也在一些城市进行了试点。2017年年底,伴随着《全国碳排放权交易市场建设方案(发电行业)》的发布,我国碳排放权交易市场正式启动。

目标也分为两个层次：基本目标和具体目标。基本目标是适用于一切历史发展阶段，从不同的历史环境下具体会计目标中抽象出来的共性，即满足会计信息需求；钢铁企业循环经济"元素流—价值流"的基本目标就是为企业管理部门开展循环经济最优化决策、资源价值流转分析与管理决策、可持续经营的发展和改善及时提供客观、真实、有用的资源价值流转数据和信息；具体会计目标则因时代特征、历史背景、受众人群的不同而有所差异。受托责任和决策有用两个具体会计目标正是不同历史环境的产物。[88]由于历史环境发展的连续性和连接性，两者是可以兼容的，我国的特殊社会经济、环境决定了会计目标的兼容，因此循环经济"元素流—价值流"的具体目标也兼顾了受托责任和决策有用。

一方面，受托责任观认为会计的目标是以确定的方式反映企业资源受托者的受托责任及其履行情况。循环经济"元素流—价值流"分析认为企业管理部门是自然环境的受托者，国家、股东是所有者，其目的在于向所有者如实反映受托者对受托资源的使用、治理、开发、保护等情况。企业所有者即委托人，企业经营者是受托者，在委托者和受托者之间形成了一种委托关系——委托责任关系。[89]可见，循环经济"元素流—价值流"分析是基于股东等委托者的委托责任才产生成为必要的，其目的是将这一责任的完成情况向所有者表达清楚，其内容包括企业循环经济的有效利用价值、废弃物的外部损害价值以及企业循环经济、生态文明建设的进展情况，这正是需要向所有者汇报的内涵所在。

另一方面，决策有用观认为会计（信息披露）的目的是向信息使用者提供有助其经济决策的数量化信息。[90]因此，循环经济"元素流—价值流"分析就是企业组织相应的会计核算，根据元素流动的规律，确认和计量企业在一定期间的价值流动情况、环境经济效益以及废弃物的环境损失，向社会相关主体提供所需要的环境信息，为各决策单位实施经济和环境决策提供帮助。利益相关者包括了投资者、债权人、政府及相关机构、企业管理人员、雇员、供应链上的相关者、消费者、环保组织和社会公众等。从企业生存环境来看，企业不仅要为股东的信息需求服务，而且需要满足广大利益相关者的信息需求，需要揭示企业为自身和社会可持续发展做出的努力。从利益相关者的角度来看，循环经济"元素流—价值流"分析提供的有关资源减量化、循环利用和再资源化等环境事项、环保行为和绩效，有助于利益相关者更深层次地了解企业循环经济运作情况，从而做出合理决策，这正是决策有用观的意义所在。

其功能定位与目的见图 2-4。

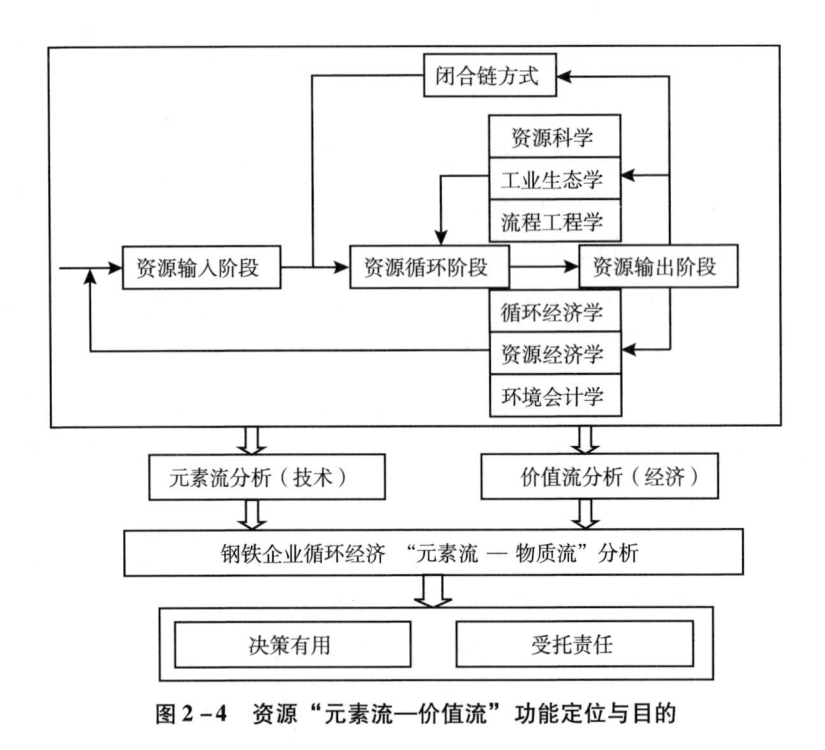

图 2-4 资源"元素流—价值流"功能定位与目的

结合钢铁企业的特色，将目标定位于从钢铁企业铁元素流的角度出发，依据其生产过程中的铁元素的循环流转，建立与元素流相对应的经济上的价值流分析，使企业生产过程透明化，为管理部门开展循环经济提供可靠参考，进一步扩展到工业共生链的企业间范围，进行产业间组合和调整，推动整个循环经济发展水平向前发展。

2.3.3 基本内容

循环经济"元素流—价值流"研究的学术思想是立足于"循环经济是通过元素的物质循环来创造更多价值的经济"这一基本属性，依据元素流与价值流互动影响的变化规律，以构建循环经济"元素流—价值流"分析理论和系统框架为理论目标，组合工学、环境学、管理学、经济学的研究团队群和企业试验应用平台，采用学科交叉集成研究方式，构筑一套可充分揭示循环经济元素流的资源价值变化规则,系统对接现有数据结构系统,普遍应用于企业、工业共生链乃至工业园的循环经济价值流分析标准和应用指南体系。作为源于环境会计但又不同于环境会计的领域,循环"元素流—价值流"主要由四大部分组成,分别是资源"元素流—价值流"核算、资源"元素流—价值流"评价分析、资源"元素流—价值流"决策优化和资源"元素流—价值流"控制。其应用基本构架及内容见图 2-5。

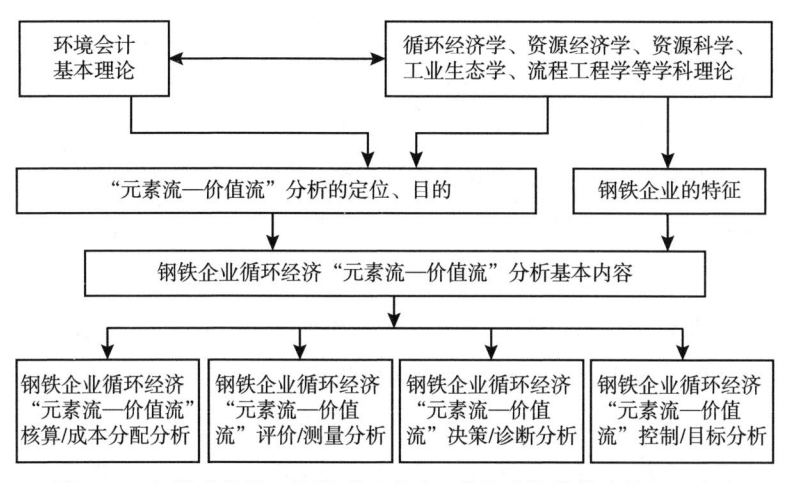

图 2-5 钢铁企业循环经济"元素流—价值流"的基本构架及内容

1. 资源"元素流—价值流"核算/成本分配分析

目前企业在企业成本管理中普遍采用标准成本法,并未明确划分各生产环节的资源有效利用价值和废弃物损失成本,将企业生产过程中造成的资源损失和耗费全部计入产品成本中,以此进行定价。因此,整个生产过程中的浪费是一个"黑箱"状态,不利于企业进行成本管理和循环经济决策。循环经济"元素流—价值流"在对元素流进行透明化研究的基础上,研究各工艺流程不同物质与能源的转换、利用和废弃程度,将所有未能变成产品的成本定义为损失,使用货币来计量其价值流动的物质来平衡,使得损失可视化。有助于企业从根源上减少资源浪费和废弃物的产生,提高企业资源利用率,减轻环境压力,帮助企业管理者推进循环经济和生态文明的发展。

2. 资源"元素流—价值流"评价/测量分析

资源"元素流—价值流"评价一方面是对上一阶段企业实施相关改善方案的

经济、环保效果的评价，另一方面是对下阶段进一步持续改善的改善点进行决策分析。因此，实施评价对于企业整个循环经济"元素流—价值流"的作用非常重要，具有承前启后的效果。企业循环经济"元素流—价值流"作为一种融合环境会计学、循环经济学和环境经济学等学科的交叉学科，涉及企业的组织模式、管理理念、资源合理配置等多方面的问题，因此，评价企业循环经济"元素流—价值流"是一个复杂的系统问题。不能简单将现有的评价方法直接应用于其评价中，有必要结合企业"元素流—价值流"资源流转的特征，集成相关的方法，从事实效果入手，构建钢铁企业资源"元素流—价值流"评价体系。

3. 资源"元素流—价值流"决策/诊断分析

企业在多大程度上把"环境因素"引入生产经营决策中，这决定企业资源价值"元素流—价值流"分析体系在未来循环经济、生态文明的发展中起到多大的影响作用。随着人们对环境的逐渐重视，环境保护行为也从开始的短期、局部行为发展转换成根据社会经济发展的长期系统的环境保护，资源"元素流—价值流"贯穿了企业整个经营过程。企业进行循环经济后，通过"元素流—价值流"分析，发现相应的改善点，并对改善方案做出成本效益分析预评估。企业循环经济的改善既要考虑到成本因素，又要考虑到环境效益和经济效益，因此需要综合系统进行决策。根据上一步的评价结果，确定相应的优先原则，选择适当的方法对钢铁企业生产流程进行决策，然后再选择合理的方案，以求达到成本投入与环境效果、经济效益最佳匹配的目的。

4. 资源"元素流—价值流"控制/分析

资源"元素流—价值流"决策不是资源"元素流—价值流"的终点，其最终目的是对成本进行管理和控制，从而使得企业的"元素流—价值流"相关决策达到最优。企业在生产过程中以元素为特征，其流动循环中的含量和流向不断发生变化，同时产生副产品，即新元素流。这就需要将资源价值分摊到它的各个节点中的各种组成元素中，形成与元素流匹配的价值流数据。因此，资源"元素流—价值流"控制是企业通过核算、评价和决策等一系列的程序，对资源价值形成过程中所有因素采用科学合理的控制方法，从而实现环境法规和企业循环经济发展的需要，达到环境效益与企业经济效益最优的双重目的。

四者之间的关系以及逻辑顺序见图2-6。

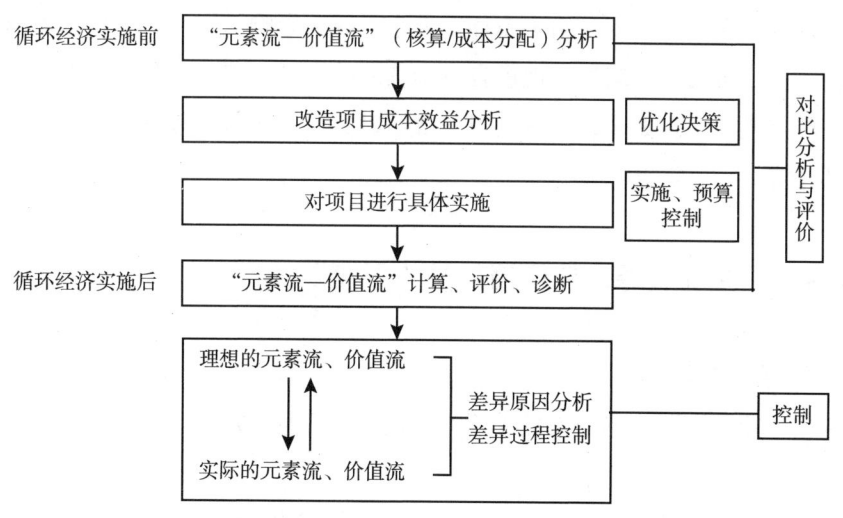

图 2-6 钢铁企业循环经济"元素流—价值流"基本内容逻辑关系

进行循环经济"元素流—价值流"分析首先是在循环经济实施前，依据基于元素的物质流动，计算与之对应的价值流情况，结合内部资源成本和外部环境损害成本二维分析方法对企业/工业链的价值流进行核算分析，从中找出需要改善的节点，对其进行成本效益分析，依据企业循环经济发展的要求，对节点改造的优先顺序进行多因素优化决策，之后对项目实行具体实施，包含了全过程的实施和预算控制，然后再对循环经济开展后企业/工业链的再次计算、评价和诊断，发现可以改造的问题，进行控制分析。这实际上是一个不断循环、持续向上的过程，通过这一过程，提高企业/工业共生链的资源利用率，促进循环经济的深入开展。

2.4 钢铁企业应用"元素流—价值流"的缘由

钢铁企业是能源、水资源和矿产资源消耗的密集型企业，也是最具发展潜力、最有条件、最迫切需要发展循环经济的产业。自从改革开放以来，我国的经济始终保持了高速增长的趋势，很多行业都得到了飞速发展，但是在发展过程中，也产生了很多迫切需要解决的问题。对我国钢铁工业来说，一方面还有很大的发展空间；但另一方面，由于其产业结构不合理，普遍采用粗放的增长方式，高能耗，低效率，高排放，给生态环境带来了巨大影响。因此，如何在新常态经济环境下抓住机遇解决问题，促进自身继续向前发展，将会对整个行业和国民经济的发展提供动力。如今，答案已经非常明显，就是走可持续发展道路，大力发展循环经济。

2.4.1 企业资源、能源消耗及"三废"排放

1. 资源、能源消耗

钢铁企业的资源、能源消耗主要集中在铁矿石和煤炭的消耗。

（1）铁矿石。

全球每年消耗铁矿石20多亿吨。据美国地质调查局统计，目前世界铁矿石储量1700亿吨，其中铁含量800亿吨。全球铁矿石资源分布不均衡，集中分布在少数国家和地区，澳大利亚、巴西、俄罗斯、中国、印度、美国、乌克兰、加拿大、委内瑞拉和瑞典10个国家的铁矿石储量占世界总储量的85.7%。

截至2020年9月，中国铁矿石1~9月累计产量为63 607.8万吨，累计增长2.6%。[1] 我国为世界第一大铁矿石生产国，但主要为低品位铁矿石。目前国内铁矿石探明储量约460亿吨，可开采储量210亿吨，平均铁品位不到30%。按每年耗费铁矿储量约5亿吨计算，从我国铁矿静态保障看，铁矿资源现探明590亿吨，可开采保有储量115亿吨；按照现行开采量，开采期只有20~40年。此外，我国铁矿石品位每5年下降1%，而且有害杂质含量超过进口矿石的好几倍。即使以后探明新矿可增加10年开采，50年后我国铁矿资源仍是个大问题。[2]

钢铁企业生产所需要的其他矿，如锰矿进口量目前占45%，而铬矿全部依赖进口，按照2006年世界铁矿石产量和储量计算，可供开采年数仅剩103年。[91]

（2）煤。

钢铁企业是煤炭消耗大户，煤占钢铁生产中燃料消耗的80%。我国钢铁全行业的总能耗约占全国能源总消耗量的15%。大中型钢铁企业（年产100万吨

---

① 国家统计局.铁矿石原矿产量［DB/OL］.2020-9, https：//data.stats.gov.cn/easyquery.htm? cn = A01&zb = A020901&sj = 202009.

② 头豹研究院.2019年中国铁矿石行业概览［EB/OL］, 2019, http：//pdf.dfcfw.com/pdf/H3_AP202008191399559167_1.pdf.

以上）与国际先进水平的能耗差距为10%~15%。小型钢铁企业（300立方米以下小高炉，20吨以下小转炉、小电炉）的能源消耗数据统计比较困难，从已知信息来看，总能耗比国际先进水平高50%。2019年中钢协会员单位能耗总量为3.08亿吨标准煤，比上年增长4.81%。钢铁企业能源消耗结构中，煤炭占重要地位，其次是电力，其他能耗耗费较少。

2. 钢铁企业的"三废"排放

钢铁企业生产过程消耗大量资源和能源，除了产出大量正产品的同时，还产生了大量副产品，如果不经处理将副产品直接排放，会对环境造成不可弥补的损害。与其他企业相比，钢铁企业消耗的资源和能源量都较大，排出的废弃物也较多，是我国主要的污染源。在钢铁生产过程中，由于各工序所采用的原材料及制造工序等原因，在较大范围内会造成多重污染。

2014年起，钢铁行业全面推广烧结脱硫、能源管控等节能减排技术，节能环保效果明显。2019年中钢协会员单位吨钢综合能耗为552.96kgce/t，比上年降低1.14%；吨钢可比能耗496.98kgce/t，比上年下降1.12%。① 但受生产规模扩大的影响，钢铁行业能源消费总量控制压力仍然巨大。从数据上来看，我国大中型企业节能减排效果比较显著，但由于我国钢铁企业外排基数较大，且工业装备落后的中小企业能耗也很高，因此全行业的节能减排任务仍然十分艰巨。

钢铁工业是碳减排的重点行业，我国钢铁工业二氧化碳排放量目前约占全国二氧化碳排放量的15%，占全球钢铁行业碳排放量的60%以上。[92-96] 与全球平均水平相比，我国钢铁产业的碳排放有很大的减排空间，也面临着巨大的减排压力。

钢铁企业不仅消耗大量资源和能源，而且排放了大量的污染物，对环境产生了极大的影响。如果钢铁工业延续传统的高消耗、高排放的生产模式发展，资源、能源将难以为继，环境将不堪重负，这将会影响钢铁工业自身的进一步发展，同时也会严重制约我国国民经济的可持续发展。反过来说，如果在未来的社会中，钢铁工业能够大力发展循环经济，并充分发挥其自身的基础和支撑作用，将会对整个社会进入循环经济社会提供巨大的推动力。因此，如何规划钢铁企业循环经济的发展，是一项重要而艰巨的任务。

---

① 世界金属导报. 我国主要钢企2019年炼铁技术经济指标分析，[EB/OL]. https：//www.sohu.com/a/396555338_313737，2020-5-20.

2.4.2 企业推行系统框架的优势

（1）钢铁工业是典型的流程制造业。工序串联作业，流程协同（集成）运行，资源密集、能耗密集；生产规模大、物流吞吐大；现代化钢厂的级别大致分为年产钢 800 万~1 000 万吨，600 万~800 万吨，300 万~400 万吨及 100 万~200 万吨等；制造流程工序多、结构复杂，工序间物质/能源交换量巨大；制造流程中伴随着大量物质和能量排放，并形成了复杂的环境界面。先进的钢铁联合企业，生产每吨钢约消费 0.6 吨~0.8 吨标准煤、1.50 吨~1.60 吨铁矿石、3 吨~8 吨新水；排放 2 吨多的废气（CO、CO_2、SO_2、NO_x 等），并产生大量的余热、余能等二次能源和废渣、粉尘、污泥和其他污染物。[97]

（2）钢铁生产过程实际上是铁素物质流（例如矿石、烧结矿、铁水、钢水、铸坯等）在碳素能量流的驱动和作用下，实现化学、物理转换的过程。然而在此过程中，碳素能量流向铁素物质流的转化并不彻底，一部分碳素流会发生其他形式的能源转换过程，如果这些能量不进行回收，就会以废弃物的形式耗散在环境中。应该注意到，钢铁生产流程也是能源转换过程，如煤炭的焦化转化工艺是目前煤炭转换成能源中效率最高的（80%以上）。[98] 高炉煤气是炼铁过程的大宗副产品，其含硫量很低。因此，冶金生产流程有可能成为清洁、高效的能源转换中心。

（3）钢铁材料是人类生活的"必选"材料，在建筑、交通、运输和制造领域有着非常广泛和重要的应用，对于经济竞争力和国家安全也是至关重要的。钢材也非常方便进行回收，在全世界范围，其回收量远高于其他材料（纸、塑料、玻璃和铝等）的回收量。另外，钢铁工业与电力、化工、石油、建材和有色金属等行业有着密切的联系和交互影响。

在传统模式下，钢铁流程中的高炉/转炉煤气、冶金渣、废水、烟尘等副产品或代谢物没有经过循环，被直接排放、堆积或简单处理后外排，资源利用效率很低，而且形成严重的环境污染。主要大气污染物集中产生在焦化的熄焦过程、烧结工序、高炉煤气和转炉煤气放散、各类加热炉排尘等工序；废水主要产生在焦化、炼铁、炼钢、轧钢等过程，特别是需要升温后迅速降温或洗涤的工序；冶金渣主要产生于炼铁、炼钢等工序。大量可利用的副产品长期被弃置、废弃，既严重污染环境,又是极大的浪费。但是,如果考虑与建材、电力、石化及有色金属等行业及社会生活废弃过程关联,这种相互形成的循环链将会扩展各自资源和能源的利用空间。主要表现在三个方面:

①互为原料/能源:钢铁工业实际是铁煤化工过程,煤化工焦化反应得到的焦炭是高炉炼铁的重要原料和还原剂。钢铁生产过程中回收的焦炉煤气(COG*)、高炉煤气(BFG*)和转炉煤气(LDG*)等是含尘、含硫量很低的清洁能源,也是发电、化工和石化合成产品的优良首选气源和燃料。[99]

②互为资源:钢铁工业与化工、建材和有色等几个流程工业行业间的资源/能源和二次资源有着交互影响,可以最大限度地利用,降低各自的资源/能源消耗和生产成本,如钢铁渣是建材行业做水泥和混凝土的廉价资源;钢厂的含锌粉尘可以作为有色金属行业炼锌的原料等。社会大宗废弃物如废塑料、废轮胎等可以作为钢铁生产中的能源和还原剂而循环利用。

③有可能促进其他行业的发展:如利用钢厂的焦炉产生的焦炉煤气制取氢气(H_2),可为石化、燃料电池汽车等行业大规模提供氢气(H_2)。钢铁联合企业可能成为21世纪清洁能源H_2的最具规模、最具价格竞争力的供应者。而钢铁行业产生的大量CO_2经提纯处理后有望成为农业、食品、消防、环保必须使用的质优价廉的原料供应者。

如上所述,钢铁本身就是"必选材料"和最好的可循环材料。同时,还应注意到钢铁生产过程还蕴含着易于在物质/能源量级上与循环经济社会对接和功能拓展的可能性,并与相关行业及社会有着密切的联系和交互影响,说明钢铁工业是循环经济社会中的支撑和骨干产业,这些都是钢铁工业实施循环经济"元素流—价值流"的优势所在。

2.4.3 企业元素流发展现实困境

1. 钢铁企业元素流

20世纪60年代,美国经济学家鲍尔丁提出,作为"增长型"的经济系统运行机制对自然资源有着无止境的需求,而"稳定型"的生态系统只能提供有限的资源供给,因此这两者之间必然会产生矛盾,正是由于这个矛盾的存在,推动着传统的经济模式不断变革和向前发展。循环经济作为一种新型的经济增长模式,促进了生态系统与经济系统的一体化,而其中的物质流与价值流的耦合则是循环经济的内在驱动力。可见,物质流分析是循环经济的重要技术支撑,物质流分析和管理是循环经济的核心调控手段。而元素流则是物质流分析的关键一环。钢铁企业元素流在长期的研究中已经建立了一定的基础,包括生产流程的基准元素流图的构建、企业之间的元素循环流动等。目前钢铁企业的元素流分析主要是铁元素在生产流程的流动。经过归纳总结,钢铁企业的元素流分析的方法和步骤如下[100]:

(1) 分析钢铁企业生产现状,收集与生产相关的铁元素的物料数据,弄清各股物流的来龙去脉;

(2) 将企业内各生产环节各股物流的实物量乘相应的铁元素含量,转换成铁元素重量;

(3) 将企业内各工序数据进行元素重量平衡校正,方法是用输入工序的元素重量减去工序的元素重量。不足部分计为生产损失,作为工序向外界输出物的一部分参与环境效率计算;盈余部分可以记录下来(一般为库存),但不参与资源效率的计算;

(4) 以 1t 钢材的产品为基准,按照生产流程的反方向,即轧钢→炼钢→炼铁→烧结→矿山的方向依次计算各生产环节物流的铁元素重量;

(5) 按照第(4)步计算结果,编制钢铁企业的铁元素物料收支平衡表,以此绘制钢铁企业生产的铁元素流图。在绘图过程中,要标明各股铁元素流名称、流向和流量;

(6) 把钢铁企业生产用的铁精矿矿粉、烧结矿等折合成铁矿石等天然资源量,以及生产这些物料过程中产生的排放物量,便于精确计算企业的该元素资源效率和环境效率;

(7) 计算输入企业的天然资源量、回收资源量和输出企业的副产品和废品量。然后,计算企业的该元素资源效率、环境效率和 S 指数;

(8) 根据上述计算与分析,找出钢铁企业在资源消耗、副产品和废品排放等方面存在的问题,提出降低资源消耗,改善环境质量的措施。

2. 钢铁企业元素流面临的困境

钢铁企业进行铁元素流分析的目的是通过建立钢铁企业铁元素收支平衡表,然后绘制生产过程的铁元素流图,标示每一部分铁元素的流通和转换信息,这样就确定了铁元素的输入和输出信息。接下来，根据这些信息，对钢铁企业生产过程进行分析，找出影响铁资源效率和铁环境效率的问题，并提出对应的解决方案，从而提高企业的生产效率和减少污染排放。值得注意的是，国家在推进循环经济的过程中过度重视元素流方面的技术问题，极少考虑企业的经济核算，因此出现了"循环不经济"的现象；但作为微观企业而言，成本是他们非常关心和重视的问题，两者之间产生了矛盾和分歧。钢铁企业铁元素流发展面临的困境具体表现在以下方面：

（1）循环经济的目的是不断增加经济价值下的资源节约与促进环境友好发展，其应用手段应是技术、经济的可行性分析的统一。目前的钢铁企业、工业共生链（工业园区）过度着重于铁元素流的技术性分析，其经济可行性分析往往采用项目总体的概括性估计，导致项目难以持续运行。这就形成了技术上可解决"有循环"问题，而经济上则因导致成本偏高，减少经济效益而难以为继。显然，对钢铁企业、工业共生链（工业园区）进行深化精确定量的经济性分析则显得尤为重要。

（2）传统经济模式是开环形式的，通常从资源出发，到产品，最后到废弃物，以直线运行的模式重复进行。然而，循环经济则是闭环形式的，能够将废弃物再资源化，进行循环使用。按照循环经济的需要对钢铁企业原有的铁元素流路线进行"增环""减环"的优化调整，常会出现企业或共生链（工业园区）成本大于效益的现象。这种情况下，需要明确政府与企业各自的成本责任，政府可采取补贴的形式帮助企业开展元素流路线的优化调整，元素流仅仅能反映企业物质流转的实物量数据和信息，不能反映相对应的价值流量的变化，因此企业、共生链企业需要引入价值流的分析来解决各自承担的成本责任问题，促进循环经济系统的顺利运行。

（3）环境外部损害价值关系到元素流的开展和运行。传统的成本控制考虑了钢铁企业生产内部的资源损失，但忽略了企业的外部性。外部性，指的是个人（包括自然人与法人）经济活动对他人造成的影响而又未将这些影响计入市场交易的成本与价值之中。随着企业的发展和对环境的重视，企业的外部性也逐渐纳入企业成本控制的范围中来。在目前的工作开展中，由于环境资源的成本、环境税的问题还没有得到明确的确认，使得企业很少考虑外部环境损害成本，为元素流的开展和运行带来了一定的影响。

钢铁企业发展循环经济，必须要发挥企业的主体地位，钢铁企业内部（特别是大中型钢铁联合企业）以零排放为目标，推动循环经济的发展。目前我国大型钢铁联合企业在这方面已有相当的经验，需要做的是更大面积的资金倾斜和推广，而构建钢铁工业共生链则是大势所趋。就我国目前发展循环经济的实际水平来看，现在需要大力发展的正是企业和工业共生链层面的钢铁企业循环经济。技术层面上的元素流方面已经有了一定的进展，但与价值流的联系还不够紧密，基于此，需要研究"元素流—价值流"在钢铁企业的应用，促进循环经济的发展。

2.5 钢铁企业应用层面

2.5.1 实施思路

为全面贯彻落实党的十八大和十八届三中、四中全会，中央经济工作会议和全国发展改革会议精神，强化政府推进节能减排、生态环保的主导作用，突出重点，加大对生态文明、节能减排、循环经济、环境保护重点示范和重大工程的投入，推动实现"十二五"节能减排约束性目标，努力提高节能环保技术装备水平。钢铁企业循环经济的发展模式要实现"产品制造、能源转换、废弃物消纳处理"三个功能，就必须以钢铁企业循环经济发展的小、中、大三个层面的循环为基础。现在发展循环经济的重点是企业，以企业为点，以行业或产业为主线，以区域或者全国为面，以重点带主线，以主线带全面，采取渐进式的循环经济发展战略。

基于此，循环经济"元素流—价值流"研究在钢铁企业的实施思路也是如此。以钢铁企业生产流程的循环经济"元素流—价值流"为重点，向上下游扩展钢铁工业共生链，采取渐进式的循环经济"元素流—价值流"分析模式。另外，发展循环经济"元素流—价值流"分析是一项复杂的社会性系统工程，需要政府、企业和研究机构的多方面参与和支持。因此，建立支撑体系是必不可少的条件。在此基础上，以某钢铁公司为实施案例，对循环经济"元素流—价值流"分析方法进行验证研究，证实其适用性，见图2-7。

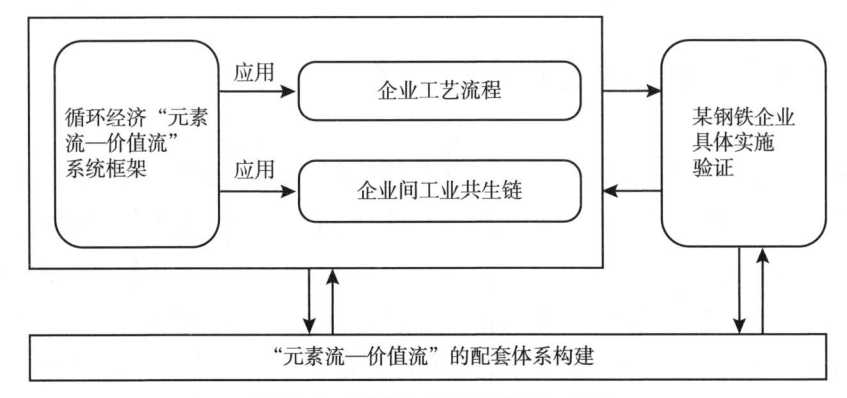

图 2-7 钢铁企业实施的基本内容

2.5.2 企业工艺流程分析模式

钢铁企业是循环经济发展的重点，因此应充分发挥其在循环经济中的主体地位，以企业生产流程的铁元素流为起点，按照钢铁企业发展循环经济的要求，从产品的生产工艺流程入手，跟踪其铁元素流动，进而获取价值流转的轨迹，建立基于工艺流程的"元素流—价值流"分析模型，对其废弃物的"内部资源流成本—外部损害成本"进行核算分析，找到改善点，对钢铁企业循环经济"元素流—价值流"实施效果进行评价，进而提出减少废弃物产生和排放的方案，对方案进行优选，按照拟定的方案对循环经济全过程进行控制优化，以此实现循环经济的发展。见图 2-8。

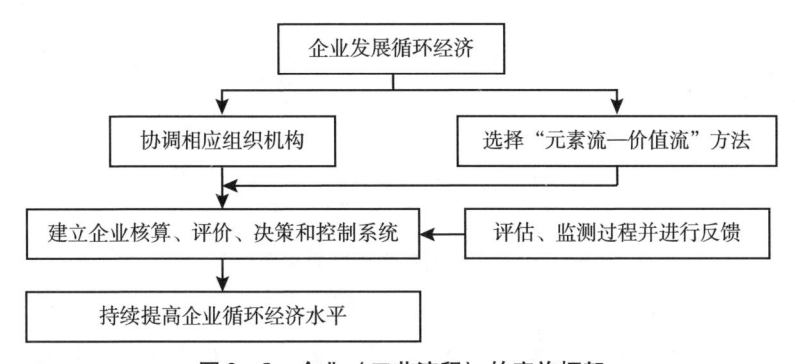

图 2-8 企业（工艺流程）的实施框架

2.5.3 工业共生链企业间分析模式

钢铁工业共生链的循环是以钢铁企业为依托，建立工业共生链以推行循环经济，是工艺流程层面的钢铁企业循环经济模式的拓展。要实现资源与能源的循环利用，废弃物的综合处理，就必须把循环经济的边界从单个企业拓展到共生链模式，在一定的工业共生链上，把与钢铁企业有关的企业串联起来，形成资源共享和互换副产品的工业共生，在相关企业和产业间形成新的资源、能源循环与工业共生关系，形成钢铁工业共生链。钢铁企业循环经济"元素流—价值流"分析也应拓展至此，可以上下游企业为基本的核算单位，按照铁元素的流动将上下游企业各生产流程或生产线、分厂或辅助厂作为基础，对其主要资源的内部资源流转价值及外部损害价值进行核算分析，对汇总反映工业共生链层面的废弃物的循环经济进行分析，进行综合评价、决策和优化控制，构建钢铁的几条主要工业共生链，如构筑矿渣→建筑混凝土→水泥的生态工业链，将矿渣以及石膏作为原料，生产出供建筑混凝土使用的矿渣微粉，这里所涉及的基本单位则为钢铁厂、水泥厂等。工业共生链上的企业的循环经济"元素流—价值流"分析体系见图2-9。

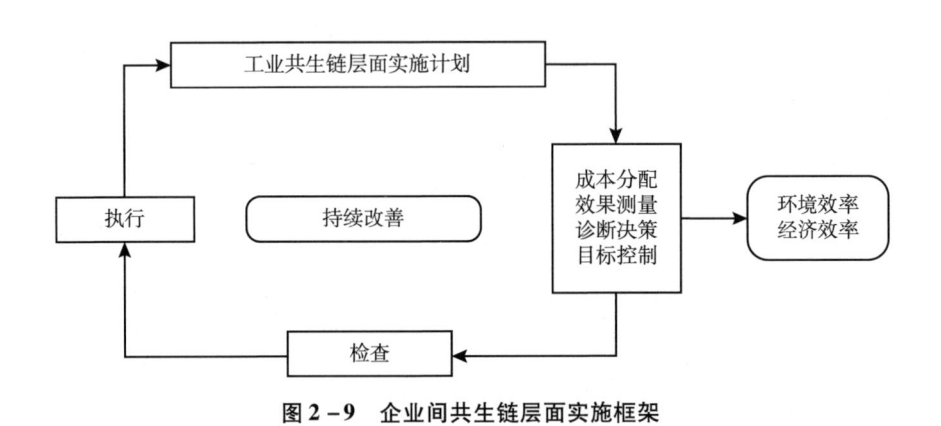

图2-9 企业间共生链层面实施框架

可见，钢铁企业循环经济"元素流—价值流"分析体系主要包括两个层面的思路：一是企业内部通过建立分析体系促进节能减排、推进生态设计，改变传统单一的现行末端治理，实现工业污染全过程控制；二是工业共生链层面，进行产业结构调整,与钢铁工业共生的企业纳入研究范畴,从而在更大范围内实现物质的循环利用。

2.6 本章小结

从资源科学、生态经济学和工业生态学等学科集成的角度对"元素流—价值流"分析的原理进行追根溯源,分析元素流和价值流的内涵,揭示元素流和价值流的耦合机理,认为元素流决定价值流数据的形成,而价值流为元素流优化提供决策、控制和考核的经济数据及方法体系。对企业元素流发展进行分析,进而建立企业"元素流—价值流"系统框架。在此框架内界定了其定义与分类、功能定位与目标和基本内容等理论。与钢铁企业结合,从企业资源能源消耗、推行的优势以及目前元素流发展的困境三个方面进一步论证了钢铁企业应用方法体系的缘由。并对钢铁企业应用的层面进行了构思,确定从生产流程和工业共生链两个层面对钢铁企业"元素流—价值流"进行分析,为下一步研究打好理论基础。

第 3 章

工艺流程的"元素流—价值流"管理研究

钢铁企业作为发展循环经济的主体,对于整个经济的可持续发展具有非常重要的作用,制定企业循环经济发展战略应该是整个经济增长中的重要环节。钢铁企业工艺流程的"元素流—价值流"主要是对企业内部的铁元素流为依据的材料、能源流转进行追踪,明晰与之相对应的价值运动变化,获得相关的数据信息以供企业管理者进行评价、决策和控制,进一步为企业发展循环经济提供较好的理论依据和数据支持,钢铁企业可据此开展循环经济"元素流—价值流"实践,符合生态文明建设下新常态经济对钢铁企业循环经济发展的要求。

3.1 "元素流—价值流"分析框架

3.1.1 钢铁企业工艺流程

钢铁企业主要分为长流程企业和短流程企业,基于篇幅限制,本书主要研究传统长流程大型钢铁联合企业。主要产品有中厚板、螺纹钢、角钢、圆钢等产品。由于采矿、选矿等工序属于钢铁企业外围工序,且可控性不强,因此,研究中不考虑采矿和选矿工序。以其主要产品生产流程(烧结、炼焦、炼铁、炼钢、钢加工)为基础,从原料能源的投入开始,最后到产品产出和"三废"排放以及综合利用,实行全过程管理。本书根据生产流程图,结合钢铁企业特点,可见钢

第3章 工艺流程的"元素流—价值流"管理研究

铁公司设置了烧结/球团、炼焦、炼铁、炼钢、连铸和轧钢几条生产线，画出基于工艺流程"元素流—价值流"分析基本框架，其主要生产工艺流程如图3-1所示。

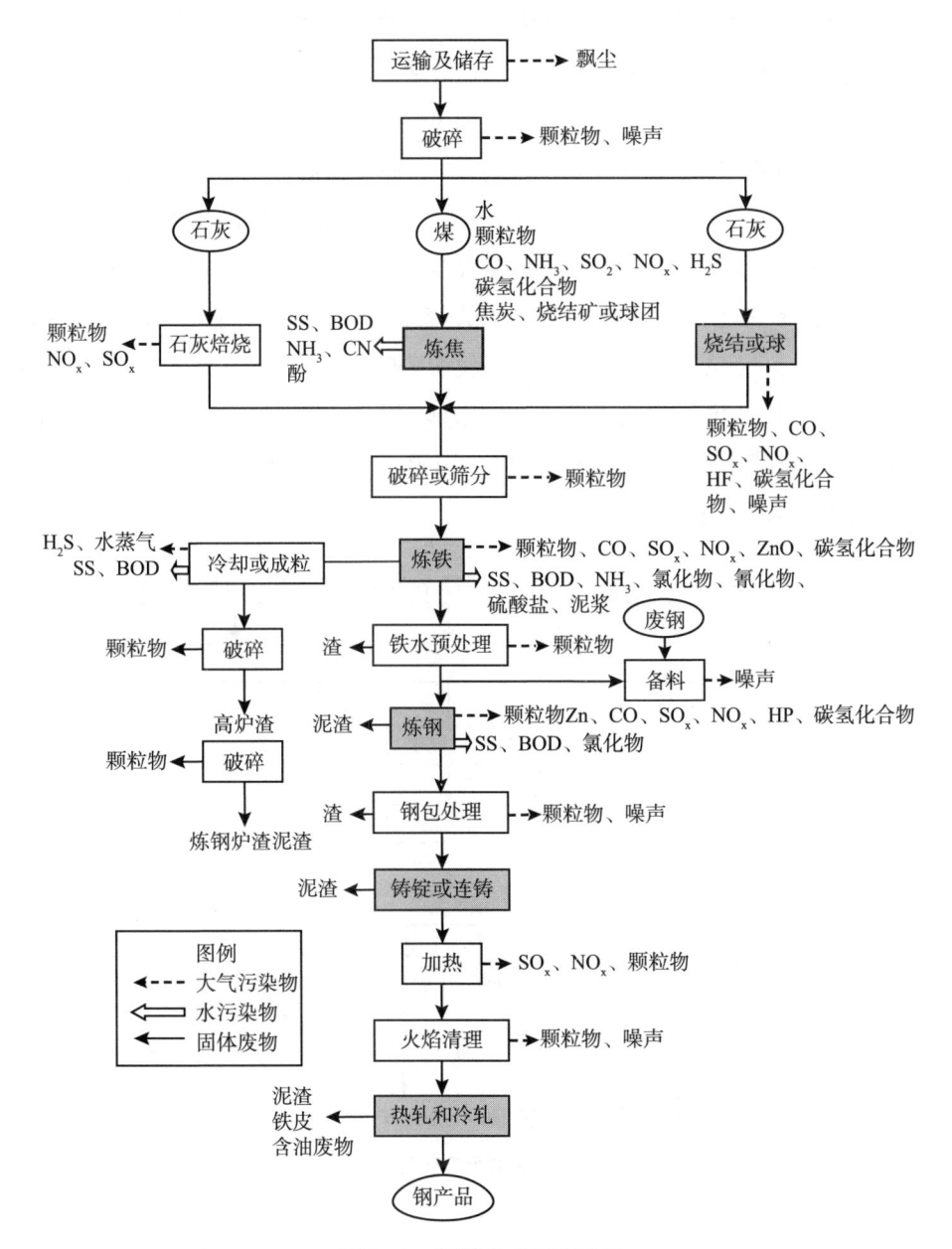

图3-1 钢铁企业工艺流程

资料来源：方孺康，孙辰. 钢铁产业与循环经济[M]. 北京：中国轻工业出版社，2008.

1. 烧结分厂工艺流程简介

烧结法生产人造富矿将矿粉、熔剂、燃料按一定比例配好后，经过混匀、制粒、蒸汽预热、布料、点火，借助燃料燃烧产生的高温使烧结料水分蒸发并发生一系列化学反应，产生部分液相黏结，冷却后成块。经破碎和筛分后，最终得到的块矿就是烧结矿。目前生产上广泛采用带式抽风烧结机生产烧结矿。其生产工艺过程是将准备处理的烧结原料按一定比例配料，再经过加水混合造球，混合料由布料器铺到烧结机台车上。为了保护台车箅条，在扑入混合料之前，需要在台车上先垫一层成品烧结矿作为铺底料。烧结料层经点火器点火，然后台车在向前移动时，依靠抽风机从上而下抽过空气，燃烧其料层中的燃料。燃料产生的高温，使矿粉局部融化或软化，生成一定数量的液相。液相是使铁矿粉固结成形的基础。[101]之后，随着温度的降低，液相冷凝，矿物逐步凝结成块，即为烧结矿。烧结矿从烧结机尾台车上自动卸下，经过破碎机破碎，冷却剂冷却，再进行二次破碎筛分，得到成品烧结矿。

烧结生产工艺流程见图3-2。

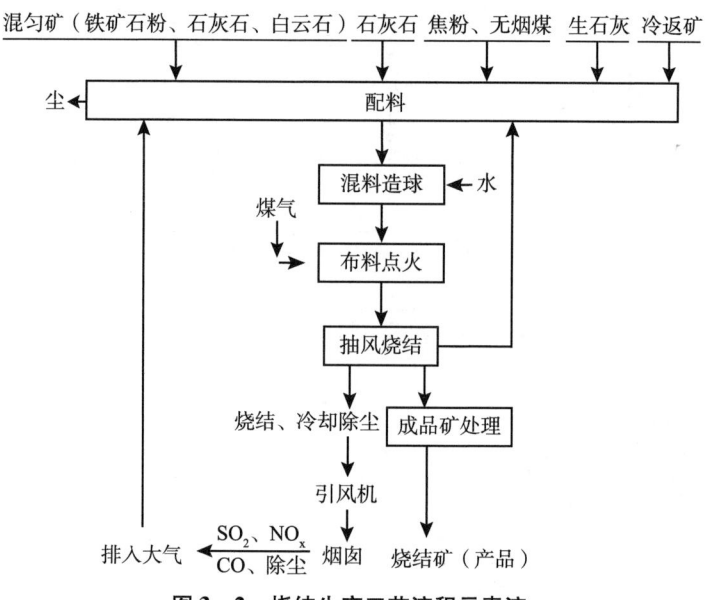

图3-2 烧结生产工艺流程元素流

烧结过程可分为配料、混料造球、布料点火、抽风烧结和成品矿处理五个工艺。其具体流程如下：

第一，配料。其原理是把含不同成分的含铁原料、燃料和熔剂根据要求进行精确的配料。配料过程需要严谨的操作，不慎发生偏差的话会对钢铁企业烧结矿质量带来影响。

第二，混料造球。即加水润湿、混匀和造球，目的是使烧结料的成分趋于均匀，水分趋于合适，得到粒度组成较好的烧结混合料。根据原料组成不同，可采用一次混合或二次混合两种方式和流程，一般烧结厂采用的是第二种方式即二次混合。

第三，布料点火。布料即将铺底料、混合料铺在烧结机台车上。可选取的是圆辊布料机布料。采用适当的点火温度，点燃台车上的料层表面，并使之充分燃烧。

第四，抽风烧结。带式烧结机是自上而下的，一共有五层，包括烧结矿层、燃烧层、预热层、干燥层和过湿层。点火后自下而上慢慢消失，最后剩下烧结层。

第五，成品矿处理。将烧结矿从烧结尾台车上自动卸下，经过破碎机破碎，冷却机冷却，再进行二次破碎筛分，得到成品烧结矿。

2. 炼焦分厂工艺流程

炼焦分厂的基本原料是炼焦煤，将炼焦煤在密封的焦炉内隔绝空气高温加热放出水分和吸收气体，随着分解产生去煤气和焦油等，剩下以碳为主体的焦炭，这种煤热解过程通常称为煤的干馏。炼焦的主要产品为冶金焦、焦炉煤气和其他化学产品。炼焦分厂生产工艺流程见图3-3。

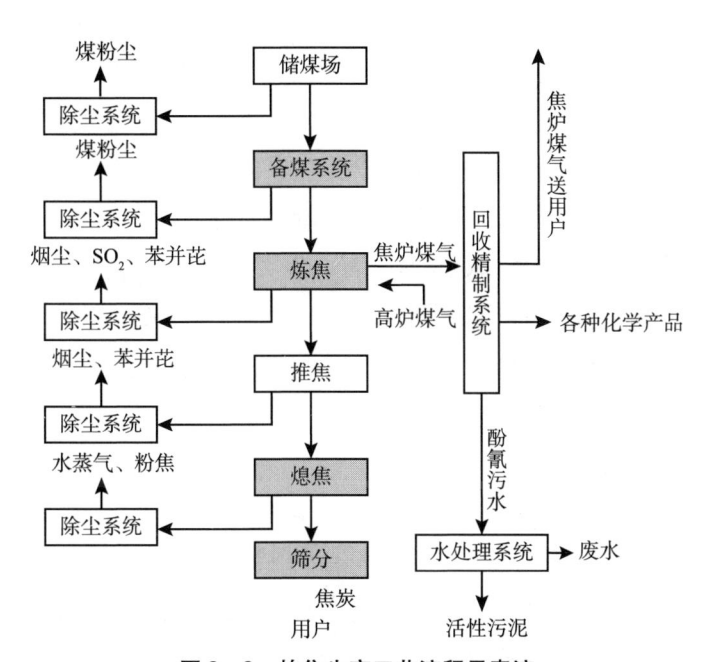

图3-3 炼焦生产工艺流程元素流

炼焦生产工艺包括四大步骤：

首先，备煤工段。备煤工段主要包括洗煤和配煤，原煤在炼焦前洗选，目的是降低煤中灰分和洗除其他杂质。配煤是将各种结焦性不同的煤经过洗选后，按一定的比例配合炼焦。目的是在保证焦炭质量的前提下，节约日趋减少的焦煤，扩大炼焦用的煤源。

其次，炼焦工段。将配好的煤料，装入炼焦炉的炭化室，在隔绝空气的条件下，由两侧燃烧室供热，随温度升高，经过干燥、余热、热分解、转化、半焦、结焦成具有一定强度的焦炭。

再次，熄焦工段。将炽热的焦炭由熄焦车立即送出熄焦冷却。方法包括湿法熄焦和干法熄焦。

最后，筛选工段。炼焦过程不仅产生焦炭，同时还有高热值的焦炉煤气和其他可提取化工产品的原料，要进行筛选。

3. 高炉炼铁

高炉工艺是在高炉中将前几道工序的原料进行生产，将产生的铁水进入钢厂进行冶炼加工。高炉炼铁过程实质上是一个还原过程，主要原料为 Fe_2O_2 或 Fe_3O_4 含量高的铁矿石、烧结矿或球团矿及石灰石和焦炭。

从上部装入的铁矿石、燃料和熔剂向下运动，下部鼓入空气燃料燃烧，产生大量的高温还原性气体向上运动；炉料经过加热、还原、熔化、造渣、渗碳、脱硫等一系列物理化学过程，最后生成液态炉渣和生铁。高炉炼铁工艺流程系统除高炉本体外，还有上料系统、热风炉送风系统、回收煤气与除尘系统、渣铁处理系统、喷吹燃料系统以及为这些系统服务的动力系统等。

主要投入原料是烧结矿/球团/石灰石、焦炭、煤和矿石，主要产品是铁水，污染物是废气、废水和固体废物。废气包括 CO、CO_2、SO_2、NO_x 和颗粒物，废水包括废水、SS、油、氰化物和金属。固体废物包括渣、粉尘和污泥。[102]工艺流程见图3-4。

4. 炼钢生产工艺流程

现代炼钢方法主要包括转炉炼钢和电炉炼钢。

（1）转炉炼钢工艺。

转炉炼钢指在转炉中投入铁水、铁合金和废钢，单纯依靠铁液自身的物理热和铁液组分间的化学反应产生热量的炼钢过程。用高炉铁水进行转炉吹氧炼钢是

图 3-4 高炉炼铁生产工艺流程元素流

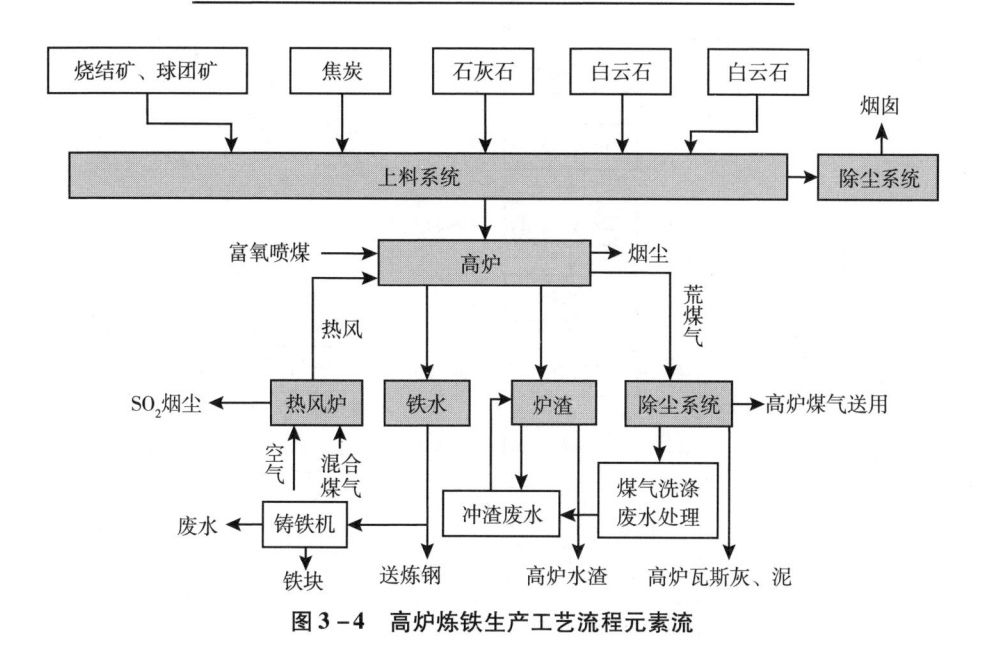

目前钢铁企业的主要炼钢工艺。其工艺流程是铁水、废钢加入炉内—下降氧枪吹氧—加散状料（如石灰、矿石）—提枪停止吹氧—取样测量—倒炉（当钢水温度达到规定值时），倒出钢水至钢包—在钢包中加入铁合金—取样，分析成分，直到钢水成分满足要求—将钢包运到下一个工序。

主要投入物质是铁水、废钢、铁矿石、石灰和白云石，产生正制品即铸造产品，废气，废水和固体废物。其中废气包括 CO、CO_2、SO_2、NO_x、颗粒物，废水主要包括废水、SS 和油。固体废物包括渣、氧化铁皮、污泥、耐火材料和油。见图 3-5。

（2）电炉炼钢工艺。

电炉炼钢是利用电弧热进行炼钢的过程。电炉钢厂的主要投入材料是废钢/DRI、铁合金和熔剂，产生正制品粗钢。其余包括废气、废水和固体废物。废气包括 CO、CO_2、SO_2、NO_x 和颗粒物，废水包括 SS 和油，固体废物包括渣、炉尘、氧化铁皮、污泥、耐火材料、油和其他物质。见图 3-6。

5. 轧钢（热轧及冷轧）工艺流程图

轧钢（热轧及冷轧）指利用外力在旋转的轧辊间使钢锭、钢坯形状发生变化的压力加工过程。按生产工艺不同，可分为热轧与冷轧两大类。热轧首先将钢锭（坯）放入均热炉中加热，当温度达到要求且内外温度均匀后，再送到初轧机上

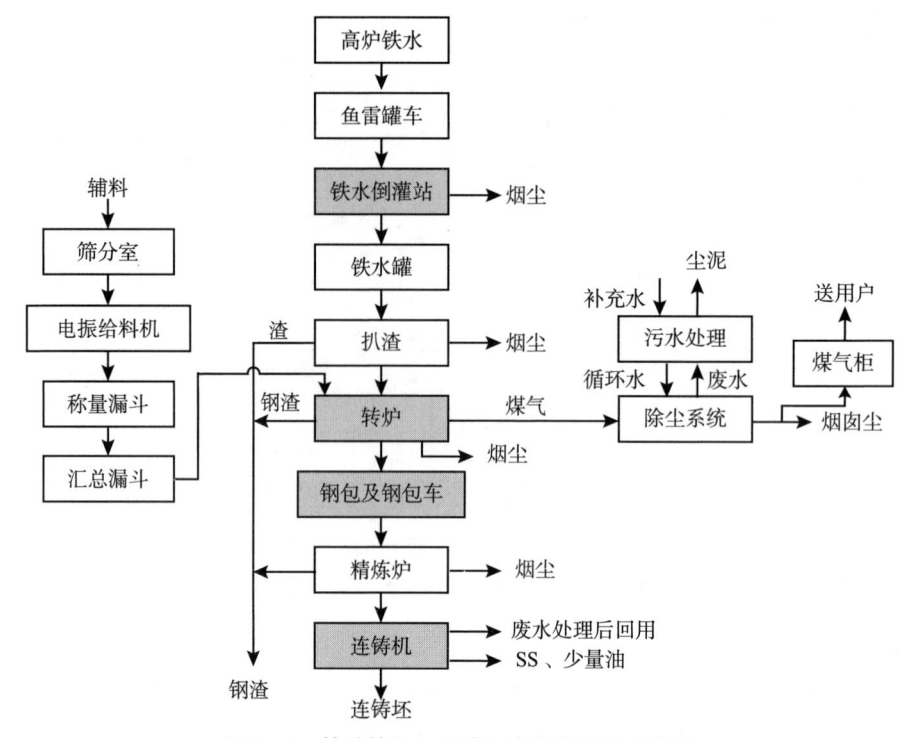

图 3-5　转炉炼钢 + 连铸生产工艺流程元素流

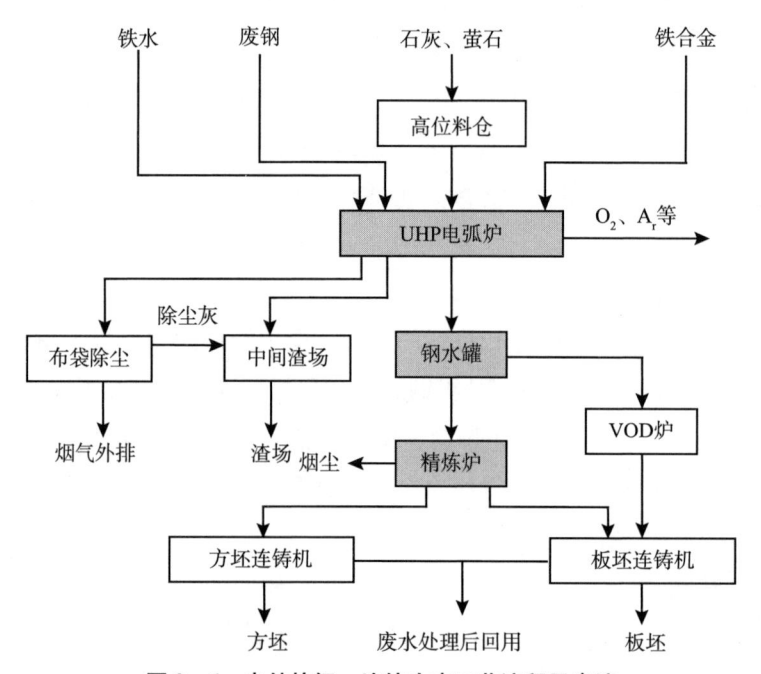

图 3-6　电炉炼钢 + 连铸生产工艺流程元素流

轧出方坯、扁坯或板坯等半成品。冷轧是指坯料不经过加热的常温轧制过程。主要投入物质是铸造产品，产出热轧产品，以及废水、废气和固体废物。废气包括CO、SO_2、NO_x和颗粒物，废水包括废水、SS 和油，固体废物包括氧化铁皮、水处理污泥、油和其他物质。见图 3-7。

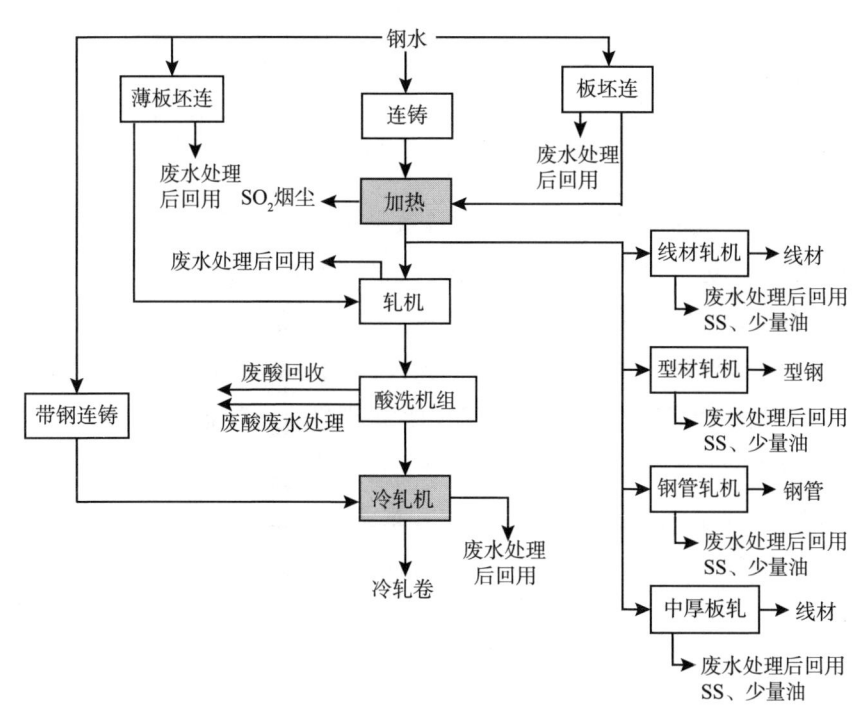

图 3-7　轧钢（热轧及冷轧）工程工艺流程元素流

3.1.2　工艺流程"元素流—价值流"构建

钢铁企业工艺流程的"元素流—价值流"这一方法在降低环境影响的同时，也降低了环境成本，通过寻求并减少废弃物的数量来降低成本，从而提高企业资源利用效率，促进循环经济发展。具体内容见图 3-8。

图 3-8 说明，钢铁企业工艺流程"元素流—价值流"框架由四部分组成：一是核算分析，根据其铁元素流转分析，对其相应价值流进行核算，将所有与价值流相关的成本都计入成本，计量物料各个环节利用和损失程度，得出损失数据信息，实现"黑箱"透明化；二是评价分析，企业管理者关心实施"元素流—价

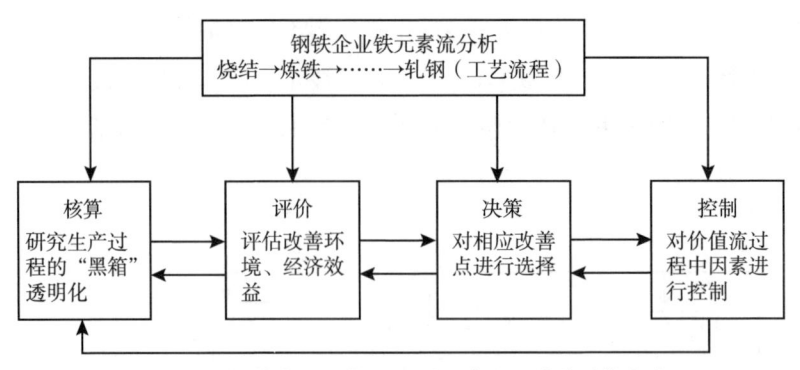

```
┌─────────────────────────────┐
│    钢铁企业铁元素流分析       │
│ 烧结→炼铁→……→轧钢（工艺流程）│
└─────────────────────────────┘
   ↓           ↓         ↓          ↓
┌──────┐  ┌──────┐  ┌──────┐  ┌──────┐
│ 核算 │→ │ 评价 │→ │ 决策 │→ │ 控制 │
│研究生│← │评估改│← │对相应│← │对价值│
│产过程│  │善环 │  │改善 │  │流过程│
│的"黑 │  │境、经│  │点进行│  │中因素│
│箱"透 │  │济效 │  │选择 │  │进行控│
│明化 │  │益   │  │     │  │制   │
└──────┘  └──────┘  └──────┘  └──────┘
```

图 3-8 钢铁企业工艺流程"元素流—价值流"框架

值流"后为企业带来的经济效益和对环境效益的改善。可结合企业环境、经济效益设置相关指标进行评估，反映企业循环经济"元素流—价值流"的效益水平；三是决策分析，可结合钢铁企业工艺流程、内部资源损耗、外部环境损害等因素，对企业工艺流程层面的决策方案进行优化设计；四是控制分析，对生产工艺流程"元素流—价值流"进行运营控制，确定理想的元素流和价值流，将之与实际的元素流和价值流进行差异分析和控制。针对钢铁企业特色，结合这四项内容，对钢铁企业生产工艺流程层面的"元素流—价值流"进行具体应用，提高钢铁企业循环经济水平，降低对环境的污染，使得企业环境效益、经济效益最大化。

3.2 "元素流—价值流"核算分析

3.2.1 核算的原理与特征

1. 核算原理

（1）钢铁产品生产过程的元素流分析。

在流程制造企业中，常以某种物质的元素作为典型进行分析，对物质流路线的不断变化进行追踪。为对不同元素在流程中的流动规律进行探索，进一步准确衡量该元素的资源价值因这种流动规律而带来的影响，常选用在企业生产流程中的某一具有特定代表性的元素，对这一元素在流程中的流动规律及价值变化率进

第 3 章 工艺流程的"元素流—价值流"管理研究

行研究。

铁元素 Fe 是钢铁企业所生产产品中的一个重要组成成分。鉴于此,为了进行元素流分析,可以绘制钢铁产品生产过程中的铁元素流图。设定 R 代表资源投入量,P_k($k = 1, 2, 3, \cdots, n$)表示第 k 阶段所生产的产品产量,Q_k($k = 1, 2, 3, \cdots, n$)表示第 k 阶段生产过程废弃物的排放量。见图 3-9、图 3-10。

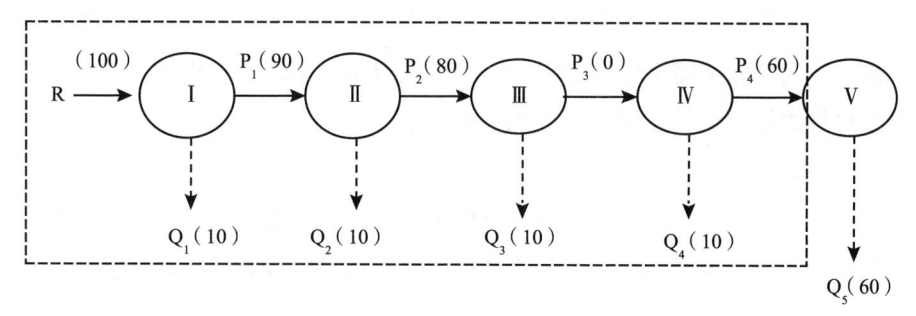

图 3-9 循环经济开展前钢铁生产流程铁元素流(单位:标准含量吨)

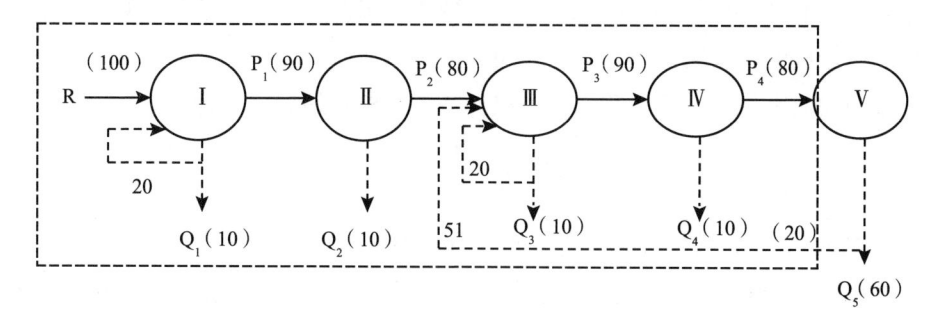

图 3-10 循环经济开展后钢铁生产流程铁元素流(单位:标准含量吨)

注:Ⅰ表示材料生产阶段;Ⅱ和Ⅲ表示半成品生产阶段;Ⅳ表示产品生产阶段;Ⅴ表示产品使用阶段。

(2)铁资源效率。

钢铁企业生产工艺流程的铁资源效率为合格品的铁量与所输入的铁量之比,即

$$r = \frac{P}{R} \quad (3-1)$$

式中,r,P,R 分别表示生产 P 吨产品流程铁资源效率、最终合格产品铁量,以及输入的铁量,铁量的计量单位为吨(t)。

因为钢铁生产流程可以分为多个不同的工序，同理可计算钢铁生产流程各工序的铁资源效率，即

$$r_i = \frac{P_i}{P_{i-1}} \qquad (3-2)$$

式中，r_i，P_i，P_{i-1} 分别表示第 i 道工序铁资源效率，第 i 道工序生产的合格产品铁量，以及第 i 道工序所输入的原料铁量，计量单位为吨（t）。

从上面的分析可知，铁资源效率可以用来表征钢铁生产过程中铁资源使用效率。在同样的铁元素需求量的前提下，如果铁资源效率越高，则铁矿石等天然铁资源原材料的使用量就越少，就越能节约成本。

（3）铁环境效率。

钢铁企业生产流程的铁环境效率可以采用如下方法进行核算：在某一统计期内，钢铁生产流程单位所生产的最终合格产品与铁量污染物排放之比。即

$$q = \frac{P}{Q} \qquad (3-3)$$

式中，q，P，Q 分别表示流程铁环境效率、最终合格产品铁量，以及流程向外界环境排放的污染物铁量，计量单位为吨（t）。

采用前面类似的方法，我们也可以计算工序铁环境效率。即

$$q_i = \frac{P_i}{Q_i} \qquad (3-4)$$

式中，q_i，P_i，Q_i 分别表示第 i 道工序铁环境效率，第 i 道工序生产的合格产品铁量，以及第 i 道工序在生产时向外界环境排放的污染物铁量；其中，Q_i 包括了第 i 道工序在生产过程中产生的副产品、废品以及其他污染物铁量。

类似地，铁环境效率可以用来表征钢铁生产过程中对环境污染的影响，铁环境效率越高，则排放的铁量污染物就越少，对环境的影响就越小。

（4）铁元素流对铁资源效率、环境效率的影响分析。

如图 3-9、图 3-10 所示，在循环经济开展前，铁元素流的流动主要呈单向趋势，从材料生产阶段到半成品、产品，一直到产品的使用，是属于传统经济的企业发展模式。引入循环经济发展模式后，除了元素的单向流动外，也出现了循环流动。包括内部生产工序自回收利用和外部资源废弃物回收整理加工后再利用。从资源效率的角度来看，循环经济开展前，r = P/R = 60/100 = 60%，循环经济开展后，r = P/R = 80/100 = 80%；从环境效率角度来看，循环经济开展前，

第3章 工艺流程的"元素流—价值流"管理研究

$q = P/Q = 60/40 = 150\%$；循环经济开展后，$q = 80/20 = 400\%$。

可见，循环经济开展后，钢铁企业生产工艺仍然不变，各工序的生产效率也维持原有水平，但元素流动方向和流量发生了变化，元素资源效率和环境效率相应得到了提高，企业使用的铁矿石等天然资源得以减少，污染物排放中的铁量也呈现递减趋势，环境状况有所改善。另外，钢铁企业生产内部，元素的循环利用率得到了提升，图 3-10 的第 I 阶段，循环利用率从 0 提升到了 10%。

2. 铁元素流与价值流的耦合

(1) Fe 的价位。

在钢铁企业生产资源元素流中，结合会计学相关理论，铁元素 Fe 的价位可以定义为单位质量的铁元素 Fe 离开某一生产阶段时的价值。单位元素 Fe 的价位指的就是单位质量的元素 Fe 所具有的价值量，等于相应的 Fe 元素流的价值除以元素流中铁元素 Fe 的质量，单位是元/吨。举例说明，某钢铁企业生产出 1 万吨钢材，价值 4 000 万元，则可以计算钢铁生产阶段铁元素的平均价位为 4 000 元/吨。如果钢材的价格升高，则铁的价位也会相应升高，反之，如果钢材的价格降低，则铁的价位也会相应降低，所以要想获得高的 Fe 价位，就需要对 Fe 元素进行深加工，获得更高的工业附加值。在企业生产过程中，资源一般难以全部有效利用，从而产生一定量的废弃物，造成元素的价值损失。因此，元素 Fe 价位由两部分组成，即有效利用价值和废弃损失价值。从成本角度看，也由两部分组成，即材料成本和加工成本。可以表示如下：

$$RV_i = RUV_i + WLV_i = Cm_i + Cp_i \tag{3-5}$$

式中，RV_i 表示第 i 流程元素 Fe 价位；RUV_i，WLV_i 分别表示第 i 流程元素的有效利用价值以及该流程元素废弃损失价值；Cm_i，Cp_i 表示第 i 流程单位材料成本以及该流程单位间接成本。

上式中的 Cm_i 与 Cp_i 又可进一步分解如下：

$$Cm_i = TCm_i / (Qp_i + Qw_i) \tag{3-6}$$

$$Cp_i = TCp_i (Qp_i + Qw_i) \tag{3-7}$$

式中，TCm_i 表示第 i 流程总的材料成本；TCp_i 表示第 i 流程的间接成本（人工及制造费用等）；Qp_i，Qw_i 分别表示第 i 流程合格品的元素含量以及该流程废弃物的元素含量。

(2) Fe 价位的变化。

钢铁企业在生产流程中需要复杂的加工工艺，铁矿石中所含有的铁元素会在每一个工序里发生形态和属性的变化。同样，在每一个工序过程中，它接收上一个工序的半成品，然后在本工序完成相应的生产加工任务，再向后一个工序输出半成品（合格品价值），同时，该工序也会产生废品（废弃物价值）。由于每一个生产工序或流程，都需要相应的人力和能源的投入，所以经历每个工序或流程后，铁元素的价位会相应得到提高；在另一方面，当产品开始使用后，它的功能不断得到实现，其价值越来越低。类似地，对铁元素来说，它不断被磨损，其价值从高价位逐渐降低到低价位。按此思路，可绘制铁元素价位的变化图，见图 3-11、图 3-12。

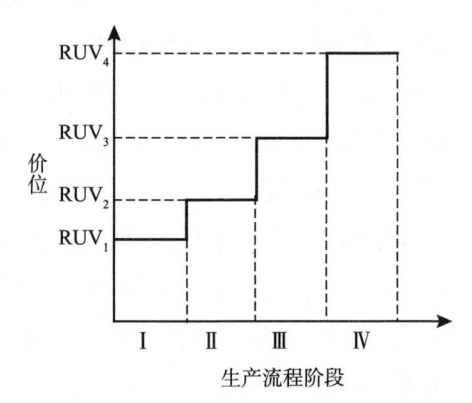

图 3-11 铁元素生产流程合格品成本价位变化

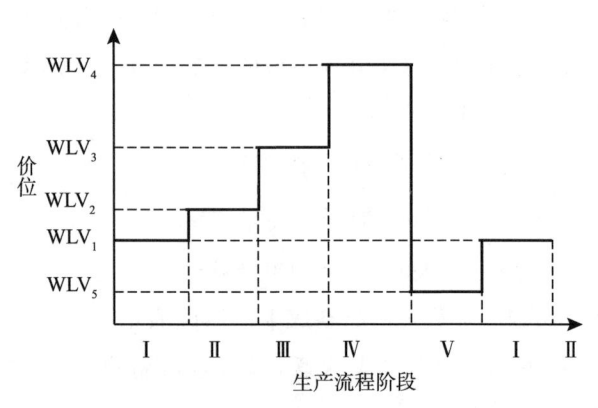

图 3-12 铁元素生产流程废弃物损失价位变化

第3章 工艺流程的"元素流—价值流"管理研究

如图3-11、图3-12所示,根据元素Fe的不同分布信息(天然资源、半成品、产品和废弃物中),可获得相应的价位。元素Fe在天然资源中、半成品中、最终产品中的合格产品价位分别为RUV_1,RUV_2,RUV_3以及RUV_4。这四种分布所对应的废弃物价位分别为Cm_1,Cm_2,Cm_3以及Cm_4;另外,废物资源中元素Fe的价位为WLV_5。Fe元素在流转过程中,其价位会发生变化,取决于是否投入成本或是使用含Fe元素的产品。图3-11中显示的是Fe元素在生产流程中由于成本的逐渐投入,价位呈不断上升变化趋势,而图3-12则是生产流程中的废弃物Fe元素价位变化规律,前阶段由于成本的投入出现累计上升趋势,但在使用阶段,Fe元素不断被磨损,促使其价位急剧下降。这种依据铁元素的物质流动所带来的阶段价位变化,正是构建钢铁企业"元素流—价值流"核算模型的基础。

3. 元素流循环对价值流的作用分析

在钢铁企业产品生产过程中,伴随着元素Fe的流动,存在着相应的价值的循环流动。元素流的流动情况,与企业生产流程中循环经济的开展有着紧密的联系。由Fe元素流以及Fe元素的价位,可绘制循环经济开展前后产品生产过程的价值循环流动见图3-13、图3-14。

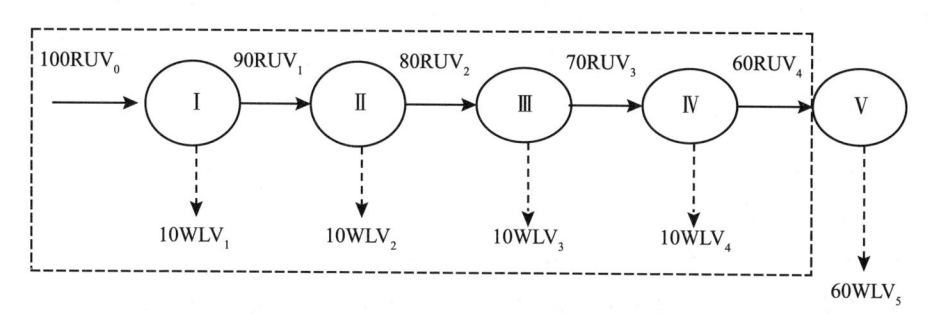

图3-13 循环经济开展前钢铁企业生产流程价值流

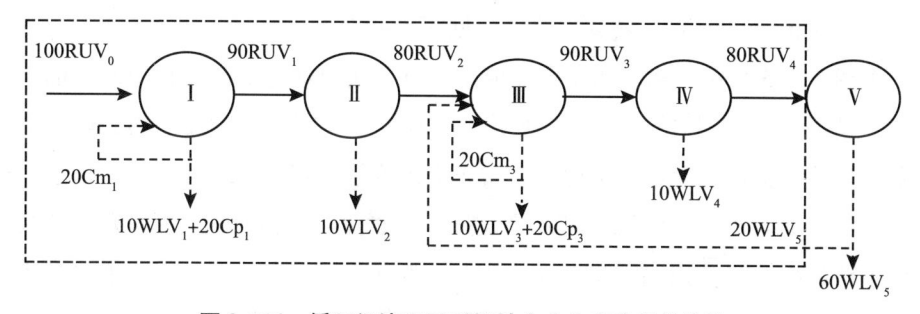

图3-14 循环经济开展后钢铁企业生产流程价值流

由图 3-13、图 3-14 可知，元素流循环前，资源可划分成正制品与废弃物两部分，前者随生产流程逐渐前移，后者外排；元素流循环后，元素回流对应价值也随之循环流转，废弃物外排的价值损失重新变为资源有效利用价值进入正制品，故不仅减少资源损耗与环境污染，还增加了价值产出。举例来说，在图 3-13、图 3-14 的第Ⅲ生产阶段，伴随资源的投入与元素流的回流，有三股价值（80RUV_2、20WLV_5 和 20Cm_3）流入。其中，80 RUV_2 是第Ⅱ生产阶段天然资源价值的流入，20Cm_3、20WLV_5 是随着 Fe 的流动产生的，它们的存在可替代一定数量的与天然资源有关的价值流入，是属于元素 Fe 内部与外部的循环再利用回流。通过元素 Fe 的循环，不仅可以增加某一阶段（第Ⅲ阶段）的输入价值和产出价值，还可以减少产品使用阶段的排污费以及增加因售出废物资源使消费者回收的资金（第Ⅴ阶段）。故元素的物质流动与价值循环，能达到资源与成本节约、环境保护与价值增值的目的。

综上所述，循环经济"元素流—价值流"的双向结构分析具有以下优势：①以元素循环流动为基础，结合物质流转平衡规律，来研究价值的动态循环规律；②在钢铁企业生产流程中，元素 Fe 在投入资源中或是废弃物中都有一定的价值；③天然资源与废物资源中的元素 Fe 的价位不同，说明这两种资源在元素 Fe 的使用性能方面有差异；④钢铁企业可以将"元素流—价值流"核算分析应用于资源路线优化决策中。

4. 核算特征

相对于传统的产品成本核算模式，循环经济的"元素流—价值流"核算更着重于从循环经济、生态文明的角度来考虑问题。它立足于"元素流—价值流"分析，追踪企业主要元素的流向和流量，依据元素的含量或重量分配资源的有效利用价值和损失价值，重新划分了企业产品的成本。比较传统产品成本核算和循环经济"元素流—价值流"核算的差异，见图 3-15。

由图 3-15 可见，由于传统产品成本核算方法包括了生产过程中产生的所有费用，是很多类别成本的总和，例如包含了生产过程所产生的废品损失以及资源浪费，等等，企业管理者无法通过产品成本核算掌握相关的环境管理的信息。而循环经济"元素流—价值流"核算则是按照元素流与价值流耦合的原理，改变企业的生产过程是个"黑箱"的传统，不仅反映了合格品的产品成本，而且显现了废弃物的成本组成，以及相应的环境损害价值等一系列数据，能够更好地为企业

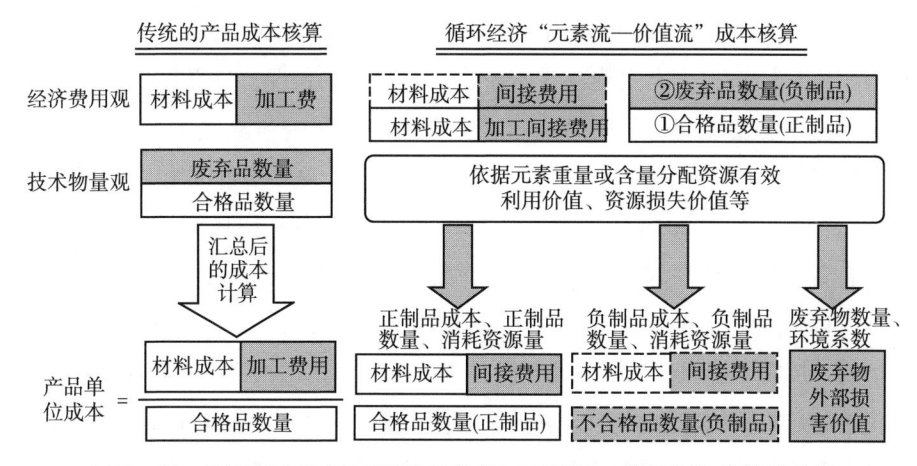

图 3-15 传统产品成本核算与循环经济"元素流—价值流"核算的差别

管理者提供相关可供环境管理决策的成本信息。结合与传统产品成本的差别分析，可以归纳出循环经济"元素流—价值流"核算的特征具体表现。

第一，从企业管理者决策看，传统产品成本核算中生产过程中各环节的材料损失和成本费用是一个"黑箱"，根据"谁受益、谁负担"的原则，将所有成本损失和资源浪费全部计入最终产品成本中，以此作为定价的基础。循环经济"元素流—价值流"核算则从数量和价值方面将这一材料损失和成本费用的"黑箱"可视化、透明化，企业管理者可以根据"元素流—价值流"核算的结果，判断资源损失的改善环节，提出优先改造方案进行决策分析。因此，"元素流—价值流"信息能够正确反映各环节损失量的数据信息，以供决策。

第二，从价值流成本结构看，企业生产过程中的资源损失包括资源损失的材料、能源和系统成本、废弃物处理成本、扣除可利用废弃物出售后所得的差额损失成本。传统企业环境管理中，一般按照最终废弃物种类进行减量化控制的处理比较多，对于再利用和资源化部分没有能够引起足够重视，且很少按照生产流程资源损失进行控制，而价值流成本结构中的资源损失包括了上述内容，将损失的分析细化至生产流程各环节。因此，企业在循环经济决策中可针对相应问题有的放矢，采取不同的技术、工艺进行改善。

第三，从废弃物外部环境损害价值来看，循环经济"元素流—价值流"弥补了现有传统会计仅考虑企业内部环境成本的缺陷，关注到了资源消耗及废弃物外排方面对自然环境的污染而形成的外部环境损害价值。其外部环境损害成本的计算既反映了企业在生产过程中由于废弃物的排放所带来的社会成本,又揭示了企业参与到循环经济、生态文明建设所履行社会责任的情况,这在循环经济"元素流—价值流"是必不可少的一环,企业管理者可提早规避或减少对环境的影响。目前我国部分地区和行业已经开始试行排污权交易,全国碳排放权交易系统基本具备试运行条件。自2018年1月1日起,《中华人民共和国环境保护税法》正式实施。企业实施循环经济"元素流—价值流"核算能够正确核算企业外部环境损害成本,以应对环境税,在排污权交易中占据主动地位。

第四,从成本管理看,从"元素流—价值流"视角进行核算与分析,能够全面反映铁元素流过程中随之的价值流转的全过程,既包括其中的正向价值流成本,又包括逆向价值流成本,可结合分析两者的成本情况。一方面,可尽可能使正向价值流流向正制品,减少正制品成本,控制废品损失;另一方面,使废弃物循环再利用以提高资源利用效率,降低物料的消耗,两者的核算分析能更好地对成本控制提供帮助。

3.2.2 核算流程

1. 钢铁企业生产流程的元素流模型构筑

由循环经济资源元素流动与价值循环的耦合机理可知,价值流是建立在元素流动基础之上的,因此资源价值流核算也应以元素流分析为基础;从地下矿石到钢铁产品之间,要经过一连串的生产工序,每道工序、各台设备之间,通过元素流和能源的相互联系,组成钢铁企业的生产流程。因此,要构建钢铁企业价值流核算模型,先要对基于企业生产流程的资源元素流进行分析。在建立钢铁企业铁元素流转模型时,可以生产工艺流程为基础划分若干个物量中心,确定元素流输入、循环和输出的相关数据,形成模型,见图3–16。

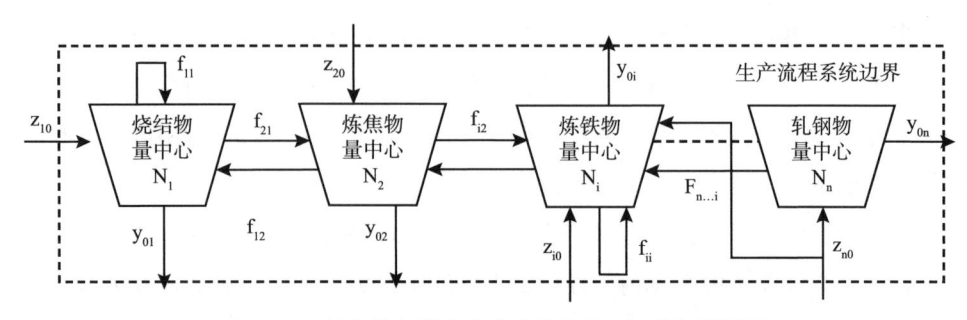

图3–16 简化的钢铁企业生产流程元素流分析模型图

在图 3-16 中，元素流分析是对企业生产流程进行模型表征，用基本元素流、元素流的循环网络 N^* 以及物量中心 N 来描述企业的生产流程。在图中，各符号代表的含义如下：

N_i 代表铁元素流模型的物量中心，包括烧结、炼焦、炼铁、炼钢、连铸和轧钢；f_{ij} 代表铁元素流模型中各物量中心之间的元素流的流动（由 N_j 流向 N_i，包括正向流和逆向流）；f_{ii} 表示铁元素流在物量中心内部的流动，即在物量中心内部循环；z_{i0} 表示从物量中心的外部流入的铁元素流，即生产资源的投入；y_{0j} 表示由物量中心流出的元素流，即产品和废弃物的排放。

钢铁企业铁元素流物量中心的确定，以及元素流流向与流量的确定，必须遵循物质守恒的定律。依据物质守恒定律，可以确保元素流模型的内外输入输出平衡，从而确保元素流的投入产出平衡。因此，对于烧结物量中心 N_1，铁元素流平衡方程为：$z_{10} + f_{11} + f_{12} = f_{21} + y_{01}$；循环效率 $\varepsilon_1 = f_{21}/(f_{21} + y_{01})$。同理，炼焦物量中心 N_2 等也是同样的平衡方程和循环效率。

2. 核算模型构建

在钢铁企业生产流程中，最终产品不仅包含合格钢材产品，还包括不合格品以及向环境排放的废弃物。传统成本核算系统将所有资源、能源等耗费的成本全部计入合格品中，没有对废弃物和不合格品（包括废品、返修品和超差利用品等）的价值进行核算。但在循环经济的实施过程中，对废弃物会进行回收处理，循环利用。而资源价值流转核算是基于企业制造过程中材料、能源的投入生产过程到转化为产品的全过程，采用会计中的成本逐步结转法，依据资源实物的定量分析，进行资源价值流转核算。在钢铁企业生产流程中，借助资源价值流转核算模型，可获得产品和废弃物在各个工序的流通信息。通过金额的形式对废弃物价值进行适当评价，以激励管理者减少废弃物的动力。同时，与废弃物相关的加工费用的分配比例也和产品采用相同的成本计算。这表示着即使是废弃物也同样消耗劳动力和使用设备。因此，这一方法将废弃物和产品同等对待，可以说，"正制品"是指最终产品或有待进一步加工的半成品，"负制品"则是指废弃物。同时，它将企业内部资源流转划分成若干环节，其原理见图 3-17。

以元素流分析平衡定律为前提，结合成本价值累积并结转的方法，借鉴工业代谢模型，构筑钢铁企业资源"元素流—价值流"核算模型，见图 3-18。

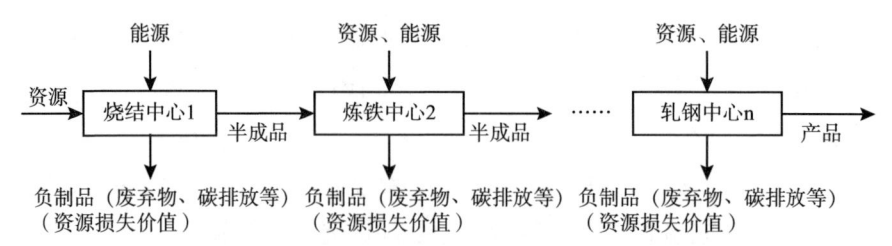

图 3-17　钢铁企业工艺流程资源流转分析原理

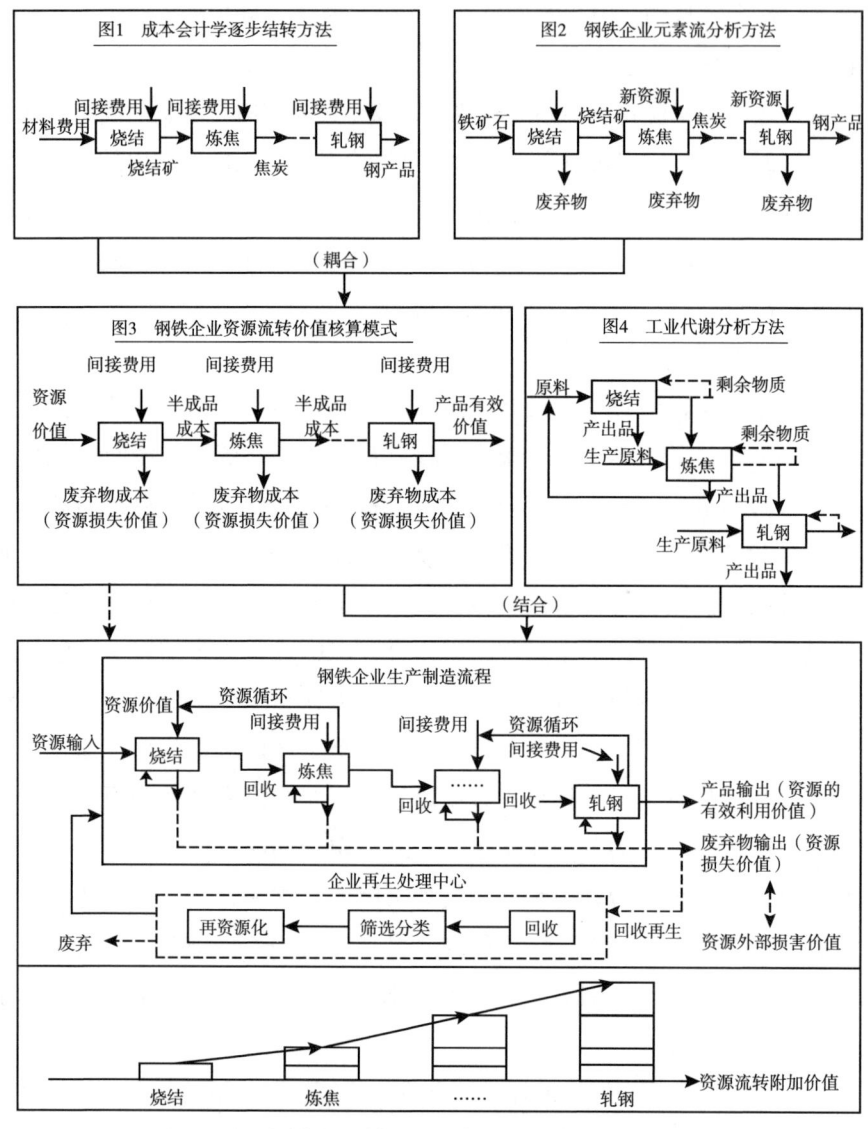

图 3-18　钢铁企业资源"元素流—价值流"核算模型

第3章 工艺流程的"元素流—价值流"管理研究

钢铁企业内部资源"元素流—价值流"核算是在核算钢铁企业某一车间或物量中心的资源价值量时,以元素流分析为中心,吸收成本会计的逐步结转法,以每一车间或物量中心的元素流为依据计算资源价值流。资源价值流能按照各物量中心的主要元素的流向含量划分为原料、能源、系统和废弃物处理成本等,形成产品(半成品)的资源有效利用价值和废弃物价值;其次,辅之以科学的方法对废弃物外排的环境损失进行经济计量;最后,资源流转附加价值在归纳利税的基础上进行加工核算。

钢铁企业层面以资源流转成本与价值概念为基础,综合上图核算流程,可构建资源价值流转会计的基本计算方程式:

$$RV_i = RAV_i + RUV_i + RLV_i + WEV_i \qquad (3-8)$$

其中:RV_i 是第 i 流程资源流价值;RAV_i 是第 i 流程资源流转附加价值;RUV_i 是第 i 流程资源流转有效利用价值;RLV_i 是第 i 流程资源损失价值;WEV_i 是第 i 流程资源消耗及废弃物外部环境损害价值。

公式(3-8)左边是第 i 流程环节的资源流转价值,右边是构成其价值的类型。从该公式可知,理想状态是 WEV_i 消失,所有的 WLV_i 转化为 RUV_i,即 $RV_i = RUV_i$,达到最优的经济效益、环境效益和社会效益。

从企业社会责任或企业关联角度来考察企业的资源流转附加价值,则涵盖人工、折旧及利税等方面,则有下面的公式:

$$RAV_i = LV_i + DV_i + BV_i + TV_i + OV_i \qquad (3-9)$$

式(3-9)中:LV_i 和 DV_i 分别表示第 i 流程的劳动力价值和资产转移价值;BV_i 和 TV_i 则分别表示第 i 流程的收益和税收额;OV_i 表示其他价值量。

资源流转附加价值核算相对独立。其主要目的是核算和明晰企业最终产品在形成过程中的价值增值环节,了解企业资源增值的最具潜力环节,尤其是深加工或再加工过程;此外,该核算模型还可应用于钢铁企业集团内部各分公司或分厂间的资源流转价值核算,分析不同分厂或分公司的资源增值量,为内部流程优化、战略扩张决策服务;如进一步扩展延伸,在数据基础、核算口径等条件一致或许可的情况下,还可对两两独立的企业或企业间的资源价值流转增值进行反馈,为政府的工业链延伸、产业扩张决策提供相关信息与数据支持。

但对企业或其内部生产经营流程而言,其资源流转价值的核算则侧重于资源流转成本的分配,即人工、折旧及税金以成本形式予以反映。因此,通过会计系统的核算模式，可分别求得相对应的进入合格品的有效利用资源成本、废弃物损失成本及资源消耗及废弃物外部环境损害成本，得到各项资源流转价值量。在内部各物量中心间，基本式（3-8）右边剩余三类价值的核算分解如下：

$$RUV_i = \frac{MC_i + EC_i + SC_i + OC_i}{QP_i + QW_i} \times QP_i \quad (3-10)$$

$$WLV_i = \frac{MC_i + EC_i + SC_i + OC_i}{QP_i + QW_i} \times QW_i \quad (3-11)$$

$$WEV_i = \sum_{i=1,j=1}^{m,n} WEI_{ij} \times UEV_{ij} \quad (3-12)$$

上三式中，MC_i 是第 i 流程原料输入成本；EC_i 是第 i 流程能源输入成本；SC_i 是第 i 流程系统成本；OC_i 是第 i 流程其他成本费用；QP_i 是第 i 流程合格品重量或含量；QW_i 是第 i 流程废弃物重量或含量；WEI_{ij} 是第 i 流程 j 种环境影响废弃物；UEV_{ij} 是第 i 流程 j 种废弃物的单位环境损害价值系数。

式（3-10）和式（3-11）表示不同费用或成本分配于资源价值量的方法，与现行成本分配法相似，但也存在以下区别：

（1）它对输入各步骤的资源、能源成本以及人工、制造费用等，按资源输出的合格品、废弃物两个方面分配，可清晰划分合格品成本与废弃物成本。这一规则基于产出的合格品与废弃物的比例原理设置，符合因果关系原理。

（2）它比现行成本会计增加了一块废弃物外部损害评价价值。目前，国外对此已形成较成熟的分析数据库，并应用于各种环境管理的业绩评价中。

而公式（3-12）核算的是外部环境损害价值。它主要由环境损害废弃物与其相对应的单位损害系数相乘而得。核算的难点在于单位废弃物环境损害价值系数的确定，由于会计等学科无法提供其系数值，因此需要借助于环境工程科学与环境影响评估技术。

依据公式（3-10）和公式（3-11），可构建内部资源流转价值损失计算与分析流程；依据公式（3-12），可构建废弃物外部环境损害价值核算与分析流程；将公式（3-10）~（3-12）结合，可建立"内部资源价值损失—废弃物外部损害价值"二维度综合评价分析流程。从总体上说，所有关于环境管理"元素流—价值流"循环管理模式都包含内容、应用、调试、改善等工作环节，整个钢铁企业的环境管理"元素流—价值流"分析标准和应用流程均能融入其中并实行有效循环运作。

3. 工艺流程资源"元素流—价值流"核算程序

工艺流程资源"元素流—价值流"是以钢铁产品生产工艺流程中的元素流动为基础,动态描绘其在生产及经营中的价值变化过程。在资源输入端,将成本价值分成四部分,分别是材料、系统、能源和废弃物处理成本,见图 3 – 19。

材料成本	损失	能源成本	损失	系统成本	损失	废弃物处理成本	□ 正制品成本
							■ 负制品成本

总材料成本、能源成本、系统成本、废弃物处理成本

图 3 – 19 "元素流—价值流"成本分类

考虑到钢铁企业的循环经济发展情况,其成本内容如表 3 – 1 所示:

表 3 – 1　　　　"元素流—价值流"成本内容

成本分类	目标对象	
材料成本	主要材料	构成产品的组成部分的新投入的新材料和上一流程流入的半成品
	次要材料	本流程投入但是不构成产品主要部分的材料
	辅助材料	生产中不可或缺的各环节新投入的但是不构成产品实体部分的材料
系统成本	人工费、折旧费、仓储费、物流费等相关制造费用	
能源成本	生产过程中的耗费,如电力、原油、蒸汽、热力或相似介质的成本	
废弃物处理费用	废水、废渣、废气的企业内部处理成本、外包处理成本	

钢铁企业的主要材料包括外购铁矿、自产铁矿等,次要材料则有焦粉等,辅助材料则是硅石、包装物等新投入但不构成实体的材料。能源成本包括钢铁生产过程中发生的水、电、煤气、蒸汽等成本费用。系统成本为生产产品而发生的人工费、设备折旧费、仓储费等各项制造费用。废弃物处理成本就是对钢铁生产过程中产生的工业"三废"进行处理的内部处理成本和外包处理成本。

而在资源的输出端,其价值可以分成两个部分,即有效利用价值和损失资源价值流。对于钢铁企业而言,前者主要包括钢材、电力、蒸汽等合格品形态,后者则是以粉煤灰、废气、废水等形态影响企业经济成本效益分析,同时也包括因污染外排导致的环境损害价值。

传统成本会计中的钢铁企业的生产工艺流程是一个"黑箱",没有完全包括关于材料和能源的元素流动信息,一些关键的元素流动信息会被忽略,忽视了其在生产过程中的损失对企业的重要性,将生产过程中的损失浪费全部计入产出品成本中,并以此作为产品定价的基础,隐藏了浪费问题,无法提供关于环境的损害和降低环境负荷的可能性信息,不利于企业管理者进行环境管理的成本控制,而"元素流—价值流"分析则弥补了元素流动信息与价值流动信息之间的差距,可以提供更全面的材料输入和产出信息,通过跟踪和反映企业元素能源流动过程中的每一个重要的节点的资源输入、循环、输出情况,使得元素流动过程透明化,识别低效的生产线和生产过程,为企业决策服务。

可见,内部资源"元素流—价值流"核算主要是解决钢铁企业生产内部各节点资源有效利用价值与损失价值的核算,即正制品和负制品的价值核算。一般来说,钢铁企业资源"元素流—价值流"的程序主要遵循以下几个步骤:首先识别对象,然后建立模型,即建立资源"元素流—价值流"模型、确定物量中心、收集和采集数据、绘制资源"元素流—价值流"图、资源"元素流—价值流"核算等相关流程。

(1) 选择适用对象及物量中心。

如前所述,对钢铁企业资源进行"元素流—价值流"分析,首先是识别需要选择的对象,通常是选择某一范围或特别的产品作为资源流转价值计算的对象,当然,选择的原则以钢铁企业生产流程为基础。然后,根据选择的对象建立资源流转模型,根据钢铁企业生产流程的不同工序环节来确定物量中心。在构建资源流转模型与确定物量中心时,需要综合考虑其相关的标准与方法:物量中心设立标准、输入原料标准、能源种类标准、成本分类标准、合格品和废弃物及污染物标准、生产工艺流程标准、铁元素综合平衡表标准、投入产出的消耗系数标准等。

鉴于物量中心在模型中的重要性,在这里,我们将它加以更加详细的讨论,它建立的想法可以追溯到作业成本法中的"制造单元"的理念。将物量中心看作一个核算对象的集合,通过它来对输入资源价值流和输出价值进行核算。物量中心的设置要从效益角度确定设定数量。根据企业规模的大小、物量中心数量的不同,规模较大车间较多的钢铁企业一般需要设置多个物量中心。另外,根据"元素流—价值流"计算的精度和计算量之间的关系,物量中心的设置要遵循适度原则，物量中心的设置过于粗糙，数量过少，虽然可以减少工作量，但是成本计算的精度较低；反之，则增加成本计算量。因此，要在确保数据计算精度的前提下，进一步根据成本效益原则选择工作量较小、成本较低的设置方法。见图3-20中两条曲线距离最大的区域。

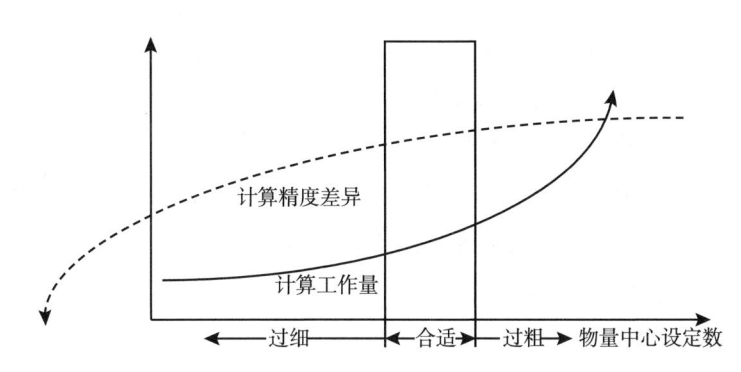

图 3-20 物量中心设定精度与计算工作量的关系

（2）数据测定与采集。

根据资源流模型各个物量中心的投入物量和损失物量来把握，依据现场计测来确认与收集，数据测定可采用两种方式：一是利用生产现场所使用的统计管理表格进行测定记录，作为计测的原始单据；二是实地采用物量测定方法，通过实测确定。为了克服偶然性因素，测定的期间一般以 1 个月为标准。采集数据的范围与方法主要有工艺流程的金属元素输入、输出数据采集；"三废"产生量、利用量、排放量数据采集；物量中心资源输出数据采集；资源价格数据采集；费用在各物量中心的归集与分配方法等。

（3）绘制资源流转图。

每一个物量中心都记录有投入（资源投入）、产出（合格品数量）和废品量的信息，因此，资源流转图是根据这些信息进行绘制的。另外，各物量中心的一些效率参数也会被计算，例如输出的合格品率和损失率等。当然，也可依据流转图绘制资源物量流转表。企业管理者根据有数量的资源流转图可分析废弃物带来的经济损失，了解到问题出现在哪个过程中。

通过循环经济"元素流—价值流"分析，可以清楚了解物量中心废弃物的数量和金额，将损失用货币金额进行评价，为企业管理者进行设备改造投资、产生效果预测等提供信息和数据支持。当然，在进行循环经济"元素流—价值流"分析之前，企业可能已经了解到废弃物产生较多的物量中心的浪费，但不能明确这种损失的具体数量和金额，即代表多大的经济意义。在引入该分析之后，对损失的经济价值大小进行明确了解，对于企业管理者进行关键点改善发挥了重要作用。

4. 钢铁企业外部环境损害成本核算

钢铁企业属于"高耗能、高污染、高排放"的三高型企业，它的整个生产过程对环境带来了非常多的负面影响。从污染排放强度来看，其"三废"（废水、废气和废渣）排放量接近全国总排放量的1/6，属于重污染企业。这些"三废"的产生，不仅带来钢铁企业的资源消耗的损失（资源损失），而且引起了诸多环境问题（环境损害价值），见图3-21。

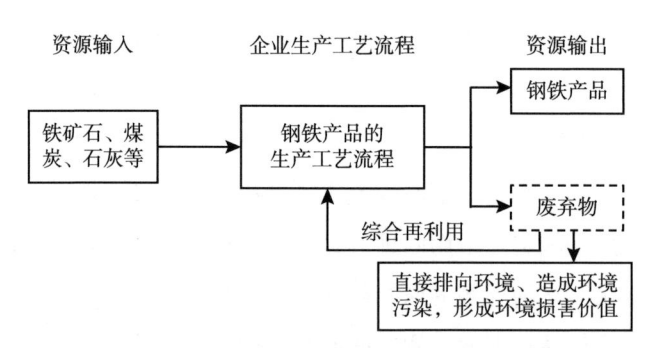

图3-21 钢铁企业废弃物排放到外部环境形成损害价值

由于目前还没有形成成熟的对企业外部环境损害的制约措施，企业管理者受利润最大化的影响，为了节省废弃物的治理成本，宁愿冒着风险也要排放到外部环境中。传统的成本会计体系中，并没有将外部环境损害价值反映在内。资源"元素流—价值流"分析的一大突出关键点是突破原有会计系统的局限，对企业废弃物外部环境损害进行核算，同时获得负产品的内部资源损失和外部环境损失程度，以供企业管理者决策。

1）外部环境损害价值核算的程序。

一般来说，外部环境损害价值核算程序比较复杂。从最初的核算项目的选择、核算方法的确定和货币化都需要严格的选择。可分为以下三个步骤：

（1）确定核算项目。这是外部环境损害成本核算的前提条件。各企业的环境问题复杂多样,但都有自己的特性,不能全套照搬。比如钢铁企业的污染物就包括钢渣、铁皮、SS、SO_x、碳氢化合物等多种项目。

(2) 建立环境污染和实物损失反映关系并核算损失。按照环境污染影响实物的主要方式,共分为三类:链式,即某种环境污染对实物影响的破坏可以按照因果关系链传递;扇式路径,即某种环境污染危害能够呈扇形,造成多重角度的负面作用;网式路径,即各类环境破坏可以呈网式,造成综合作用影响。理清环境危害的影响形式,将有助于成本损失反映关系的构造。从整个影响路径来看,链式路径表现为连接型关系,扇式路径表现为结合型关系,网式影响表现为交叉型关系。环境破坏状态与各种实物型危害之间的函数关系可按以下公式来表示,见式 (3-13):

$$F_{ij} = (D_i, S_i, T_j, \partial_{ij}) \quad (3-13)$$

式中,F_{ij} 表示第 i 类环境破坏造成的第 j 类实物的损失;D_i 表示第 i 类环境污染状况下的量值;S_i 表示第 i 类环境标准;T_j 表示为第 j 类实物状态下的量值;∂_{ij} 表示第 i 类环境污染造成的第 j 类实物损失的计算参数。

在该暴露反应函数中,D_i、S_i、T_j 是已知量,参数 ∂_{ij} 则是未知量。∂_{ij} 的量值主要是由三个因素决定。第一,∂_{ij} 依赖于环境污染影响因子的可分离性,例如钢铁企业的 CO_2 形成了温室效应,对人类生存环境造成了不良影响。从环境污染物对人类生存环境的影响看,CO_2 造成的损失和危害可以分开计算。第二,∂_{ij} 取决于从环境破坏状态下分离出来后的可测性。∂_{ij} 越是具有可测性,表示 ∂_{ij} 越是单一,容易计算。否则 ∂_{ij} 模糊不清,不易计算。第三,∂_{ij} 取决于环境污染暴露反应关系的函数类型。如果函数的表达形式是以幂函数、指数以及线性等类型来表达,那么其各自 ∂_{ij} 的量值和意义是不同的。因此,要构造环境污染物的反应关系就要将环境污染的影响因子分离出来,并使之具有可测性,从而通过环境污染物的反应关系进行准确的核算。

(3) 实物损失转化为货币损失。这一过程比较复杂,一般来说,实物量损失转化为货币损失的货币化函数可用公式 (3-14) 表示:

$$M_{jk} = (F_j, P_{jk}) \quad (3-14)$$

式中,M_{jk} 表示第 j 类实物量损失造成的 k 类货币化损失,F_j 表示为第 j 类实物量损失,P_{jk} 表示为第 j 类实物造成的 k 类货币化损失的价格。

通过这个货币化函数可以表示出同一类实物量损失的多重价值损失的特征。

在式（3-14）中市场条件下价格 P_{jk} 如何确定成为当务之急。

2）核算方法比较分析。

环境影响的外部损害价值牵涉环境的诸多方面，包括企业生产工艺流程、环境影响评价与控制、交易市场等因素，因此外部环境损害价值的核算难点在于单位污染物损害系数的确定。随着环境工程学、工业生态学、环境会计学科的发展，外部排放的货币化计量已经取得新的发展。排污权交易、资产弃置处理、土地污染成本等已相继纳入会计核算体系，用货币进行计量。具体有日本开发的基于端点的生命周期影响评价模型（life-cycle impact assessment model based on endpoint, LIME），瑞典的 EPS、荷兰 Eco-indicator99、欧盟的 ExternE 认定系数等。各种环境评估模型对比分析如表 3-2 所示。

表 3-2　　　　　　　　　环境评估模型对比分析

方法名称	EPS		ExternE	Eco-indicator99		LIME	
开发国家、公布时间	瑞典（2000 年修改）		EC（1998 年修订）	荷兰（2000 年修改）		日本（2003 年）	
损失估算型或问题比较	损失估算型		损失估算型	损失估算型		损失估算型	
环境负荷物质种类	250 种类物质、5 种土地利用形态		13	550 种物质、10 种土地利用形态		100 种物质、80 种土地利用形态	
可评价步骤	综合化		综合化	损害评价、正规化、综合化		特性化、损害评价、综合化	
对象区域	瑞典		欧洲	欧洲		日本	
保护对象及损害指标	人体健康	YOLL 及其他	无定义（对人体健康、生态性和材料损害的考虑）	人体健康	DALY	人体健康	DALY
	资源	金额				社会资产	Yen
	生物多样性	NEX（一年中物种灭绝比例）		生态系统特质	PDF（生物物种消失的比例）	生物多样性	EINES（已灭绝生物物种增量均值）
	生产能力	Kg		资源	超额能源	一次生产	ton
	审美性	不可计量					

续表

方法名称	EPS	ExternE	Eco-indicator99	LIME
影响领域	上述五项指标作为影响领域和定义	无定义	·资源、地球温室效应 ·臭氧层破坏、致癌物质 ·呼吸系统疾病、生态毒性 ·酸性化/富营养化 ·土地利用、放射线	·地球温室效应、臭氧层破坏 ·城市大气污染、有害化学物质 ·生态毒性、酸性化、富营养化 ·光化学氧化剂 ·土地利用、非生物资源、废弃物
评价过程	库存→分类末端→单一指标	库存→分类末端→单一指标	库存→保护对象→正规化→单一指标	库存→特性化→分类末端→保护对象→单一指标
综合化方法	有市场价值：市场份额 无市场价值：引用CVM	CVM（文献）	面板法	实验规划分析、AHP
单一指标	损害成本	损害成本	无量纲指标 （三类：阶级主义者、平等主义者、个人主义者）	损害成本（实验规划分析）、无量纲指标（AHP）
综合化过程调查样本数和调查方法	仅引用实地考察	不详	80名（回收率20%）、邮件调查	400名、直接调查
综合化系统的统计意义	不详	不详	无验证	已验证

资料来源：社团法人产业环境管理协会．環境経営管理システムの構築事業（環境会計調査）报告．书［R］．2005：56．

对钢铁企业来说，无论运用何种方法，都需要根据自身特性、条件以及需要达到的目标，结合评估模型的特征来定。LIME评估模型较适合于产品全生命周期环境影响评估过程。因此，钢铁企业可应用于与企业产品生产制造过程直接关联的工艺流程或工序，也可应用于产品设计、资源开采、配料、钢铁产品销售与回收的全流程中。由于国内尚未构建使用外部环境损害价值计算标准，因此，本书借鉴LIME评估模型进行计算。因模型依据的是日本本身环境特征开发的数据库与单位损害系数，在具体运用时，需要考虑到我国的相关环境情况进行灵活借鉴和运用。

3）核算方法分析。

（1）LIME方法的概念及构成。

基于端点模型的生命周期环境影响评价方法（life-cycle impact assessment method based on endpoint modeling，LIME）。这一方法由综合产业技术研究所生命周期评估研究中心与LCA项目联合开发，又名日本版损害测算定型环境影响评价方法。作为近年来测定生态系统等价值的方法之一而为人们所关注。其思想理念就是收集不同种类的环境损害物质所造成的人体健康损害，并将其聚集在共同的端点，考虑到各端点之间的重要性，将其转化为货币价值予以评价。将评价结果用货币金额来衡量，比较容易理解，也可应用于成本效益和环境管理工具进行分析。采用该方法进行评价可分为以下几个步骤[103]：

①根据废弃物的产生，分析其在大气、水等自然环境中浓度的变化；根据这一变化，通过人体及其他动植物来分析废弃物物质暴露量（生物体内摄入量）的变化。

②根据摄入量的增加，评价对接受者的潜在损害量的变化及损害状态分析，分别收集共同的人类健康、预期寿命损失等数据，并进行汇总。

③对人体健康、预期寿命损失等对象的重要性进行分析，得到环境损害的综合指标。

可见，①~③是基于自然科学知识进行分析，而到了③则是基于社会科学进行分析。

（2）基于自然科学层面的分析。

这一层面，主要研究对象是从环境损害到保护对象所受到的损害量的评价过程。从臭氧层破坏物质排放到人体健康影响的过程见图3-22。

将各过程相互关联描绘出来，则可将排放量和损害量通过定量化的数据进行计算，其结果所显示废弃物对健康的损害量就是损害系数。LIME中，采用DALY（伤残调整寿命年）作为健康损害的指标，这一指标指由于死亡或残疾而失去的年数，同时也是WHO（世界卫生组织）等在国际上通用的指标。值得注意的是，该图描述了从清单数据到预期寿命损失的路径，各步骤都与根据环境科学研究成果而获得的定量分析相关联，将这些数据进行综合就可以得出损害系数。

（3）基于社会科学层面的分析。

LIME采用AHP法可以运用问卷调查的方式，对获取的数据进行统计分析，以此适当反映选择性偏好，首先将特性化系数、损害系数和三种合并系数计算清楚。

第 3 章 工艺流程的"元素流—价值流"管理研究

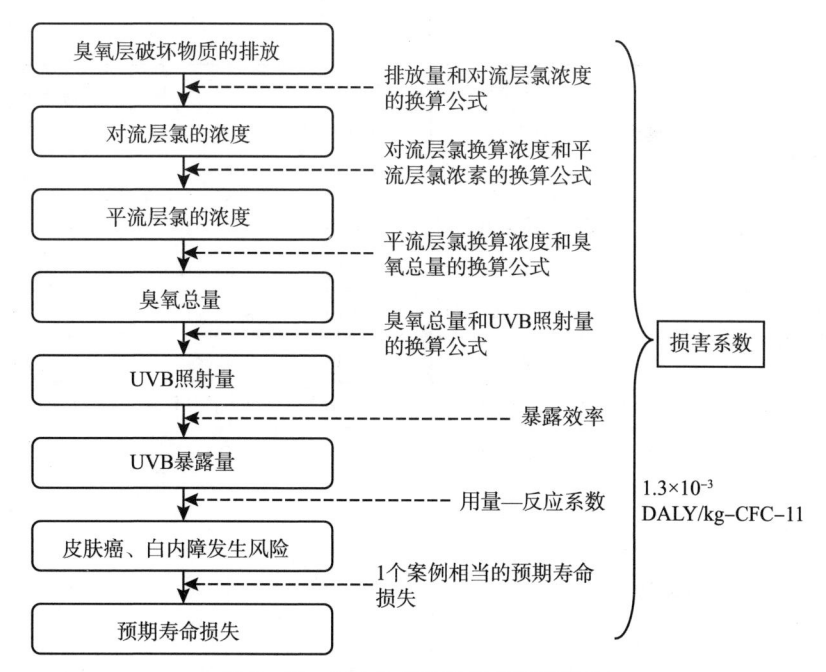

```
┌─────────────────┐
│ 臭氧层破坏物质的排放 │
└────────┬────────┘
         │ ----- 排放量和对流层氯浓度的换算公式
┌────────▼────────┐
│  对流层氯的浓度   │
└────────┬────────┘
         │ ----- 对流层氯换算浓度和平流层氯浓素的换算公式
┌────────▼────────┐
│  平流层氯的浓度   │
└────────┬────────┘
         │ ----- 平流层氯换算浓度和臭氧总量的换算公式
┌────────▼────────┐
│     臭氧总量     │          ┐
└────────┬────────┘          │
         │ ----- 臭氧总量和UVB照射量的换算公式
┌────────▼────────┐          │ 损害系数
│    UVB照射量    │          │
└────────┬────────┘          │
         │ ----- 暴露效率      │
┌────────▼────────┐          │  $1.3×10^{-3}$
│    UVB暴露量    │          │  DALY/kg-CFC-11
└────────┬────────┘          │
         │ ----- 用量—反应系数 │
┌────────▼────────┐          │
│皮肤癌、白内障发生风险│          │
└────────┬────────┘          │
         │ ----- 1个案例相当的预期寿命损失
┌────────▼────────┐          ┘
│   预期寿命损失   │
└─────────────────┘
```

图 3 – 22　LIME 损害系数的测算流程

资料来源：国部克彦，伊坪德宏，水口刚．环境经营会计（原书第二版）[M]．葛建华，吴绮，译．中国政法大学出版社，2014．

因此，可利用 LIME 的货币单位合并系数乘货币单位估计环境负荷的外部成本。通过下列公式求得单一货币化指标：

$$\sum_{j=1}^{J}\sum_{i=1}^{I} s_i \times DF_{ij} \times WTP_j = \sum_{i=1}^{I} s_i \times \left[\sum_{j=1}^{J} DF_{ij} \times WTP_j\right] \quad (3-15)$$

上式中：s_i 指物质 i 的生命周期清单；DF_{ij} 指物质 i 对保护对象 j 的损害系数；WTP_j 是保护对象 j 的 1 指标单位损害回避意愿支付额（willingness-to-pay）。

主要环境损害物质的综合化系数一览表和测算参数如表 3 – 3 所示。

表 3 – 3　LIME2 中主要环境损害物质的综合化系数一览表及测算参数

	损害系数 [DF：损害量/kg]				综合化系数 (IF)
	人类健康	社会资产	一次性生产	生物多样性	
单位	DALY/kg	日元/kg	kg/kg	EINES/kg	日元/kg
石油		2.96			2.96
煤炭		1.20×10^{-1}	1.07×10^{-2}	1.10×10^{-14}	0.77

续表

	损害系数 [DF：损害量/kg]				综合化系数（IF）
	人类健康	社会资产	一次性生产	生物多样性	
天然气		1.38			1.38
铁		1.50×10^{-1}	1.43×10^{-3}	1.91×10^{-15}	0.24
铝		4.69×10^{-1}	1.56×10^{-2}	1.55×10^{-14}	1.41
铜		99.9	3.55×10^{-1}	6.75×10^{-13}	1.26×10^2
银		1.40×10^4	57.1	7.45×10^{-11}	1.77×10^4
金		6.66×10^5	2.88×10^2	3.65×10^{-10}	6.84×10^5
CO_2	1.31×10^{-7}	3.23×10^{-1}			2.25
CFC-11（温室效应）	6.22×10^{-4}	2.30×10^3			1.14×10^4
CFC-11（臭氧层）	1.34×10^{-3}	90.3	2.90×10^2		3.32×10^4
C_2H_4	1.67×10^{-5}	65.9	8.66		7.11×10^2
NO_x（酸性化）		85.8	2.38×10^{-1}		9.68×10^1
NO_x（大气污染）	2.13×10^{-5}				3.13×10^2
SO_2（酸性化）		1.08×10^2	3.01×10^{-1}		1.22×10^2
SO_2（大气污染）	1.49×10^{-4}				2.19×10^3
PM	9.94×10^{-5}				1.46×10^3
COD		6.40×10^{-1}			6.40×10^{-1}
T-N		8.25×10^1			8.25×10^1
T-P		9.74×10^2			9.74×10^{-2}

加权系数（日元/损害量）如下

	人类健康	社会资产	一次性资产	生物多样性
单位	DALY/kg	日元/kg	kg/kg	EINES/kg
加权系数	1.47×10^7	1.0	46.2	1.42×10^{13}

注：DALY：伤残调整寿命年；EINES：Expected Increase in Number of Extinct Species，濒于灭绝物种的预计增加量。

资料来源：国部克彦，伊坪德宏，水口刚. 环境经营会计（原书第二版）[M].葛建华，吴绮，译，中国政法大学出版社，2014.

第3章 工艺流程的"元素流—价值流"管理研究

由于该模型在资源废弃物的环境损害价值评估过程中综合运用了环境工程学、流行病学、生态学、社会学以及经济学等不同学科的技术与方法，因此，具有较好的综合集成性与评估精确性。

5. 二维核算与分析模型：内部资源价值损失—外部环境损害价值的融合①

以钢铁企业为内部生产工艺流程为核算边界，通过内部资源流转价值核算模型，可计算企业资源流转有效利用价值（正制品成本）与资源流转损失价值（负制品成本），使企业资源的内部损失从数量和价值两方面的"黑箱"状态得以透明化；通过外部环境损害价值核算模型可计算资源耗损与废弃物排放的企业外部环境成本，为企业进一步现场生产决策和环境管理提供有用指标，从而进行有针对性的改善。

1）核算与分析模型框架。

为推动企业环境管理，可在核算企业内部资源损失价值的同时核算外部损害价值。就是建立内部资源损失价值和外部环境损害价值融合的一体化核算与分析模型。其基本核算与分析模型框架见图3-23。

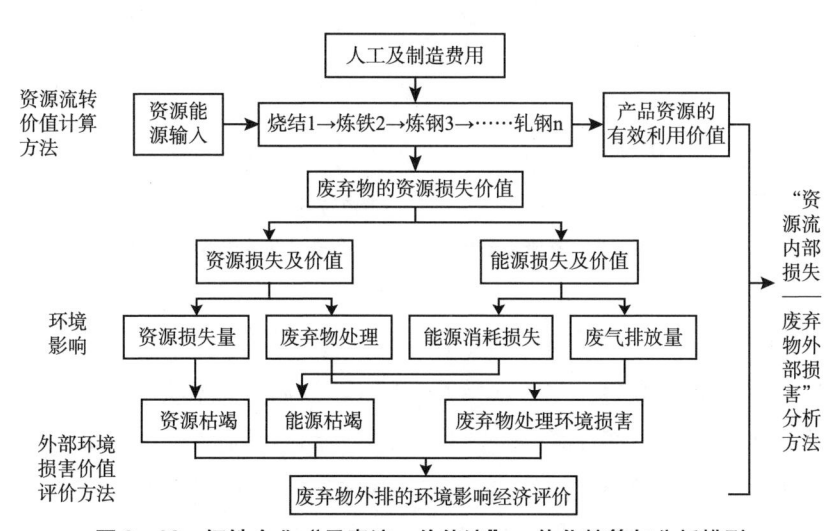

图3-23 钢铁企业"元素流—价值流"一体化核算与分析模型

---

① 内部资源价值损失与外部环境损害价值的融合分析还包括日本材料流转成本会计（MFCA）的基本原理与方法体系，后经国内肖序、周志方、李晓青、金友良等研究者引入、借鉴及改进后，熊菲、郑玲等研究者纷纷予以转引或进一步深入发展。此外，冯巧根、王燕祥、甄国红、邓明君等相关学者也在同期作了相关研究。

采用该核算与分析模型，形成一体化"二维分析"，可应用于钢铁企业生产工艺流程，进行企业内部工艺流程资源"元素流—价值流"诊断与分析，确定各节点（物量中心）资源有效利用价值与废弃损失价值，研究可供技术改善和创新的节点以供企业循环经济和生态文明的决策；还能扩展至钢铁企业生产系统的组织层面，在循环经济方案实施前后进行经济效益对比分析，为企业环境循环管理提供较为有效的依据，进一步可扩展应用于公司业绩评价、目标达成、工艺设备的经济决策和产品工艺设计等多方面。

假设计算结果见图 3-24。

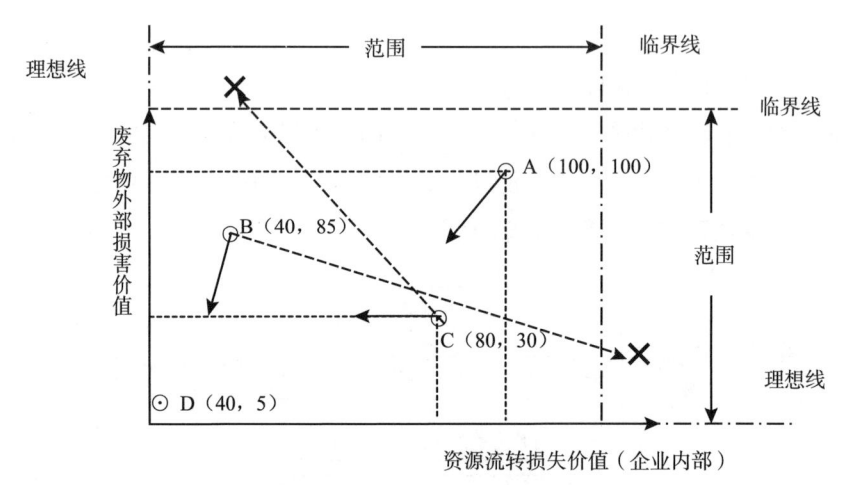

图 3-24 "元素流—价值流"一体化核算结果的决策分析

在钢铁企业资源"元素流—价值流"过程中，依据"内部资源损失价值—外部环境损害价值"核算结果，选择 A、B、C、D 四点典型状态建立矩阵分析图进行模拟分析。A 点内部资源流转损失价值与外部环境损害价值都很大；B 点内部资源流转损失价值较小，而外部环境损害价值较大；C 点内部资源流转损失价值较大，而外部环境损害价值较小；D 点内部资源流转损失价值与外部环境损害价值都很小，趋向于零。应用"资源流转内部损失—废弃物外部环境损害"一体化评价方法，原则上 A、B、C 三点都应该通过循环经济改善向 D 所在区域移动，但由于其价值流的结构特征不同，在进行循环经济决策时需要按照优先确定的原则进行改善。首先是优先确定原则的重点是环境污染严重且未达标的污染排放环节，其改善目标是达标；其次是在环境污染物达标排放的前提下，选择废品率高、废弃物排放量大且处理成本高,导致内部资源成本损失偏大的环节,因为它们的改善潜力较大;最后是根据资金投入程度可将改善方案划分为无费方案、低费方案、高费方案,优先推行前两种方案,以追求资金的使用效率;而对高费方案,则应考虑与环境污染、内部损失较大的相关指标进行对比分析判断,以求达到成本投入与环境效果、经济效益最佳匹配的目的。

因此,钢铁企业可以依据优先原则厘清相关循环经济改善方案实施的顺序。首先,A 节点的技术改善和创新的潜力最大,因为其内部资源损失和外部环境损害都较大,因此优先考虑。其次,对于 B 点,如果仅从企业利润最大化角度考虑,企业自主改进动力不足。但基于国家实施循环经济、生态文明过程中越来越苛刻的环境排放标准,企业如外排超过国家规定标准,则会被有关管理部门实施巨额罚款、停产等惩罚性措施。比如 2013 年 11 月济南市环保局处罚重点废气污染源超标排放企业,济钢集团有限公司因多处违规被处罚,处罚金额高达 47.509 万元[①]。2020 年,山东将对钢铁企业试行超低排放差别化电价政策,未达到超低排放要求的,全部网购电量(含市场化交易电量)实行用电加价政策,最多每千瓦时加价 0.06 元。基于此,企业应首先考虑降低外部环境损害成本,将外部排放量控制在国家规定的标准以下。再次,由于 C 点的内部资源流转损失价值较大,可能会直接影响企业当年财务业绩,最优的方案是让 C 点向左方平移,但实践中 C 点一般在左移的同时向上移,就是降低内部资源损失成本的同时环境损害成本会增加,因此应考虑到钢铁企业在环境标准的约束下适度改善。最后,D 点说明两方面成本都较低,改善后效益提升潜力不大,故为最后考虑对象,但也应长期监控,让它保持不向右方或者是上方移动。

另外,在财政、税收、排污权交易等制度建立之前,B、C 节点可能会沿图中虚线的方向变动,则需要综合考虑内部成本、外部损害及法律法规等刚性约束,在临界线范围内进行多目标的综合决策。如果再考虑到循环经济的废弃物再利用、输入减量化和资源循环利用等因素,分析结论将会向新的层面延伸,形成新的决策图以供分析。

2)核算方法的应用。

(1)依据"元素流—价值流"成本计算方法,计算各物量中心或成本中心

---

① 国际铸业网.天津冶金集团轧三钢铁有限公司因超标排放被罚 45 万元,2020-1-6,https://www.zz361.com/mobile/mp_news.php?act=view&id=10605006&news_type=5.

的内部资源流转价值损失。以某钢铁企业为例，根据钢材产品的生产过程，划分烧结、炼铁、炼钢、连铸和轧钢五个环节，先计算各物量中心投入材料成本、系统成本和能源成本，然后根据分配标准将成本在正、负制品间分配，正制品作为主材料转入下一流程，负制品则变为废弃物处理。通过数据整理和加工，内部资源流转价值损失计算结果如表 3-4 所示：

表 3-4　　　　　X 钢各物量中心内部资源流成本计算　　　　单位：元/月

项目分类	成本项目	烧结	炼铁	炼钢	连铸	轧钢
本物量中心投入	材料成本	2 141 354 652	114 282 466	106 265 684	98 365 145	0
	系统成本	15 456 225	8 342 176	6 244 854	4 565 874	3 048 648
	能源成本	38 572 184	25 384 245	24 645 834	19 584 541	10 254 684
上一物量中心转入	材料成本	0	1 718 115 512	1 154 145 254	1 081 054 974	1 002 690 568
	系统成本	0	10 544 874	14 583 655	18 684 542	19 657 435
	能源成本	0	26 542 156	41 265 843	58 985 551	69 845 486
合计	材料成本	2 141 354 652	1 832 397 978	1 260 410 938	1 179 420 119	1 002 690 568
	系统成本	15 456 225	18 887 050	20 828 509	23 250 416	22 706 083
	能源成本	38 572 184	51 926 401	65 911 677	78 570 092	80 100 170
	合计	2 195 383 061	1 903 211 429	1 347 151 124	1 281 240 627	1 105 496 821
正制品百分比（%）		71	61	81	69	83
负制品百分比（%）		29	39	19	31	17
正制品成本	材料成本	1 520 361 803	1 117 762 767	1 020 932 860	813 799 882	832 233 171
	系统成本	10 973 920	11 521 101	16 871 092	16 042 787	18 846 049
	能源成本	27 386 251	31 675 105	53 388 458	54 213 363	66 483 141
负制品成本	材料成本	6 209 928 491	714 635 211	239 478 078	365 620 237	170 457 397
	系统成本	4 482 305	7 365 949	3 957 417	7 207 629	3 860 034
	能源成本	11 185 933	20 251 296	12 523 219	24 356 729	13 617 029

（2）计算钢铁企业各物量中心的外部环境损害价值。废弃物之 LIME 值乘废弃物量得到废弃物的外部损害价值。

计算结果如表 3-5 所示：

表 3-5　　　　　X 钢各物量中心废弃物外部损害成本计算

废弃物	LIME 值 （日元/千克）	汇率	LIME 值 （元/千克）	烧结 （元/月）	炼铁 （元/月）	炼钢 （元/月）	连铸 （元/月）	轧钢 （元/月）
粉尘	0.938	6.872	0.64	158 478	185 660	115 886	87 256	56 254
CO_2	2 450	6.872	168.36	48 365	32 501	65 697	23 645	11 256
SO_2	1 010	6.872	69.41	498 745	348 363	658 246	558 624	325 457
NO_x	197	6.872	13.54	54 643	48 568	66 898	36 548	23 658
废渣	1.18	0.872	0.08	95 695	109 658	496 565	56 587	68 589
废水	1.18	6.872	0.08	580 365	1 110 466	881 245	569 458	365 489
合计	—	—	—	1 436 291	1 835 216	2 284 537	1 332 118	850 703

（3）对钢铁企业内部资源流转价值损失与外部环境损害价值进行综合比较和分析。

对不同物量中心的废弃物"内部资源流转价值损失—外部环境损害价值"进行比较分析，找出重点改善的成本中心。即对内部资源流转损失价值（材料成本、能源成本和废弃物处理成本等）以及外部环境损害价值（材料使用和废弃物等造成的环境损害成本等）进行综合分析，如表 3-6 所示：

表 3-6　　　X 钢"内部资源流成本—外部损害成本"比较　　　单位：元/月

物量中心	烧结	炼铁	炼钢	连铸	热轧
内部资源流成本	2 195 383 061	1 903 211 429	1 347 151 124	1 281 240 627	1 105 496 821
外部损害成本	1 436 291	1 835 216	2 284 537	1 332 118	850 703
合计	2 196 819 352	1 905 546 645	1 349 175 661	1 282 572 745	1 106 347 524

根据表 3-6，可绘制 X 钢各物量中心"内部资源流成本—外部损害成本"比较图，见图 3-25。

从图 3-25 可以看出，烧结物量中心的内部资源流成本较高，而外部损害成本较低，则公司应该在此环节研究资源节约方案，重点提高资源利用率，提倡节能措施，以降低其内部资源流成本。而炼钢物量中心则表现为内部资源流成本较低、外部损害成本偏高的趋势。说明在此节点，公司实行了节能措施，保证了资源的利用率，但并没有考虑到对环境的损害，企业如果不予以重视，可能会发生环境负债。以此类推，下一步重点改善的就是炼铁环节。对于连铸和热轧物量中心来说，暂时处于不需要调整的状态，但也需要对此进行持续关注。

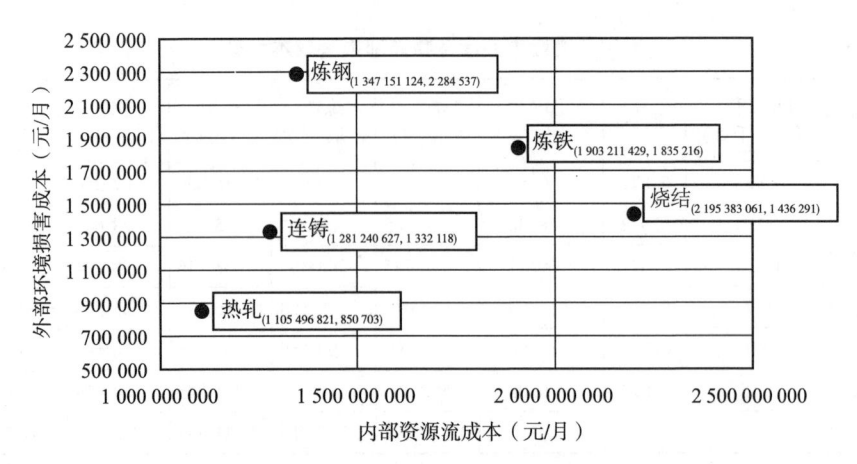

图 3-25　X 钢"内部资源流成本—外部损害成本"比较

另外，可对不同材料、能源所发生的成本动因进行全方位剖析，并追踪至不同的成本项目、成本中心，从而找出企业材料、能源及废弃物成本浪费的重点环节，从而可通过措施改善、挖潜、增效。还可以收集连续的时间序列数据（如前后相邻的几个年度数据或月度数据）进行前后对比分析，评价企业在连续几年内各成本中心或者总体的内部资源流转价值损失与外部损害价值变化发展趋势，以便于企业环境管理评价以及循环经济措施决策。

3.3　"元素流—价值流"评价体系研究

党的十八大指出"建设生态文明，关系人民福祉，关乎民族未来"。钢铁企业发展循环经济正是推进生态文明建设、实现可持续发展的重要途径和基本方式。因此，有必要构建一套科学合理的循环经济绩效测量指标体系，对企业循环经济绩效进行测度，作为创建循环经济先进企业的主要依据，并为企业推行循环经济提供技术指导。目前，国内外主要着力于对循环经济发展水平、发展现状的评价，且对于循环经济发展的评价主要集中在国家和区域两个方面，在微观层面的企业循环经济发展研究还处于初步发展阶段。从研究的逻辑依据来看，现有循环经济评价指标主要基于物质流进行研究，重点在对企业中物质流动进行评价，缺乏与之相对应的价值流分析；[104-105] 目前循环经济评价主要采用多因素综合评价的方法，该方法在一定程度上存在人的主观判断对结果的影响，且不能动态地反映循环经济发展潜力挖潜的目标和方向，因此，必须以循环经济评价的核心目的为指导，发展循环经济绩效评价理念，基于企业内部物质流动，绘制其价值流转方向图。同时，在综合国内企业循环经济发展评价指标体系的基础上，从资源消耗、循环、废弃物输出和环保处理四个角度来构建钢铁企业的循环经济绩效测量指标体系，并尝试性地将全排列多边形指标法引入循环经济绩效综合测量中，为改善循环经济绩效提供建议。

3.3.1 评价的目标

对钢铁企业循环经济的"元素流—价值流"进行评价是钢铁企业循环经济"元素流—价值流"研究从理论到实际操作的一个重要阶段，通过评价应达到以下目标：

（1）对钢铁企业循环经济的"元素流—价值流"发展状况进行评估。通过评价来反映钢铁企业循环经济发展程度和企业"元素流—价值流"分析的有效性，为企业管理部门、政府有关部门和社会公众了解循环经济发展状况提供科学的判断依据。

（2）动态监测钢铁企业循环经济的"元素流—价值流"发展态势。通过长期对钢铁企业循环经济的"元素流—价值流"相关指标体系的研究，全面准确地反映其发展变化态势，掌握相关的数据，寻找可以改善的损失点及其变化的因素，及时进行调整优化，促进其趋于良性稳定的发展。

（3）为管理决策提供可供参考的依据。通过评价，可以了解钢铁企业循环经济的"元素流—价值流"发展现状，为企业管理部门制定决策、政府有关部门进行宏观调控提供可供参考的科学依据。钢铁企业循环经济的"元素流—价值流"评价不仅为企业管理者，也为各级政府、有关部门乃至社会公众在推进社会生态文明、循环经济建设过程的决策提供了不可或缺的参考工具。

3.3.2 原则与依据

钢铁企业的"元素流—价值流"评价指标体系从技术上来说包括材料、能源消耗和综合利用、环境排放方面的指标，从经济的角度来说涉及伴随元素流的价值流相关的成本、效益、损失等众多指标。

1. 构建的原则

（1）体现循环经济"3R"原则。3R 原则是评价循环经济的基本原则，对钢铁企业"元素流—价值流"的评价必须遵循 3R 原则的要求，并使之具体化，设立指标。"减量化"原则代表较少的原料和能源的投入相关的指标，"再利用"原则代表与材料、能源的二次使用相关的指标，"再循环"原则是与废弃物的原级、次级再循环相关的指标。因此，钢铁企业的"元素流—价值流"评价指标必须准确、全面地反映循环经济的上述原则。

（2）科学性和可比性。科学性主要体现在理论与时间相结合，指标的选取既要以循环经济"元素流—价值流"理论为依据，又要反映钢铁企业的客观实际情况。评价的方法、采取的模型都要必须是客观的抽象描述。且指标的选择应注重时间、地点和范围的可比性，使之能够反映被评价对象的共同属性。

（3）系统性和层次性。钢铁企业"元素流—价值流"评价是一个复杂的系统工程，需要多个相互联系和相互制约的指标进行科学的测度。企业在资源、经济之间协调发展的程度和特征都应在指标体系中完整体现，而各指标之间有反映不同侧面的相互制约关系的横向联系，也有反映不同层次之间的包含关系的纵向关系。因此，同层次指标之间需要尽可能地界限分明，避免有内在联系的指标相互交叉，指标要有很强的系统性和层次性。

（4）突出元素流和价值流指标。评价钢铁企业循环经济的"元素流—价值流"追求的是在循环经济的背景下，企业资源环境与经济的和谐发展，即"有循环有经济"，由此推动生态文明、和谐社会的发展。因此，评价必须重点突出技术性角度的元素流指标和经济性角度的价值流相关指标。

（5）标准、政策相关性。钢铁企业循环经济发展水平、发展模式都存在一定的差异，其产业的发展不断改进，不同时期有不同的变化，但也存在一定的共性。在相关的指标体系中，也应考虑国家和地方制定的相关循环经济、清洁生产标准、政策的资源利用、环境改善等指标。

2. 构建的依据

钢铁企业循环经济"元素流—价值流"是建立在循环经济、环境会计、工业生态学等相关理论基础上的，评价指标体系的构建主要依据国家制定的循环经济评

第3章 工艺流程的"元素流—价值流"管理研究

价体系、清洁生产评价指标体系和成本效益分析等。循环经济评价指标体系主要用于评价社会与工业园区循环经济发展状况,清洁生产评价指标体系主要用于评价钢铁企业生产过程与工艺水平,成本效益分析主要是针对某项支出目标,提出若干实现该目标的方案,运用一定的技术方法,计算出每种方案的成本和收益,通过比较方法,并依据一定原则,选择出最优的决策方案。[106-107] 在充分吸收、借鉴上述三种分析评价的核心思想的基础上,结合钢铁企业循环经济"元素流—价值流"分析的理论和实践成果,构建钢铁企业循环经济"元素流—价值流"评价指标体系。

3.3.3 指标的构成

1. 指标层次结构

指标体系(indication system,IS)指的是若干个相互联系的统计指标所组成的有机体,它的建立是进行预测或评价研究的前提和基础,它是将抽象的研究对象按照其本质属性和特征的某一方面的标识分解成为具有行为化、可操作化的结构,并对指标体系中每一构成元素(即指标)赋予相应权重的过程。是以循环经济为指导,结合工业生态学、环境会计等理论的相关知识,以"元素流—价值流"理论为基础,构建基于循环经济的钢铁企业"元素流—价值流"评价指标体系,见图3-26。

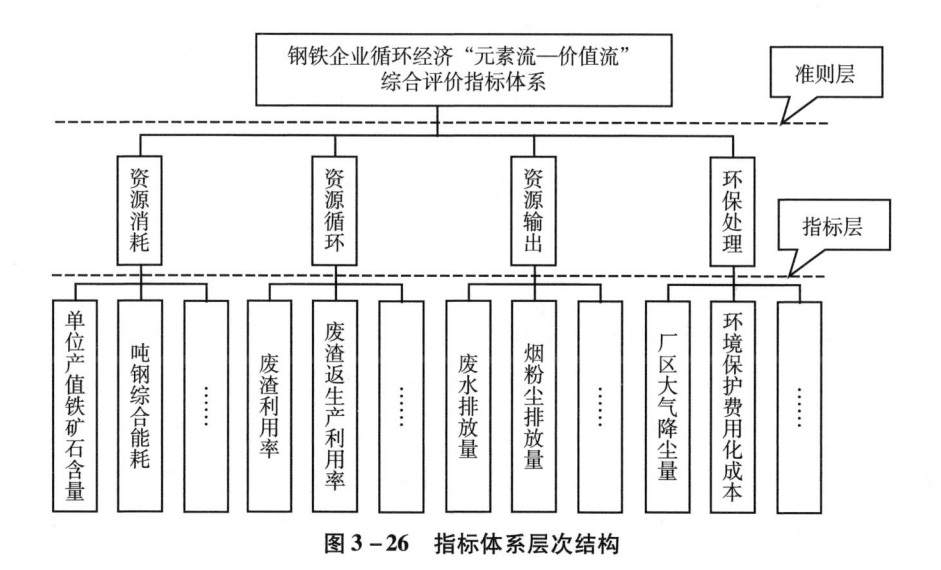

图3-26 指标体系层次结构

根据循环经济的本质特征和钢铁企业"元素流—价值流"评价的目标,选择资源消耗、资源循环、资源输出和环保处理四个功能集指标,即准则层,每一功能集指标又由一组基本指标或综合指标构成。因此,准则层的选择,决定了钢铁企业循环经济"元素流—价值流"评价指标体系的结构框架,关系到指标体系的合理与否以及下一层次的基本指标或综合指标。必须了解钢铁企业循环经济"元素流—价值流"系统的结构、功能和特点等,这是确定基本评价指标的基础,还需要对企业循环经济发展的目标进行了解,这是选择评价功能集的基础。

指标之间不是孤立的,准则层之间是互相联系的协同合作关系,从元素流和价值流两方面来进行设计,使之能从不同角度共同反映钢铁企业循环发展水平。资源消耗、资源循环、资源输出和环保处理四个功能集指标体现了循环经济发展原则,其中,资源消耗即企业产品生产的入口环节,主要应包括原料、能源、水资源等投入的物料量等成本指标,体现了减量化原则;而资源循环阶段则表示企业资源的流转和循环阶段,主要是包括资源的生产率和内部循环利用率等,体现了资源的再利用原则;而废弃物输出和环保处理阶段则包括废弃物的排放量、处置成本等,体现了再资源化的原则。四者之间的关系见图3-27。

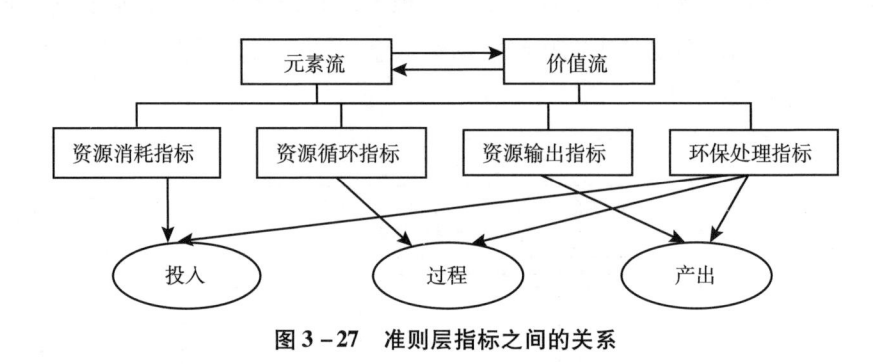

图 3-27 准则层指标之间的关系

2. 指标的选取

以资源价值流转的两种不同形态(元素流和价值流)、两种不同流向(正向和负向)以及两种转化(正制品和负制品)为基本依据,在企业生产流程的过程中,找出并追踪其资源价值流,以此来确定资源消耗、循环、废弃物输出与环保处理四类指标体系。分析其价值流运动过程,可将钢铁企业生产过程分为四个典型阶段:资源消耗、资源循环、废弃物输出和环保处理阶段,分析其资源实物

第3章 工艺流程的"元素流—价值流"管理研究

量,获取相对应的价值量和环境影响的数据,以此来构建钢铁企业循环经济绩效测量指标体系。[108-109] 其中,"+"表示该指标是正向型指标,表示指标值越大越好,"-"是负向型指标,表示指标值越小越好,如表3-7所示。

表3-7 钢铁企业循环经济"元素流—价值流"的绩效测量指标体系

目标层 (一级指标)	准则层 (二级指标)	指标层 (三级指标)	单位	指标类型
钢铁企业循环经济发展绩效测量指标（A）	资源消耗 B1	单位产值铁矿石投入量 C1	t/万元	-
		吨钢综合能耗 C2	%	-
		吨钢耗新水 C3	t/t-s	-
		钢材综合价值损失率 C4	%	-
		钢铁内部资源价值与外部环境损害价值比 C5	%	+
	资源循环 B2	废渣综合利用率 C6	%	+
		废渣返生产利用率 C7	%	+
		工业用水重复利用率 C8	%	+
		铁资源内部循环利用率 C9	%	+
	废弃物输出 B3	废水排放量 C10	t/t-s	-
		烟粉尘排放量 C11	kg/t-s	-
		SO_2 排放量 C12	kg/t-s	-
		COD 排放量 C13	kg/t-s	-
		油排放量 C14	g/t-s	-
	环保处理 B4	单位产出外部损害价值 C15	t/万元	-
		厂区大气降尘量 C16	t/km²·月	-
		环境保护费用化成本 C17	亿元	-
		环境保护资本化成本 C18	亿元	-

指标的具体内涵如下:

1)资源消耗指标——主要评价钢铁企业资源消耗及初始资源投入情况。

(1)单位产值铁矿石投入量。

单位产值铁矿石投入量是指钢铁企业在生产中年消耗铁矿石的投入量与企业当前总产值之比,即每创造1万元产值所消耗的铁矿石投入量。计算公式:单位产值铁矿石投入量(t/万元)=消耗铁矿石投入量(t)/工业总产值(万元)。

(2) 吨钢综合能耗。

钢铁企业每生产 1 吨钢的能源消耗量折合的标准煤量，包括用于生产、生活的电力、煤炭、蒸汽等能源消耗（包括生产降温、取暖用能）、能源输送过程中的损耗等，各种能源均按国家统计局规定的折合系数折成标准煤计算。

(3) 吨钢耗新水。

钢铁企业每生产 1 吨钢所消耗的工业用新鲜水量。钢铁企业是用水大户，工业用新鲜水量是指企业厂区内用于生产、生活的新鲜水量（生活用水单独计量且生活污水不与工业废水混排的除外），等于企业从城市自来水取用的水量和企业自备水用量之和。

(4) 钢材综合价值损失率。

钢铁企业"元素流—价值流"过程中，资源综合价值损失量（负制品损失额）占钢铁产品价值总额的比重（包括正制品、负制品价值总和）。其中，循环经济的废弃物再利用和回收效益以负成本表示，作为分子减项列出。

(5) 钢铁内部资源价值与外部环境损害价值比。

钢铁企业内部资源价值与外部环境损害的比率。内部资源流价值是以元素流分析为基础进行的相应的价值核算，而外部环境损害价值则由 LIME 计算所得。

2）资源循环指标——主要评价钢铁企业内部资源流的循环、利用及价值损失情况。

(1) 废渣综合利用率。

废渣综合利用率是指废渣回收利用量与废渣总产生量之间的比率。废渣是指钢铁生产过程中产生的高炉渣、化铁炉渣、转炉钢渣、电炉钢渣、铁合金炉渣和尾矿等。

(2) 废渣返生产利用率。

废渣返生产利用率是指废渣经过回收之后返回到生产环境的利用量与废渣总产生量之间的比率。

(3) 工业用水重复利用率。

工业用水重复利用率是指工业重复用水量占工业用水总量的比率。工业重复用水量是指钢铁企业生产用水中重复利用的水量，包括循环使用、一水多用和串级使用的水量（含经处理后回用量）。工业用水总量是指企业厂区用于生产、生活的用水总量，等于工业用新鲜水量与工业重复用水量之和。

(4) 铁资源内部循环利用率。

铁资源内部循环利用率指的是钢铁企业生产过程中铁资源内部循环利用量占铁资源投入总量的比率。依据"元素流—价值流"的相关原理可知，该指标分子为生产过程中或废弃物处理中回收利用并返回生产的资源中的含铁量，分母也相应为铁资源的折算含铁量。

3) 废弃物输出指标——主要评价钢铁企业废弃物排放方面的指标。

(1) 废水排放量。

废水排放量指的是每生产1吨合格钢水外排的废水量。循环经济废水排放量更明确是指回收利用和废弃物处理中心处理后最终向自然环境排放的总量。下同。

(2) 烟粉尘排放量。

烟粉尘排放量是指每生产1吨合格钢水外排粉尘量。

(3) SO_2 排放量。

SO_2 排放量是指每生产1吨合格钢水外排废弃中的 SO_2。

(4) COD 排放量。

COD 排放量是指每生产1吨合格钢水外排废弃中的 COD 量。化学需氧量 COD (chemical oxygen demand) 是以化学方法测量水样中需要被氧化的还原性物质的量。

(5) 油排放量。

油排放量是指每生产1吨合格钢水外排废弃中的石油类量。

4) 环保处理指标——主要评价钢铁企业废弃物处置方面的指标。

(1) 单位产出外部损害价值。

在钢铁产品的供应、生产、销售、回收和处置等环节中造成的空气、水、噪声、固体废弃物污染，以及开采利用自然资源造成的生态破坏等不良环境影响。

(2) 厂区大气降尘量。

在空气环境条件下，钢铁企业生产厂区内靠重力自然沉降在集尘缸中的颗粒物量，是反映大气尘粒污染的主要指标之一。

(3) 环境保护费用化成本。

指企业为维护、治理和改善环境所发生的各项人、财、物等消耗的，且不会在未来带来经济利益或与未来企业收益没有密切联系的环境成本。

(4) 环境保护资本化成本。

指企业为维护、治理和改善环境所发生的各项人、财、物等消耗的，且可能在未来带来经济利益或与未来企业收益有密切联系的环境成本。环境保护成本资本化，就可以通过分期摊销转移到产品成本中，对产品的定价产生直接的影响。

3.3.4 方法与模型

1. 综合评价方法的选择

国内外研究者一直在积极探讨多种综合评价方法对国家、区域和企业的循环经济绩效进行评价，包括以下内容：①灰色系统评价，是基于企业循环经济评价"灰色"或"信息不完全"的假定，将灰色关联度纳入指标体系评价；②多元统计分析，主要是主成分分析法和因子分析法；③数据包络分析，基于运筹学的复杂模型，分析多个输入和输出的多目标决策问题；④人工神经网络，即模拟人脑的神经网络工作原理，建立能够"学习"的模型，并能积累和充分利用经验性知识，从而使求出的最佳解与实际值之间的误差最小化。但这些方法都存在一定的缺陷，为弥补传统方法的不足，拟采用全排列多边形法。此方法简单易行，结果简洁直观，无需确定各指标权重，一定程度上避免了传统方法的主观随意性。[110]

2. 全排列多边形评价模型的构建

1）定义。

假设标准化后的值共有 n 个指标，以这 n 个指标的上限值为半径构建一个中心 n 边形，将各指标值连线，从而构成一个不规则中心 n 边形，其顶点是 n 个指标的一个首尾相接的全排列，n 个指标总共可构成不同的不规则中心 n 边形 $\frac{(n-1)!}{2}$ 个，所有这些不规则多边形面积的均值与中心多边形面积的比值即为综合指数。[111]

2）指标值标准化方法。

指标值标准化采用双曲线标准化函数：

$$F(x) = \frac{a}{bx + c} \qquad (3-16)$$

$F(x)$ 满足以下条件：$F(x)|_{x=L} = -1$，$F(x)|_{x=T} = 0$，$F(x)|_{x=U} = 1$。

上式中，U 为指标 x 的上限，L 为指标 x 的下限，T 为指标 x 的阈值。根据上面 $F(x)$ 满足的 3 个条件，可以得出以下公式：

第3章 工艺流程的"元素流—价值流"管理研究

$$F(x) = \frac{(U-L)(U-T)}{(U+L-2T)x+UT+LT-2LU} \qquad (3-17)$$

F(x) 的特点可以证明，当 $x \in [L, U]$ 时，F(x) 有如下性质：

(1) F(x) 有意义，即在定义区间无奇异值；
(2) $F'(x) \geq 0$；
(3) 当 $x = (U+L)/2$ 时，$F'(x) = 0$，这时 F(x) 为线性函数；
(4) 当 $x \in (T, U)$ 时，$F''(x) > 0$；
(5) 当 $x \in (L, T)$ 时，$F''(x) < 0$；
(6) 当 $x = T$ 时，$F''(x) = 0$。

由上述 F(x) 性质可见，标准化函数 F(x) 把位于区间 [L, U] 的指标值映射到 [-1, +1] 区间。且指标的增长速度因映射后的值发生了变化。当指标值处于阈值以下时，标准化后的指标增长速度逐渐降低，当指标处于阈值以上时，标准化后的指标增长速度逐渐增加，即没有标准化以前的指标是沿 x 轴线性增长，标准化后变为快—慢—快的非线性增长方式，其增长速度的转折点为阈值。

对第 i 个指标，标准化计算公式如下：

$$S_i = \frac{(U_i - L_i)(X_i - T_i)}{(U_i + L_i - 2T_i)X_i + U_iT_i + L_iT_i - 2U_iL_i} \qquad (3-18)$$

可将 n 个指标作为一个中心正 n 变形，此 n 边形的 n 个顶点为 $S_i = 1$ 时的值，而中心点为 $S_i = -1$ 时的值，各指标标准化值所在区间 [-1, +1] 即中心点到顶点的线段，而 $S_i = 0$ 时构成的多边形为指标的临界区。位于临界区的内部区域的部分表示各指标标准化后的值在阈值以下，其值为负，而临界区的外部区域部分则表示各指标标准化后的值在阈值以上，其值为正。见图 3-28。

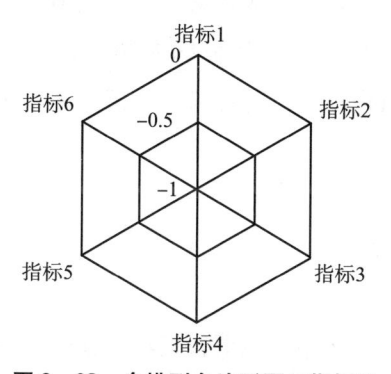

图 3-28 全排列多边形图示指标法

3) 全排列多边形综合指数计算方法。

全排列多边形综合指数计算公式：

$$S = \frac{\sum_{i \neq j}^{i,j}(S_i + 1)(S_j + 1)}{2n(n-1)} \quad (3-19)$$

式中，S 为综合指标值，S_i 为单项指标值。

3.4 "元素流—价值流"决策优化体系研究

从钢铁企业特性出发，结合元素流与价值流耦合机理来看，资源优化决策一方面可以应用系统与决策科学中的优化与决策原理，优化模型及决策分析方法广泛应用于资源及环境经济学、循环经济理论等理论及应用学科中。另外，还可以应用来自自然科学、工程技术科学中的优化决策原理，其主要从数学或工程技术的角度来对某一个研究对象进行优化分析，一般不涵盖经济层面。因此，资源价值的流转优化模型可以从这两个方面入手，兼顾企业工艺流程、内部资源消耗、外部环境保护及财务经济绩效等众多方面，综合考虑上述两种优化原理进行融合分析，从而使企业资源、环境及经济等各方面约束下的综合效益最大化。从企业内部层面的资源价值流转优化过程来看，企业作为利益最大的主体，其环境决策的选择，首先考虑到其成本效益分析。一方面，企业在延伸生产工艺链条或增加流程循环条件下，资源或废弃物的内部循环会提高企业经济附加值或利润；但另一方面，受技术经济合理性的限制，过高的资源闭路循环将显著增加成本，降低利润。短期来说，企业的环境投入成本增大，分配到"元素流—价值流"的成本增大，使得企业短期收益降低，但从长远来看，企业收益呈不断上升趋势。因此，这就需要对资源的价值循环进行计算、分析，进而评估其经济可行性，以决定最优的资源循环线路。

3.4.1 决策优化特点

传统意义上的企业经营决策，只要投资项目存在收益，则这个方案就具有可行性。但随着经济社会的发展和环境的日益恶化，这种优选方法已经不适于当代。企业在进行决策分析时，除了要考虑经济效益因素外，还需要考虑社会经济、环境等难以用货币信息进行衡量的因素。其特点包括以下内容：

（1）决策依据复杂化。决策分析突破以往以财务指标为唯一依据的思路，需要综合考虑经济、环境、元素流和价值流等多方面的因素和指标。

（2）决策计量模式多样化。决策时除考虑到货币的计量模式以外，还需要综合考虑其环境效益和经济效益，以及非货币性的环境外部损害的计量模式。

（3）决策方案评价时间长期化。与其他投资不同的是，企业关于循环经济"元素流—价值流"的技术改善和创新设备的投资回收期可能较长，因此对方案进行评价时间范围要长期化，从产品生命周期的角度去分析和评价。

（4）决策评价信息多元化。要求企业正确评估因采取循环经济措施带来的税收优惠，以及因环境损害和外排带来的巨额罚款等惩罚措施相关的信息。

3.4.2 决策方法选取

钢铁企业"元素流—价值流"管理所面临的问题是，如何同时降低内部资源流成本和外部损害成本。要回答这一问题，需要在环境效益和经济效益之间找到一个平衡点，从而实现企业循环经济的发展。考虑到钢铁企业"元素流—价值流"的决策，必须把环境参数纳入考虑范畴，在进行决策时，充分考虑到钢铁企业"元素流—价值流"成本因素的影响，尽可能降低投资风险；另外，除了考虑传统的财务目标外，还需要对实施项目可能降低的外部环境损害进行综合考量，使得企业决策真正全面，具有科学性和合理性。层次熵分析法可以根据钢铁企业发展循环经济的实际情况和具体目标设定相关综合评价指标，进行科学的评价，将多个决策指标的决策合并为一个综合性的决策值。考虑运用层次熵分析法，建立钢铁企业"元素流—价值流"成本决策模型，以提高价值流成本的决策水平，在有效控制内部资源流成本的同时有效降低环境外部损害成本，降低钢铁企业"元素流—价值流"成本。

1. 层次熵分析法的基本原理

传统决策中采用的层次分析法，是一种系统工程的方法，可将非定量的事物定量分析进行评价决策，具有可靠性强的优势，但当采用专家咨询法时，由于该法容易产生循环导致不能满足传递性公理，标度把握不准有可能丢失部分有用信息，因此，引入熵技术来修正这一缺陷。其步骤是用层次分析法（AHP法）确定指标的模糊权重，利用决策矩阵提供的信息，进一步用多目标决策中熵技术修正决策者先前决定的优先权重，以获得相对准确的指标权重。[112] 在深入分析实际问题的基础上，进行综合评价决策。

2. 方法介绍

（1）构建判断矩阵。

将每个评价指标关于某个评价目标的重要程度作两两比较得到判断矩阵：$A = (a_{ij})_{m \times m}$，式中：$\alpha_{ij}$表示据如表3-8所示确定的比较标度，其形式如下：

$$A = \begin{bmatrix} a_{11} & a_{12} & a_{13} & \cdots & \cdots & a_{n1} \\ a_{21} & a_{22} & a_{23} & \cdots & \cdots & a_{n2} \\ \cdots & \cdots & \cdots & \cdots & \cdots & \cdots \\ a_{n1} & a_{n2} & a_{n3} & \cdots & \cdots & a_{nn} \end{bmatrix}$$

表3-8　　　　　　　　　判断矩阵评判标度

标度	定义	说明
1	两个元素同样重要	判断矩阵的主对角线元素为1
3	i元素比j元素稍重要	
5	i元素比j元素较重要	$\alpha_{ij} = 1/\alpha_{ji}$或$\alpha_{ji} = 1/\alpha_{ij}$
7	i元素比j元素明显重要	
9	i元素比j元素十分重要	此为两元素间最高差别
2、4、6、8	上述两相邻判断的中间值	

（2）计算权重向量。

用和积法对矩阵A的各列向量进行归一化，得到标准矩阵$B = (b_{ij})_{m \times m}$，其中$b_{ij} = \dfrac{a_{ij}}{\sum\limits_{i=1}^{m} a_{ij}}$（$i, j = 1, 2, \cdots, m$）；然后按行求和，归一化，所得的列向量$w = (w_1, w_2, \cdots, w_m)^T$，即为矩阵的特征向量，其中$w_i = \dfrac{1}{m} \sum\limits_{j=1}^{m} b_{ij}$（$i, j = 1, 2, \cdots, m$）。

进一步计算矩阵 A 的最大特征根：$\lambda_{max} = \sum_{i=1}^{m} \frac{(Aw)_i}{mw_i}$，其中 $(Aw)_i$ 表示 Aw 的第 i 个元素；一致性指标 $CI = \frac{\lambda_{max} - m}{m - 1}$，检验系数 $CR = \frac{CI}{RI}$，其中 RI 为平均一致性指标，可如表3-9所示得到；从而对矩阵 A 进行一致性检验。一般若 CR<0.1，可认为判断矩阵 A 具有满意的一致性，w 为其相应的权重向量；若 CR≥0.1，需对判断矩阵 A 进行修正，使其具有满意的一致性。

表3-9　　　　　　　　　平均随机一致性指标

阶数	1	2	3	4	5	6	7	8	9	10
RI	0	0	0.58	0.90	1.12	1.24	1.32	1.41	1.45	1.49

(3) 判断矩阵的修正。

对于一致性不满意的判断矩阵，按下述步骤对其进行修正：

步骤1：求出判断矩阵 A 的导出矩阵 $C = (c_{ij})_{m \times m}$ 及偏差矩阵 $D = (d_{ij})_{m \times m}$，其中 $c_{ij} = \frac{b_{ij}}{w_{ij}}$，$d_{ij} = c_{ij} - 1$；并找出偏差矩阵 D 中绝对值最大的元素 d_{ij}。

步骤2：当 $d_{ij} > 0$ 时，若 $\alpha_{ij} > 1$，则令 $\alpha_{ij}^* = \alpha_{ij} - 1$；若 $\alpha_{ij} < 1$，则令 $\alpha_{ij}^* = \frac{a_{ij}}{a_{ij} + 1}$；当 $d_{ij} < 0$ 时，若 $\alpha_{ij} > 1$，则令 $\alpha_{ij}^* = \alpha_{ij} + 1$，若 $\alpha_{ij} < 1$，则令 $\alpha_{ij}^* = \frac{a_{ij}}{1 - a_{ij}}$。

步骤3：令 $\alpha_{ij}^* = \frac{1}{a_{ij}}$，对于判断矩阵 A 其他位置的元素保持不变，构造矩阵 $A^* = (a_{ij}^*)_{m \times m}$。

步骤4：对矩阵 A^* 进行一致性检验，若矩阵 A^* 具有满意一致性，计算其相应的权重向量 w；若矩阵 A^* 不具有满意一致性，按上述步骤继续对矩阵 A^* 进行修正，直到其具有满意一致性为止。

(4) 权重向量 w 的修正。

通过熵技术对由层次分析法得到的权重向量进行修正，是解决丢失部分有用信息的有效途径。[113] 其具体步骤如下：

步骤1：根据标准矩阵 $B = (b_{ij})_{m \times m}$，计算第 j 个指标 x_j 的输出熵：$E_j = -K \sum_{j=1}^{m} b_{ij} \ln b_{ij} (j = 1, 2, \cdots, m)$，其中常数 $K = (\ln m)^{-1}$；

步骤 2：求指标 x_j 的偏差度 d_j：$d_j = 1 - E_j (j = 1, 2, \cdots, m)$；

步骤 3：计算指标 x_j 的信息权重 μ_j：$\mu_j = \dfrac{d_j}{\sum\limits_{j=1}^{m} d_j}$ $(j = 1, 2, \cdots, m)$；

步骤 4：利用信息权重 μ_j 修正由层次分析法得到的权重向量 w，得到 $\lambda_j = \dfrac{m_j w_j}{\sum\limits_{j=1}^{m} m_j w_j}$ $(j = 1, 2, \cdots, m)$。

(5) 结果与讨论。

通过上述步骤得到各指标较为合理的权重向量 $\lambda = (\lambda_1, \lambda_2, \cdots, \lambda_m)^T$。若备选方案在各目标下的属性值难以量化时，通过在各目标下不同方案的两两比较，求得每个目标下各方案的优劣性，再计算各方案总体的优劣性，根据总体优劣性的大小对方案进行排序。

3.4.3 决策方法应用

上节分析中发现钢铁厂的各生产物量中心铁矿石的元素流中，铁矿石没有得到充分的循环，导致钢铁产品废弃物"内部资源价值流成本—外部环境损害成本"较大，其中以烧结环节最甚。为解决这一问题，下面以某钢铁厂的烧结技术改造方案选取为例，采用层次熵分析法建立决策模型，对技术改造方案进行分析评价，以论证决策模型在钢铁企业"元素流—价值流"决策管理中的应用成效。

由于受不可控因素的影响，不同技术改善或创新方案也不尽相同，因此，可建立多个预选方案，通过决策模型来进行分析比较。因此根据技术部门所做的市场调查结果在众多可选方案中选取了 5 种方案作为备选，分别是脱硫技术改造、热风烧结、采用球团竖炉处冷却器、推广厚料层烧结和溶剂熟料化。根据这 5 种方案的特性，选取下列 5 个指标作为选择模型的影响因素：实施难易程度、方案成本效益分析、实施效果、外部损害成本、内部资源流成本。

(1) 首先由公司决策层经过讨论，根据 5 种影响因素的相对重要性给出判断矩阵 A，如表 3 - 10 所示。

表 3-10　　　　　　　　　　相对重要性判断矩阵

影响因素	因素 1	因素 2	因素 3	因素 4	因素 5
因素 1	1	6	4	5	2
因素 2	1/6	1	1/2	1/2	1/4
因素 3	1/4	2	1	1/2	1/4
因素 4	1/5	2	2	1	1/3
因素 5	1/2	4	4	3	1

由于采用本征向量法求解 n 维联立方程组，在 n≥3 的情况下计算会比较麻烦，在此可采用 Saaty 给出的求 λ_{max} 近似值的方法来进行求解。可求得判断矩阵的最大本征值 $\lambda_{max}=5.125$，小于 5 阶矩阵的临界本征值 5.45。

（2）一致性检验。

求得判断矩阵的一致性指标 $CI=(\lambda_{max}-n)/(n-1)=0.031$，根据表 3-10 可知 $RI=1.12$，故 $CR=CI/RI=0.0281<0.1$。

上述给出的矩阵满足一致性检验，W_i 列各值为各因素所求权值。

（3）熵修正。

通过修正后得到各指标较为合理的权重向量 $\lambda=(\lambda_1,\lambda_2,\cdots,\lambda_m)^T$。

（4）方案排序。

再由公司技术部门和管理层对 5 种方案的每种属性分别打分，对全部评分集的所有因素的分值进行集结并求其均值，得到 5 种方案的属性值矩阵如表 3-11 所示。

表 3-11　　　　　　　　　　属性值矩阵

影响因素	材料 1	材料 2	材料 3	材料 4	材料 5
因素 1	3.8	5.0	3.4	3.8	3.2
因素 2	9.2	8.6	9.0	8.8	8.8
因素 3	3.4	6.0	4.8	4.0	4.6
因素 4	8.8	7.2	5.0	5.8	6.6
因素 5	3.0	4.2	6.6	6.2	7.6

根据公式 $C_i=\sum_{t=1}^{n}w_iZ_{ij}$ 求出每种原材料的综合指标，并对方案进行排序，其

计算结果如表 3-12 所示。

表 3-12　　　　　　　　　　方案优先顺序

项目	方案 1	方案 2	方案 3	方案 4	方案 5
C_i	4.463	5.346	4.960	5.038	5.313
优先顺序	5	1	4	3	2

由上述计算可知，对烧结"元素流—价值流"分析影响重大的因素依次为，方案成本效益分析、内部资源流成本、外部环境损害成本、实施效果、实施难易程度。

由上述计算结果如表 3-12 所示可知，综合分析方案成本等 5 种影响因素后的最终优选方案是选取热风烧结作为首选方案。采用层次熵分析法构建决策模型，按照现代管理理论的管理思路，将 5 种备选方案进行优劣排序，从而选取最科学、最合理的方案。通过构建钢铁企业"元素流—价值流"决策模型，能够更加正确有效地为钢铁企业循环经济"元素流—价值流"管理提供决策依据，以保证企业的可持续发展。

3.5 "元素流—价值流"控制体系研究

钢铁企业循环经济"元素流—价值流"分析的最终目的是对企业环境成本进行有效管理和控制，从总体上降低循环经济"元素流—价值流"成本，提高资源使用效率，降低对环境的污染，使得企业相关环境决策最优化，有利于钢铁企业循环经济战略的实施。

3.5.1 控制的动因分析

1. 循环经济发展要求

循环经济的"3R"原则对企业"元素流—价值流"成本控制提出了更高的要求。"减量化"是对输入端的要求，旨在资源输入最小化。资源输入最小化降低了企业生产成本，同时也降低了"元素流—价值流"成本。但要实现资源输入最小化，企业需要改善现有生产工艺流程，进行设备更新，或将废弃物重新利用作为原料，因此可能增加因设备购置所导致的折旧费用等。"再利用"这一过程性要求，对钢铁企业而言指的是下游工序的废料可以返回上游工序进行材料再利用，譬如钢铁冶金工程将含铁尘泥进行回收利用，从而降低了废弃物成本，节约材料成本，但因此可能产生相应的处理和修理成本。"再循环"是输出端要求，要求产品完成使用功能后回收和综合利用，对钢铁企业而言则是将废钢、余热和余气等进行再循环。这可以降低"元素流—价值流"成本，但可能发生相应的废弃物回收和处置成本。

2. 政府压力

随着对循环经济了解的加深，人们逐渐认识到必须采取具体的环境保护措施，才能够保护环境，促进循环经济的发展，即必须促使企业进行环境保护投入，将外部环境成本内在化。然而企业的目的是追求价值最大化，它们不会自觉进行环保投入，这就需要政府在推行循环经济过程中发挥重要作用，除了从国家财政加大环保投入和环保技术开发外，主要是通过环境控制政策来协调微观企业经济行为和宏观环境控制。宏观环境政策有很多分类方法，大体可以分为两种：一是市场行为，包括创建市场，即创建土地和其他自然资源的私有土地产权，利用市场，如排污收费、押金和环境税等；2015年1月1日，被称为"史上最严"的新环保法正式实施，钢铁企业面临着新的考验。对照国家新标准，许多钢铁企业的环保装备水平或过程控制还不能达标。二是通过传统的控制，包括直接颁布生产技术标准、排放物质禁令等，如《钢铁产品生产生命周期评价技术规范》、《钢铁工业污染物排放标准》等。三是推行公众参与，包括信息公开、贴标和社区参与等形式。2013年7月国家环保部出台《国家重点监控企业自行监测及信息公开办法》（试行），要求重点企业要开展自行监测、公开监测结果；设立"环保公众开放日"，接受现场监督，接受社会监督。多家钢铁企业被列入环境信息公开重点企业名单。2019年5月，生态环境部、发展改革委、工业和信息化部、财政部、交通运输部五部委联合印发《关于推进实施钢铁行业超低排放的意见》，明确了推进实施钢铁行业超低排放工作的总体思路、基本原则、主要目标、指标要求、重点任务、政策措施和实施保障。

为了满足循环经济发展模式下政府部门颁布的各项环境政策和措施，企业必将发生各项环境成本，考虑到环境成本的投入和经济效益的双重问题，客观上需要进行循环经济"元素流—价值流"控制。

3. 市场压力

除了政府的宏观环境政策压力外，市场压力对企业进行环境成本控制的影响很大。主要包括两个方面：一是商品市场，绿色消费和绿色产品的概念已经逐渐深入人心，消费者在购买商品时已经越来越关注于此，环境友好型企业也成为消费者日益青睐的对象。国际贸易中的"绿色壁垒"也逐渐兴起，包括环境技术标准、绿色卫生检查制度等，如国际质量ISO9001、环境ISO14001和职业安全GB/T28001管理标准等"绿色通行证"。二是资本市场，随着资本市场的日益完善，对环境友好、极少因经营活动发生巨额环境赔偿支出可能性的企业更加有信心。

4. 企业压力

从企业自身的发展来看，随着环境问题的日益重要，环境成本管理已经被纳入企业成本管理的范畴，企业制定整体战略必须考虑价值流成本的管理。为加强成本管理，必须涉及价值流成本的核算与控制，这样企业管理者才能对环境政策实施效果进行投入效益评估，对其结果进行评价，使得企业循环经济得到可持续发展。中国的钢铁工业面临着国内外需求疲软、价格低迷和产能过剩的多重压力，2010年便已进入微利时代。与此同时，钢铁企业作为资源、能源消耗和环境污染的大户，还面临着来自资源、能源环境的巨大压力。为了缓解环境压力和应对行业低迷局势，企业必须主动进行循环经济的有益探索。

2011年9月，国际标准化组织环境管理标准技术委员会（ISO/TC207）发布的《环境管理—物质流成本会计——一般框架》，重点对物质流成本会计的概念定义、目标和原则、基础要素和实施步骤等进行了规定和要求。国际标准组织还陆续发布了ISO14000环境管理标准体系，对于企业来说，只有获得了ISO14000，以及满足ISO14051、ISO14052的一系列认证，才符合可持续发展的长期战略，不仅可以获得特定市场的准入许可，还可树立良好的企业形象。在实现这一目标的过程中，除了必要的认证费用以外，也会发生相应的成本，因此，必须加强价值流成本控制。

3.5.2 控制目标和对象

1. 控制目标

传统的成本控制一般仅从流程和机器设备层面对生产过程的材料、采购、废弃物处理成本加以控制，忽略了废弃物的成本，将物料、人力在生产过程中的损失都计入产品价值中，在环境的影响及资源浪费方面的数据不充足，影响到管理层的决策。从循环经济角度出发的"元素流—价值流"，不仅关注到企业内部经济效益，与环境的协调发展也是其关注重点。它是从数量和成本两方面将各留存中的损失透明化，将废弃物视为"负制品"，计入产品负成本中。因此生产过程的成本定量化，有利于更清晰明了地进行决策。

基于此，循环经济"元素流—价值流"控制目标分为两部分：一是内部损失成本最小化，要求企业采取成本过程控制的方法提高资源利用效率，力图使企业内部损失成本降到最低；二是环境外部损害成本最小化，钢铁企业属于高污染、高排放企业，排放的废水、废渣和废气对环境产生了很大影响，带来环境污染和生态环境破坏，增大温室气体的排放，对人类健康也带来一定的影响。因此，必须承担起环境保护的责任，采取各种技术和财务手段控制"元素流—价值流"成本，力求达到经济效益和环境效益的和谐发展。

2. 控制对象

钢铁行业在应用循环经济价值流核算时，其核算中心是按照铁元素流转而划分的物量中心，为便于企业进行循环经济成本控制，其责任中心与核算时划分的物量中心相同。循环经济"元素流—价值流"将成本划分为材料成本、能源成本、系统成本和废弃物处理成本。[114]

循环经济"元素流—价值流"通过这四类成本分类方法来细分生产过程中的成本，考虑钢铁企业的生产流程特征，其原材料费用和能源成本占总成本很大比重，因此主要关注点是材料成本和能源成本。系统成本中也包含废弃物加工处理所需要的固定费用，对于如实反映废弃物对经济效率的影响也有一定意义，但不是减少废弃物和成本的主要因素。另外，循环经济"元素流—价值流"成本控制突破传统成本控制只关注企业内部费用的做法，将控制范围扩展到企业环境外部损害成本方面。因此，可将钢铁企业循环经济"元素流—价值流"控制的对象设置为，企业或各物量中心的原材料、能源内部损耗成本和环境成本。

3.5.3 控制设计与模式

1. 控制设计

PDCA 循环由美国质量管理专家休哈特博士首先提出，后来被戴明采纳、完善并加以推广，是全面质量管理所应遵循的科学程序，主要用于持续改善产品质量的过程中。其工作流程是 P（plan）——计划；D（design）——设计（原为 do，执行）；C（check）——检查；A（action）——处理，对总结检查的结果处理，成功的经验加以肯定并适当推广、标准化；失败教训加以总结，未解决问题进入下一个 PDCA 循环。[115-116]

从总体上来说，所有关于"元素流—价值流"PDCA 循环管理模式都包含内容、应用、调试、改善等工作环节，整个企业的"元素流—价值流"分析标准和应用流程均能融入其中并实行有效循环运作。简单归纳出循环经济发展模式下基于 PDCA 的"元素流—价值流"分析业务流程，见图 3-29。

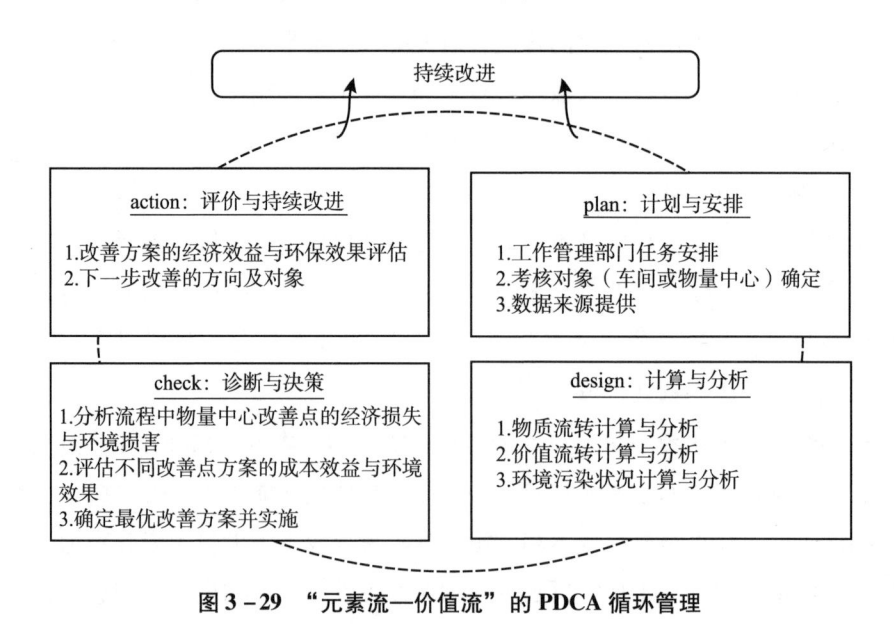

图 3-29 "元素流—价值流"的 PDCA 循环管理

2. 控制模式

钢铁企业"元素流—价值流"PDCA 循环基本模式，见图 3-30。

第3章 工艺流程的"元素流—价值流"管理研究

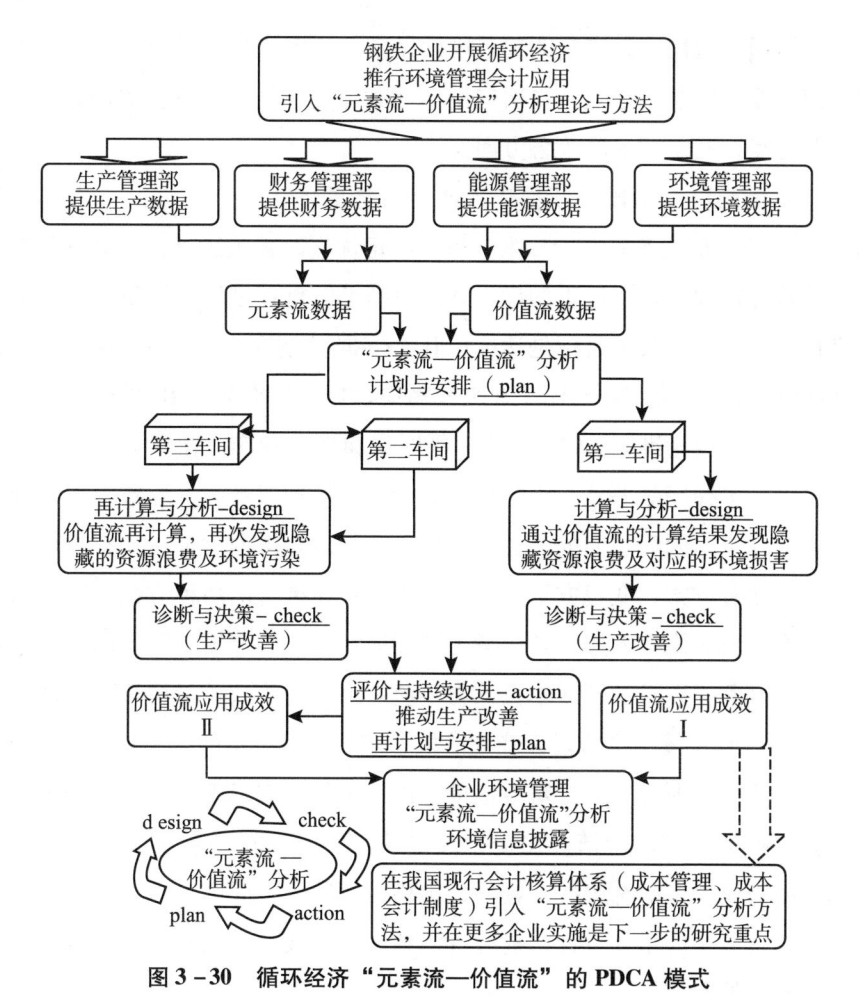

图3-30 循环经济"元素流—价值流"的PDCA模式

资料来源：杨军.2006.中国企业におけるMFCA導入事例研究［J］.立命館大学政策科学会『政策科学』，2：109-121 上略作修改而成.

图中的"元素流—价值流"循环管理工作主要包括以下四大阶段：

（1）计划与安排阶段。钢铁企业开展循环经济，推行环境管理会计应用，引入"元素流—价值流"计算与分析方法体系，需解决数据来源对接与计算单元确定的问题。数据来源于现行各有关职能部门的数据库，包括生产、财务、能源、环保等数据，而后应用"元素流—价值流"流程与标准体系，确定以车间为物量中心单元的检查方案。

（2）计算与分析阶段。在此阶段，第一车间（物量中心）依据工艺流程的物料流动情况，采用"元素流—价值流"计算方法，诊断工艺各环节的资源损失及对应环境损害费用,以确定改善范围的设备、工序或材料。第二车间、第三车间则在前次改善的基础之上,再次应用"元素流—价值流"计算方法,进一步发现新的改善点,确定相关的改善方向。

(3)诊断与决策阶段。依据进入改善备选的各工艺点,进行"内部资源成本损失—外部环境损害费用"二维分析,确定优先改善预选点,并对改善方案作出成本效益分析预评估。这里的优先确定原则是,重点是环境污染严重且未达标的污染排放环节,其改善目标是达标;其次依据《钢铁工业水污染物排放标准》(GB13456)、《钢铁烧结、球团工业大气污染物排放标准》(GB28662)、《炼铁工业大气污染物排放标准》(GB28663)等国家和地方标准,在环境污染物达标排放的前提下,选择废品率高、废弃物排放量大且处理成本高,导致内部资源成本损失偏大的环节,因为它们的改善潜力较大;最后是根据资金投入程度可将改善方案划分为无费方案、低费方案、高费方案,优先推行前两种方案,以追求资金的使用效率;而对高费方案,则应考虑与环境污染、内部损失较大的相关指标进行对比分析判断,以求达到成本投入与环境效果、经济效益最佳匹配的目的。

(4)评价与持续改进阶段。在此阶段,应对决策方案的实施效果进行验证评价,找出未达标的原因,有针对性地进行进一步的改进。钢铁工业的固体废弃物主要包括尾矿、钢铁冶金渣、尘泥、氧化铁皮、电厂粉煤灰和炉渣、废耐火材料、脱硫废渣及少量酸洗废酸、废油、含铬污泥等危险固废。也可考虑增加元素流中废弃物资源化的增环设计,提升资源利用率,或是委托专业公司进行集中处理,降低相关处理成本。

3.5.4 对企业运营和流程再造的影响

运营管理基于企业战略和现状分析,结合企业内外部最佳实践,基于运营管理的方法,对业务流程进行优化,具体包括流程梳理、流程优化、面向业务系统的流程梳理、流程体系设计。进行PDCA成本核算结果分析之后,对企业运营的影响重点在于环节的影响,其对比方式包括内容改进、标准及流程提升和对比评价。内容改进主要是通过传统企业的PDCA模型与循环经济"元素流—价值流"的具体内容之间的调整;而标准及流程提升则是在分析传统企业运营过程中的标准与流程基础上,对循环经济"元素流—价值流"之间的标准与流程的提升;对比评价主要体现在将循环经济的 PDCA 核算结果与传统 PDCA 成本核算结果之间的对比评价。

流程再造是一种改进，它的目标是通过重新设计组织经营的流程，使流程的增值内容最大化（包括降低运营成本、控制营运风险、提高营运效率三方面），在成本、服务、质量、效率等方面改善公司业绩。PDCA 循环模型对流程再造的影响关键点在于从工业代谢进程进行提升。包括三个方面：一是元素流和价值流的影响。元素流增环，即废弃物再资源化。价值流优化，即资源利用效率、环境效率等显著提高。二是管理循环功效提升。应用 PDCA 循环模式之后，从结构环节对信息进行诊断、反馈以及利用。三是对"元素流—价值流"的过程控制。物量中心正负制品的比例变化，是对于标准成本和实际成本之间的差异分析与控制而来的。另外，由传统车间向 PDCA 的"元素流—价值流"之间的转化，意味着由单一的经济标准向"经济—环境"双重标准之间的过渡。

综上所述，它以钢铁企业"元素流—价值流"分析标准为基础，通过"元素流—价值流"数据的核算与分析、评价与优化、决策与控制、预测与规划等一系列业务流程，构成了"元素流—价值流"分析的 PDCA 综合循环反馈与优化的应用模型。图中的环境信息披露也主要分为两种方式，从内部管理控制的角度，根据披露对象和内容的不同，可设计不同的披露或报告格式，如当企业某一以生产线需要通过"内部资源成本损失—外部环境损害费用"二维方式进行决策时，可编制报告；从外部披露的角度看，可将报告的相关格式进行规范，披露形式可以是货币信息、非货币信息或描述性说明，内容可以参考环境会计信息披露的方式，针对不同的要求可在财务会计报告、社会责任报告书、环境报告书甚至独立的环境会计报告中进行披露，以供企业管理者进行决策。

3.6 本章小结

钢铁企业内部资源价值流转的计算是将传统成本计算中废弃物价值，即"黑箱"作为负制品进行"透明化"反映，这一核算方式可动态反映废弃物对资源、能源的消耗情况，引导企业提高资源利用率。另外，可通过计量环境外部损害成本来评估企业"三废"外排对环境的价值影响；在此基础上，以资源内部成本与外部损害成本为核心，构建了企业循环经济"元素流—价值流"核算方程式；以资源消耗、资源循环、废弃物输出和环保处理为依据，构建企业循环经济"元素流—价值流"综合评价指标，并采用全排列多边形方法进行分析。以定量分析方法为核心，构建企业循环经济决策优化体系；然后结合PDCA循环管理模式构建循环经济"元素流—价值流"控制体系。

第 4 章

工业共生链的企业间"元素流—价值流"管理研究

循环经济发展过程中,企业构成了一个国家循环经济体系的基本单元,基于钢铁工业共生链的企业间"元素流—价值流"是介于企业和工业园、社会中宏观循环经济体系的一个中间层次。然而,以往的研究都是从更为微观(企业)或更为中宏观(工业园及社会)的层面开展,对于介乎之间的钢铁工业共生链的借鉴意义有限,特别是针对我国的现状和特点的研究还有待深入。为推动我国钢铁企业整体循环经济发展水平不断向前发展,依据自然生态系统,从循环经济"元素流—价值流"的角度充分划分其工业共生链的功能,确定从固态、气态、液态和社会大宗废弃物四个方面对钢铁工业共生链的企业间"元素流—价值流"管理进行分析研究。它能根据企业的资源优势和产业结构,进行产业间的组合和调整,使之成为互为关联、互动影响的"元素流—价值流"链,推动循环经济的发展。

4.1 工业共生链的企业间"元素流—价值流"模型

4.1.1 钢铁工业共生链

1. 工业共生链的概念

工业共生的概念起源于人们对自然界生物种共生的理解和启发。1879 年德国生物学家德布雷（Anion Debary）最早提出了共生的概念。生态学中的"共生"指的是由于生存发展的需要，两种或两种以上生物种按照某种模式共同生活在一起，形成相互依存、协调进化的共生关系。这一生物学的共生思想很快被引入社会学、管理学和经济学中，扩展了生物学范畴共生的内涵。[117]

工业共生从本质上是指为提升企业竞争优势，一定地理区域范围内的企业在资源节约和环境友好方面进行合作的经济现象。工业系统中的输入与输出过程类似于自然界中生命有机体的新陈代谢过程。一般认同丹麦卡伦堡公司出版的《工业共生》一书中所辖的定义，认为"工业共生是以共生理论和工业生态学相关理论为基础研究不同企业间的合作关系，通过这种合作，共同提高企业的生存能力和获利能力，实现对资源的节约和环境保护，在这里该词被用来着重说明企业因相互利用副产品而发生的各种合作关系"。

食物链是自然生态系统中不同种群之间联系的纽带，而物质和能量的流动则是工业生态系统中各行业、企业之间连接的手段，工业系统就像自然界的新陈代谢一样，在生产过程排放废弃物是不可避免的，工业共生链就是以生产过程产生的副产品（剩余物质和能量）为联系纽带，从而使得一个企业的副产品能够作为另一个企业的原料生产新的产品。[118]工业共生链包括物质传递和能量流动两类链条。物质和能源沿着这一链条逐级逐层次流动，反复循环得到最大限度的利用。

需要注意的是，由于分析范围从钢铁企业扩展到了工业共生链层面，因此分析的重点已经不局限于以铁元素流动为主的价值流，而是包括了其他企业在内的以元素流和物质流结合的价值流，下文的"元素流"包含了元素流和物质流双重含义。

2. 钢铁企业工业共生链构建的可能性

1）企业合作形式。

工业共生链上的企业间合作形式指的是工业共生链上相邻的上下游企业之间的连接方式。目前的工业体系下，已存在的主要合作方式包括四种：一对一、一对多、多对一和多对多。一对一表示上游企业和下游企业是一对一的关系，都互相只有一家对应的企业。一对多是一家上游企业同时拥有两家及以上的下游企业接纳其废弃物或副产品；而多家上游企业同时为一家下游企业提供废弃物或副产品是多对一的连接；多对多是指一家上游企业可以为多家下游企业提供废弃物或副产品，而一家下游企业也可为多家上游企业提供废弃物或副产品。[119]

钢铁企业要实现循环经济，更好的发展，以钢铁工业共生链的企业间"元素流—价值流"是必由之路。结合钢铁工业共生链的特点，本书主要研究以钢铁企业为中心的工业共生链，主要为一对多的合作形式。

2) 钢铁企业边界拓展。

构建循环经济的钢铁工业共生链，需要确定钢铁企业可能涉及的钢铁工业共生链的共生企业。现代工业体系中，可与钢铁企业构成共生关系的其他企业主要包括以下情形：[120-124]

（1）水泥企业。从 20 世纪 60 年代开始，我国成为世界第一个用钢渣生产水泥的国家；钢铁工业废弃物用作水泥混凝土掺合料能带来巨大的经济效益。将难以利用的转炉钢渣、电炉还原渣和高碳粉煤灰用作水泥混凝土掺合料可以提高钢铁工业废弃物的利用率，降低混凝土的制造成本，实现钢铁工业大宗固体废弃物的高附加值利用，降低环境污染程度。

（2）化工企业。钢铁产品生产过程同时也是一种化学反应过程，其生产过程中的废弃物或副产品可用作化工产品的生产原料，如氧化铁皮生产铁红颜料，可用作化工厂；另外也可用作化肥的原料，如将过磷酸钙和喷洒氨水氨化进行氨化反应，生产过磷酸钙复合肥。

（3）建材企业。钢铁企业生产过程中的尾矿等是一种细粒的物料，既可能污染环境，又可利用。可由建材厂制造成微晶玻璃、瓷质砖、彩色地板砖等，而粉煤灰也可制造成空心砌块，是一种环保型的绿色建材产品。

（4）能源企业。钢铁企业可将能源转换成蒸汽、热能、氢气、可燃气体等多重能源形式。钢铁企业内部存在巨大的余能余热，可将钢铁企业与能源企业共生联系起来。

（5）下游制造企业。钢铁企业的下游制造企业包括汽车企业、造船企业、机械企业等。其工业共生关系主要表现在钢材的深加工，设计不同用途的钢铁产品延展功能；另外，通过增加废旧钢铁的回收率等与下游制造企业加强联系。

同时，塑料企业、医药企业、纤维企业等也与钢铁企业存在一定的工业共生关系，通过相互利用废弃物和副产品，形成以钢铁企业为中心的工业共生链。

4.1.2 功能划分

钢铁工业共生链的企业间循环经济"元素流—价值流"模型是依据自然生态

系统构建而成的。除具有固态物质、气态物质、液体物质流动和信息传递四大集成功能之外,还包括了价值流的集成功能。[125-128]

1. 固态物质流集成

固态物质流动是工业生态系统的最基本的组成部分,包括固态物质与企业内部的物理、化学反应、质量交换和企业间废弃物交换再资源化等,根据共生链的产业规划,确定与之共生的企业,同时根据固态物质供需双方的要求,确定物质交换的数量、路径和组成,构建工业共生链。通过产品元素集成、物质集成、体系规划和以数学优化方法构建固态物质的工业共生链,实现物质的循环利用最优化。在投入大量物质满足生产需求的同时,也输出大量的物质,包括工业产品、副产品和废物等。单位时间的投入产出可以衡量系统内物质流动的利用效率。

2. 气态物质流集成

自然生态系统中的气态物质来源于可再生资源,而循环经济系统中的能量则主要来自不可再生的矿产资源。气态物质流集成是指实现对生态工业系统内能量的有效利用,不仅包括每个生产过程内能量的有效利用,这通常是由蒸汽动力系统、热回收换热网络等组成,而且包括各过程之间的能量交换,即一个生产过程多余的能量作为另一过程的热源而加以利用。提高能源利用率、降低能耗不仅节约能源,同时也意味着环境污染的减少。系统要维持经济功能,必须不断地从外部输入能量,如输入食物、煤炭、石油、天然气等,经过加工、储存、传输、使用、余能综合利用等环节,使气态物质在系统中能顺畅地循环流动。

3. 液态物质集成

液态物质集成总体构建是采用节水工艺、中水回用和废水循环等方式,减少新水使用量和废水产生量,加大可循环用水量,开发新的可利用水源,发挥共生链的规模效应,通过建立分布式和集中式相结合的污水处理系统,对各企业产生的工业废水和生活污水进行集中回收、处理和再利用,减少各企业单独处理带来的不必要的经济、物力消耗。首先是对链上企业的水资源利用现状进行排查,包括工业、生活用水量、地表水资源情况、重点主导企业用水情况等。根据上述情况,建立耗水大户及园区总体重点耗水单元或工艺水平衡图。根据共生链水系统集成,利用水资源的串联使用、梯级利用、废水集中回用和废水设施共享等方式建立液态物质工业共生链模式。

4. 信息流集成

信息作为现代社会的一个典型的特质，具有数量大、更新速度快等优势，因此，需要在给定的时间获得足够数量的有用信息。基于工业共生的资源价值链运行中存在着大量的信息传递，包括属于自然信息的水文、气候、环境、生物、天文、物理等信息，以及属于经济信息的产品、价格、市场、金融和人才等信息。按照信息论的观点，信息流是任何系统能够得以维持正常的有目的性运动的基础条件。工业共生链模型作为一个复杂的区域产业共同体，要求政府部门、现有企业、投资者、规划人员和居民等所有参与者的密切合作。循环经济系统中信息传递对系统的稳定和发展起着重要的作用。各种信息通过正式渠道和非正式渠道在循环经济系统中有序传递，有效地缩短信息传递时间，加快信息反馈的速度，提高信息反馈机制对系统自我调节和维持稳定的功能。

5. 价值流集成

基于工业共生链的资源系统存在着类似于自然生态系统中食物链的"加工链"，它既是固态物质传递链，又是气态物质、液态物质转化链，从经济价值、会计的角度来看，也是价值链。在共生链系统中，不断进行着统一的固态物质循环和气态物质转换，固态物质流、气态物质流和液态物质流沿着"工业共生链"逐级逐层流动，原料、能源、水和"三废"等形成立体多维环流结构，资源和能源在循环往复中得到最大限度的利用，使得废弃物不仅再资源化，而且在经济上实现了再生增值。价值流集成是根据共生链主要企业固态物质流、气态物质流和液态物质的流动，对共生链上基于产品生产周期的资源价值流进行核算，企业间的原料、能量通过多途径、多层级供应或替代以及负制品的相互利用发生变化，因此，可核算单个企业废弃物内部资源流转价值和外部损害成本，也可集成汇总反映若干个企业整体废弃物的资源流转价值及外部损害成本，对两者价值进行综合评价分析。

由此可见，基于工业共生链的循环经济"元素流—价值流"是五大功能的统一。见图4-1。在这一工业共生链中，元素流集成包括固态物质、气态物质和液态物质，价值流则体现了这三流的有效性，并使系统有序变化和不断发展。元素流与价值流相互作用，两者合二为一，为工业共生链的健康有序发展提供管理工具体系。信息集成体现了产品生产与消费、价值形成与增值过程及其相互作用。信息传递负责调控前四种"流"的方式、流量和速度。可见，基于工业共生链的循环经济"元素流—价值流"链五大功能之间相互联系、相互作用，推动循环经济工业共生链的不断运动与发展。

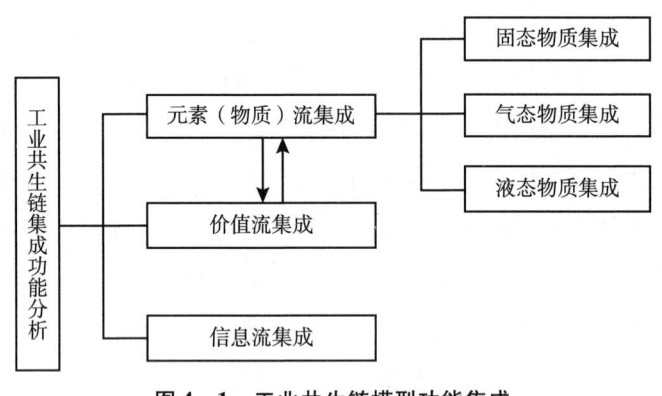

图4-1 工业共生链模型功能集成

4.1.3 模型构建与分析框架

1. 模型构建

工业共生链是由一系列具有相互关联的企业组成的关于生产、销售、运输、分解和循环等多项活动的集合体。在循环经济工业共生链内，一定区域内的企业在固态物质流、气态物质流和液态物质流通过多方面协调发展，使得某一企业的副产品或废弃物成为另一企业的原料，使之加以利用再资源化。在这一交流的过程中伴随着价值的流动，其成本降低、价值创造的过程可分解为一系列互不相同又相互关联的活动。[129]

在工业共生链中，链上的各个企业节点之间相互关联、相互作用，上一节点的物质流、价值流对下一节点有直接的影响作用。各企业之间实质形成了一种战略合作关系，在某些特定价值流动导致成本降低、价值增值环节上，本企业可以占有先机，但在另一些环节上其他企业可能占有优势。对于副产品的综合利用，单靠一家企业很难实现资源的循环利用，为达到"双赢"乃至"多赢"的协同效应，相互关联的企业在各自价值流的共生链核心环节合作，可以集中对副产品进行处理和综合利用，使得彼此的专长得以互为补充，从而在整个"元素流—价值流"共生链上能够更大程度地降低成本，创造更大的价值。单个企业想要达到环境、经济效益最大化，需要承担过大的投资支出以及相关风险，要实现在运转过程中的成本降低、效益最大化就必须与关联企业开展合作，达到互惠互赢。

企业间循环经济"元素流—价值流"分析设计在企业内部通过促进节能减排、推进生态设计、建立循环经济环境管理体系，改变传统的、单一的线性末端污染治理、合理利用自然资源、实现工业污染全过程控制；在企业之间，通过副产品、废物的交换利用，形成良好的工业共生关系。钢铁工业共生系统构建是依靠钢铁企业为中心，不同企业之间的链式结构，模仿自然生态系统中的食物链，从而形成多条钢铁工业共生链。其具体工业共生链见图4-2。

2. 分析框架

钢铁工业共生链构建企业之间相互利用副产品、废品和余能的工业共生链，形成以钢铁企业为中心的共生关系，促进链上物质、能量合理流动，提高资源利用效率，实现污染物排放最小化，使之成为自然生态系统的一个理想子系统。需要注意的是，基于钢铁工业共生链有五大功能可供分析，由于信息传递主要是链上企业采用各种方式实现信息交流，从面对面的面谈到采用现代化手段进行传递，包括信息的采集、传递、处理、存储、检索和分析等渠道和过程。它不涉及物质流和价值流的流转，限于篇幅所限，本书不做进一步研究。

钢铁企业主要以长流程为主，虽然每个工序都以铁元素流为中心，但每个工序都会产生废弃物、副产品、余能和粉尘等，给资源的有效利用和环境造成了较大的影响。根据钢铁企业的产品制造、能源转化和社会大宗废弃物消纳处理的三大功能，按照钢铁企业物质、能量、水的循环系统，确定每一个工序的现状和构建工业共生链模式。主要包括固态物质、气态物质、液态物质和社会大宗废弃物集成四方面工业共生链的物质流和价值流分析。[130]

1) 钢铁企业固态物质循环工业共生链。

钢铁企业固态物质集成工业共生链是根据设计的要求，确定企业间利用副产品、废品的上下游关系，同时根据供需双方的要求，运用系统集成的工程技术和方法，对元素流动的路线、流量和组成进行合理调整，从而完成钢铁工业共生链固态物质集成的构建。主要指的是副产品和废弃物的工业共生链，包括尾矿、高炉渣、转炉渣、粉煤灰、轧钢氧化铁皮、除尘污泥和耐火材料等工业固体废弃物。

图4-2 钢铁工业共生链的企业间循环经济"元素流—价值流"链结构

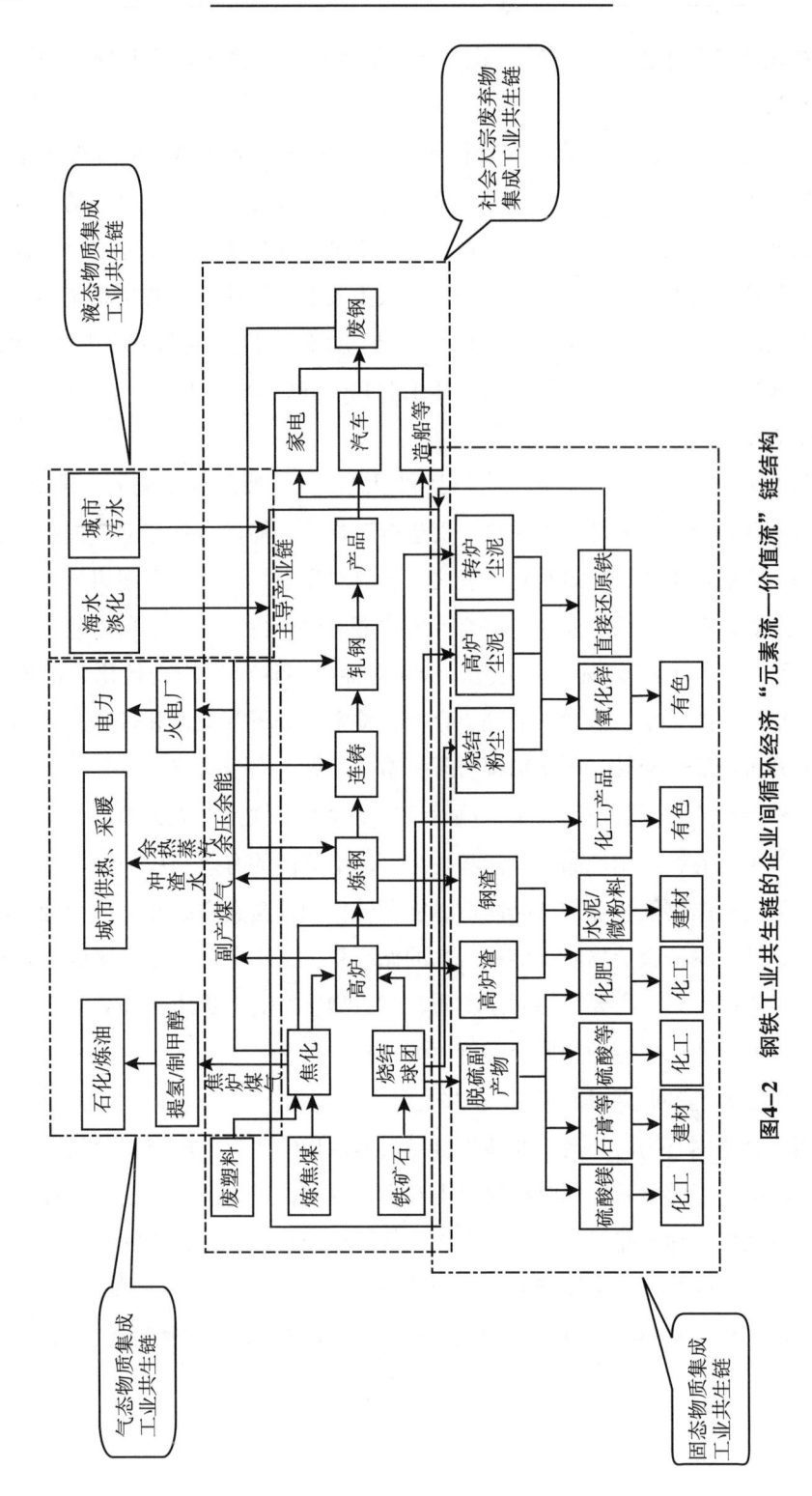

(1) 尾矿。

尾矿是选矿中分选作业的产物之一，其中有用目标组分含量最低的部分，是有待挖潜的宝藏。2013 年我国钢铁企业共产尾矿 8.39 亿吨，占到了我国尾矿产生量的一半以上，利用率却偏低。同时由于长期堆放，尾矿中含有的重金属等有害物质以及细尾矿颗粒引起的扬尘对地下水资源和周边环境造成严重的环境污染，尾矿库坝体高度随着尾矿的大量排放而不断增加，由此带来的不安全隐患也日益增大。譬如 2008 年震惊全国的"9·8 山西襄汾新塔矿业尾矿库溃坝"事故，造成 277 人死亡、4 人失踪，直接经济损失达 9 619.2 万元。因此，建设尾矿物质工业共生链，扩展其使用范围和增加使用价值，对提高企业自身效益、改善自然环境十分重要。

其尾矿的工业共生链模式见图 4 – 3。

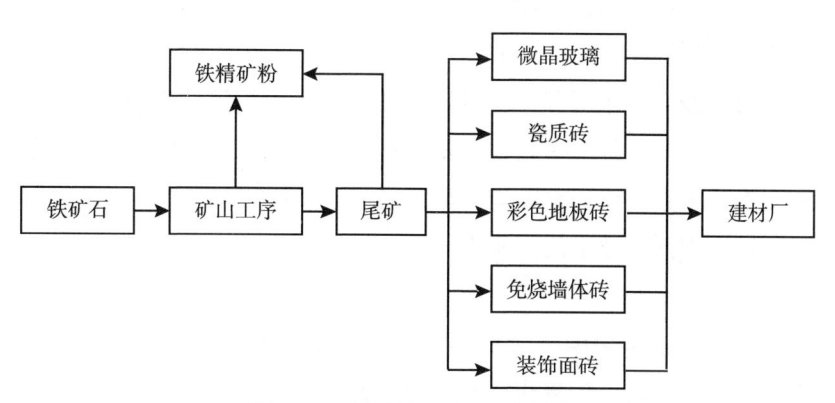

图 4 – 3 尾矿的工业共生链模式

从图 4 – 3 可见，开采的铁矿石经过选矿程序后得到铁精矿粉和尾矿，尾矿经过细磨重选后得到铁精矿粉，铁精矿粉主要供烧结厂使用，剩余的部分经过不同的工艺可经建材厂制成微晶玻璃、瓷质砖、彩色地板砖、免烧墙体砖和装饰面砖等建材产品。我国首钢、马鞍山矿山研究院、唐山大唐装饰等单位已经研发出上述不同类型的产品，广泛应用于各种建筑领域。

(2) 高炉渣。

高炉渣是高炉生产过程中的副产品，也称矿渣或水渣。由于冶炼矿石品位、焦比及焦炭灰分的不同，高炉生产每吨生铁产生的炉渣量差异很大。我国大中型高炉的单位生铁渣量在 0.3 ~ 0.5 吨之间。一些原料条件差、技术水平低的高炉单位生铁渣量甚至超过0.6吨。我国的高炉渣产量巨大，余热资源比较丰富。其工业共生链见图4-4。

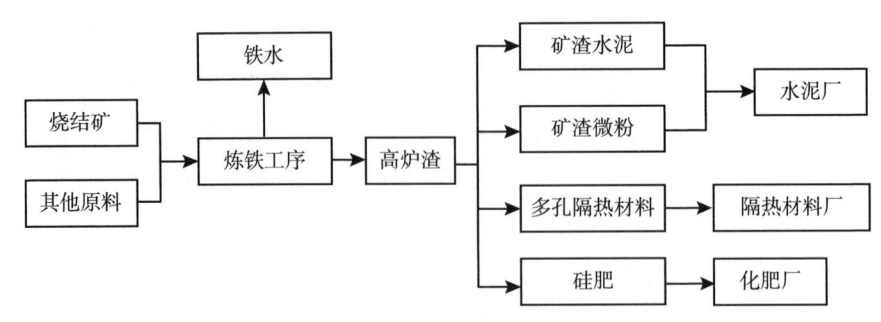

图4-4 高炉炼铁工序高炉渣的工业共生链模式

从图4-4中可知，高炉渣的工业用途广泛，烧结矿和其他原料经过高炉炼铁工序还原后，除生产的铁水可供炼钢外，在炉前急冷粒化成水渣，可制作成水泥和建筑材料；酸性渣还可在炉前用蒸汽吹成渣棉，做绝热材料；冶炼多元素共生的复合矿石，炉渣中常富集硅肥等多种元素，是很好的化肥，可供农业生产使用。目前，发达国家如德国、美国以及日本已经普遍推广该技术，我国宝钢、鞍钢等单位也已实现此类技术的产业化。

（3）转炉钢渣。

转炉钢渣是炼钢过程中的重要产物之一，其主要来源是冶炼中的废钢、生铁、铁合金等金属原料中的氧化产物及脱硫产物；人为加入的造渣材料如石灰、萤石、电石和氧化剂铁矿石、烧结矿等；被侵蚀下来的耐火材料；各种原材料带入的泥沙和铁锈。2019年我国钢渣产生量1亿吨左右，目前全国钢渣累积堆存近10亿吨，综合利用率仅为10%。钢渣堆弃造成环境污染、土地占用和资源浪费。建立钢铁企业及其他相关共生企业之间的钢渣工业共生链，可将钢渣变废为宝，提高企业自身效益，且可解决环境污染等问题。目前，钢渣工业共生链模式见图4-5。

钢渣工业共生链是由企业内部的"小循环"和钢铁企业与其他企业的"中循环"组成的。钢铁企业内部小循环是钢渣经过拣选后，选出轧钢作为废钢供炼钢工序使用；钢渣破碎成钢渣粉可送入烧结厂作为含铁原料使用。而"中循环"则是钢渣经过不同的加工、制备工艺处理后，可制成钢渣水泥、钢渣微粉、钢渣

第4章 工业共生链的企业间"元素流—价值流"管理研究

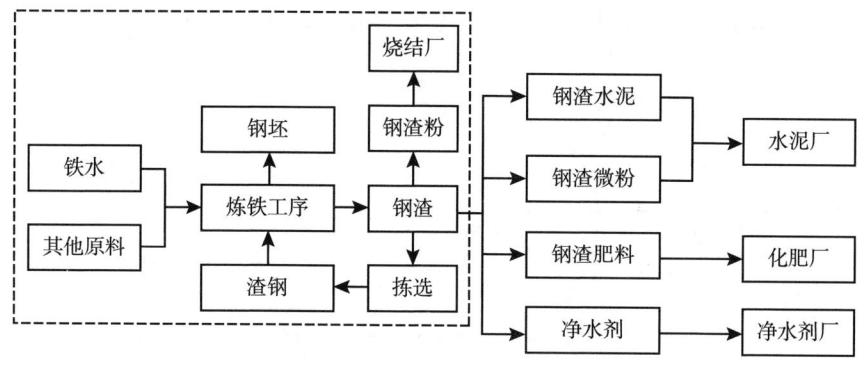

图4-5 钢渣工业共生链模式

肥料和净水剂,供建筑、农业和城市废水处理。目前武钢、首钢、中国农业科学院等单位的研究成果已投入实际应用,并产生相当的经济效益,对节省资源、能源和保护环境起到了很大的作用。

(4) 炼钢、轧钢产生的氧化铁皮。

氧化铁皮是炼钢和轧钢钢坯氧化后的副产品。连铸坯的氧化铁皮生产量在2千克/吨(坯),轧钢工序的氧化铁皮产生量在8~12千克/吨(钢材),作为高含铁原料,各企业运用已成熟技术,已在自身"小循环"中获得很好的再利用。关于制造高附加值的铁红颜料的工业共生链模式,见图4-6。

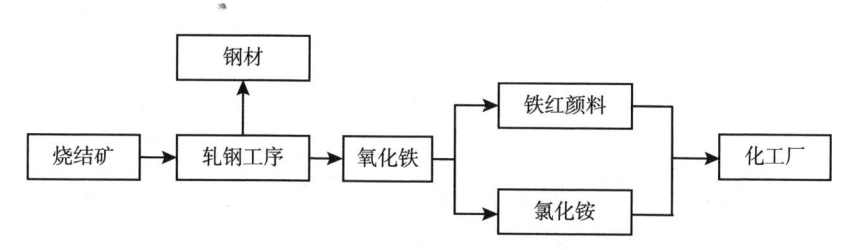

图4-6 氧化铁皮制造铁红颜料的工业共生链模式

铁红颜料主要应用于汽车、轮船的表面着色,也应用于建筑物表面的着色和橡胶、油漆、建筑涂料的配色等,是拥有广阔的前景和市场的化工产品。目前宝钢、莱钢、杭州磁性材料厂等单位都在利用氧化铁皮生产产品。

(5) 粉煤灰。

粉煤灰主要是钢铁企业的火力发电厂的副产品。它是工业废渣很重要的组成部分,如果不加处理的话,会对环境造成影响,产生扬尘,污染大气环境,还能对人体造成伤害。可结合生产情况，构建粉煤灰工业共生链，见图4-7。

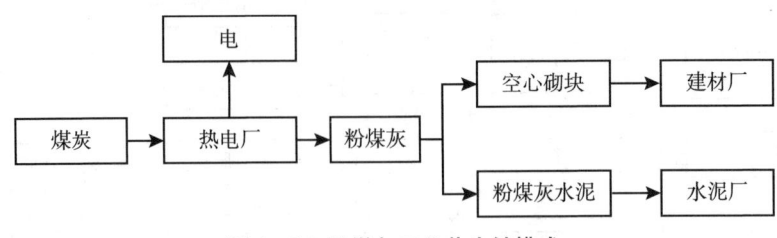

图4-7 粉煤灰工业共生链模式

(6) 废耐火材料。

我国钢铁企业每年消耗耐火材料在800万吨以上，使用后废弃的耐火材料在300万吨以上，其中利用的部分是以降低产品质量、经济效益和社会效益为代价的，资源化率非常低。一般企业把钢渣、工业垃圾和废耐火材料一起运往渣山堆放，这会对环境带来不利影响。国外发达国家对废耐火材料的资源化工作做得较好，有的地方已建立专门回收和再加工废耐火材料的公司，其回收利用率达到80%以上，并力争实现废耐火材料的零排放。通常，分类回收的废耐火材料除用作次级耐火材料的生产原料外，还可作为建材制品，其废耐火材料的工业共生链模式见图4-8。

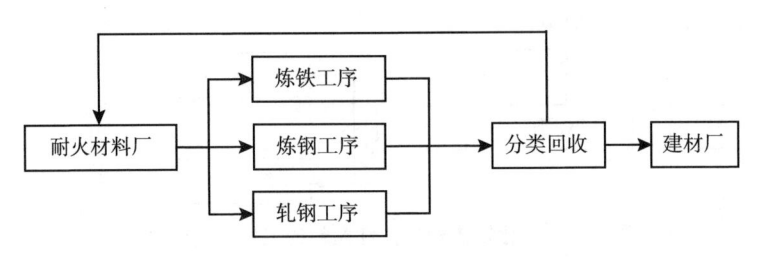

图4-8 废耐火材料的工业共生链模式

可见，钢铁企业主要以采矿—选矿—烧结—高炉炼铁—轧钢的长流程为主，每一工序都以铁元素流为核心，产生相应价值流转，但每一工序都会产生副产品和废弃物，它给资源的有效利用和环境污染带来很大的影响。长流程钢铁企业生产过程中产生的副产品和废弃物主要包括两部分：一是含铁元素的高炉渣、钢渣、氧化铁皮等；二是粉煤灰、废耐火材料等。钢铁企业实施循环经济后，对这两部分副产品和废弃物开始重视起来,构建相应的工业共生链,既充分利用了资源、创造了新价值,又防止了废弃物对环境的污染。

2) 钢铁企业气态物质循环工业共生链。

钢铁企业的气态物质循环工业共生链主要指含能气体和有害气体工业共生链,主要包括副产品,即煤气、蒸汽、氧气、氮气、氩气和有害气体 CO_2、SO_2 等的回收与利用。

(1) 焦炉、高炉和转炉煤气。

焦炉、高炉和转炉煤气既是钢铁企业炼焦厂、炼钢厂和炼铁厂的副产品,也是煤转化为铁过程中的含能气体。焦炉煤气的发热值较高,使用范围广。除可供钢铁企业自身完全利用外,既可为城市居民生活所用,又可作为发电燃料、企业热源和化工原料等。它占钢铁联合企业总能耗的 8%~12%,其中焦化厂自身使用 55%、炼铁厂使用 1.5% 左右、炼钢厂使用 0.08% 左右、轧钢厂使用 20% 左右、其他工序使用 13% 左右(大部分用途为本企业热源),剩余 25%~30% 供给城市居民、医院化工和化工厂等单位使用,对大气排放量小于 0.05%。

高炉煤气是高炉炼铁工序中的副产能源,可燃成分主要是 CO。是无色无味、密度较大的可燃气体,着火点约为 700℃,爆炸范围是 46%~68%,发热量较低。既是一种优质、高效、清洁的燃料,又是一种比较危险的物质。如能规范使用,可有效解决对环境的污染,使得废弃的资源能够有效利用,改善生态环境,具有较好的经济效益和社会效益。在一般的钢铁联合企业,高炉煤气占到了公司总能耗的 20%~25%,基本达到了使用平衡。高炉煤气经煤气柜混合后供给有关厂使用,其中烧结厂使用 8% 左右、炼铁厂使用 43% 左右,炼钢厂使用 0.01% 左右,轧钢厂使用 3% 左右,其他工序使用 43% 左右,其余部分由于工艺或其他原因进入大气中,该部分还可作为热源供其他企业加热使用。

转炉煤气是转炉厂炼钢过程中的副产能源,含可燃成分 CO 30%~85%,其发热值最高可达 10MJ/Nm^3,比高炉煤气多一倍左右。回收转炉煤气后,可大幅度减少废气外排,钢铁企业中较为严重的大气污染部分得到有效控制,然而转炉煤气回收工艺技术较为复杂,安全管理难度较大,对设备的可操作性和精度都有较高要求,因此该工艺技术实施将推动整个炼钢厂技术与管理水平的提高。在目前条件下,我国大中型转炉绝大部分都进行煤气回收,转炉煤气一般占总公司能耗的 3% 左右,因发热值较高,经煤气柜全部配送到有关生产工序使用,其中炼钢厂使用28%左右，轧钢厂使用63%左右，剩余部分归其他厂使用。

钢铁企业中焦炉、高炉和转炉煤气的工业共生链模式见图4-9。

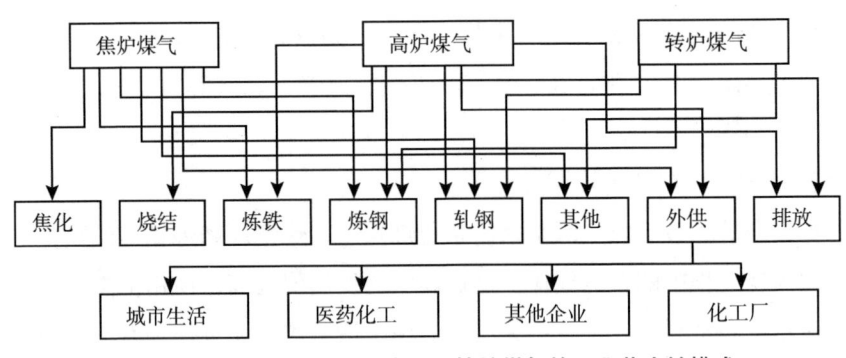

图4-9 钢铁企业焦炉、高炉、转炉煤气的工业共生链模式

（2）蒸汽。

蒸汽是钢铁企业为保证设备正常运行，在冷却设备时回收的二次能源。能源梯级利用是钢铁企业节能减排的重要组成部分，目前，一部分钢铁企业蒸汽使用不当，出现了"跑、冒、滴、漏"和放散的现象，二次能源回收利用设备技术和管理制度明显不够完善。一般情况下，转炉炼钢的高温烟气可回收蒸汽350～450千克/吨（钢），焦炉采用干熄焦技术可回收蒸汽400～450千克/吨（焦），烧结厂的烧结机和环冷机中可回收蒸汽80～100千克/平方米，也可对高炉水淬渣和轧钢厂的蒸汽进行回收利用。因此，企业内部存在较大的二次余热余能资源，应采用新工艺、新技术加大二次能源的梯级利用力度。它一方面能够降低能源消耗和环境污染；另一方面可解决企业蒸汽不足的问题，同时将多余蒸汽向社会供应。钢铁企业蒸汽的工业共生链模式见图4-10。

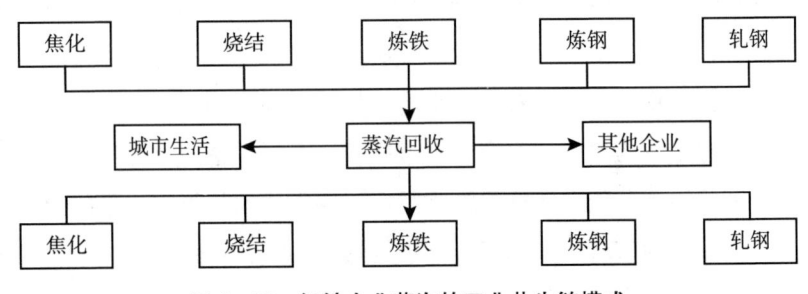

图4-10 钢铁企业蒸汽的工业共生链模式

(3) 有害气体 CO_2。

我国钢铁企业生产中 CO_2 的排放量与发达国家日本、美国、英国、法国和芬兰等国家的平均值接近，但随着钢产量的显著增加，CO_2 的排放对温室气体带来了极大的影响，因此 CO_2 排放量的问题也越来越引起了广泛关注。一般情况下，CO_2 的用途见图 4-11。

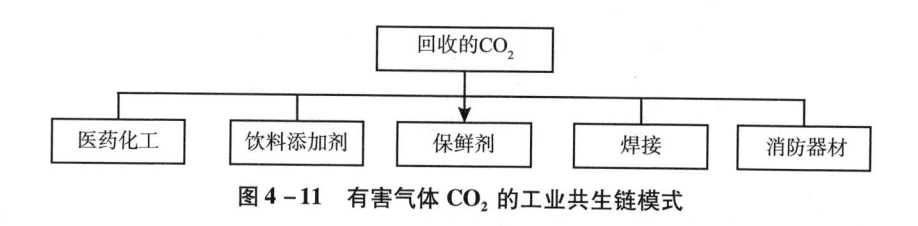

图 4-11 有害气体 CO_2 的工业共生链模式

(4) 有害气体 SO_2。

我国钢铁企业生产中有害气体 SO_2 的排放量比发达国家日本、美国、英国、法国和芬兰的平均值要高，随着钢材产量增加而逐渐增加，钢铁企业中 SO_2 的排放量占全国总排放量的 5%，且烧结厂的排放量占据一半左右。由此可见，回收和控制烧结厂的 SO_2 排放量是循环经济的重点。虽然目前的低硫原料配入法、高烟囱扩散稀释法能够缓解环境污染，但受到低硫矿产资源的影响，需要从根本上进行控制回收。见图 4-12。

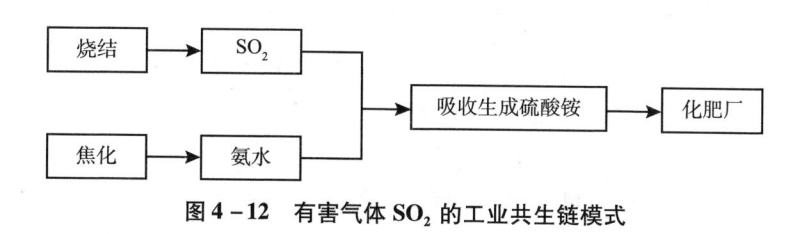

图 4-12 有害气体 SO_2 的工业共生链模式

3) 钢铁企业液态物质循环工业共生链。

指的是企业直接进行水的梯级利用工业共生链，目前我国的钢铁企业平均水平与世界先进水平的差距很大。因此，在水资源利用方面，特点是降低新水消耗量、提高水循环利用率和中水回用等方面需要建立地域性的水的工业共生链。其模式见图 4-13。

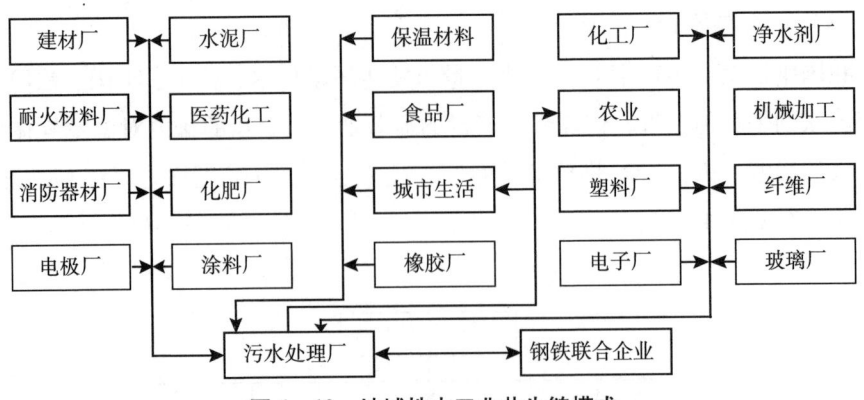

图 4-13 地域性水工业共生链模式

4）社会大宗废弃物的处理循环工业共生链。

钢铁企业的另一重要功能是对社会大宗废弃物的消纳处理。这里所指的社会大宗废弃物主要包括两个方面的内容，一是社会不能够消纳的钢铁制品报废后生成的废钢，二是大批橡胶、塑料制品报废后生成的废旧橡胶和塑料制品等。

（1）废钢。

废钢是钢铁制品报废的产物。作为铁素资源，它按照图 4-14 的模式在生态环境中循环使用。

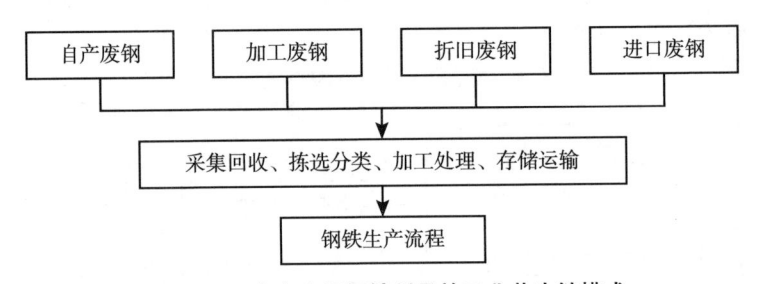

图 4-14 大宗废旧钢铁制品的工业共生链模式

（2）废旧塑料制品。

2019 年，我国废塑料产生量约 6 300 万吨，回收率 1 890 万吨，仅占我国塑料消费量的 30% 左右，塑料制品从原料上看属于化学合成原料，不能够被自然分解，形成资源、能源的损失，以及对自然环境造成损害的"白色污染"。

目前，钢铁企业对废塑料的回收利用主要包括两个部分。一是高炉喷吹废塑料。原理是把废塑料作为高炉炼铁的燃料和还原剂，利用废塑料燃烧使之向高炉冶炼提供热量，同时，将废塑料中的 C、H 元素用来还原铁矿石中的 Fe，并改善冶金焦炭消耗的技术，可有效遏制"白色污染"的蔓延，与钢铁企业形成工业共生链。见图 4-15。

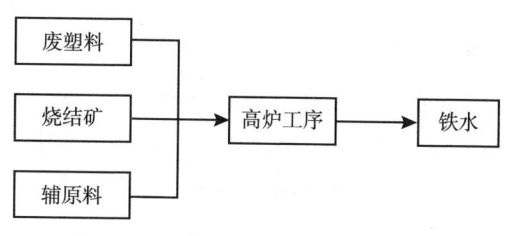

图 4-15 高炉喷吹工业共生链模式

二是废塑料与煤共焦化。这一工艺把工业废塑料、废旧轮胎和生活垃圾中的废塑料以及废旧农用薄膜等高分子难降解肥料采集粉碎后，与炼焦煤混匀，一起放入炼焦炉中共焦化，通过高温物理化学反应把废塑料转化成焦炭、焦油和煤气。见图 4-16。

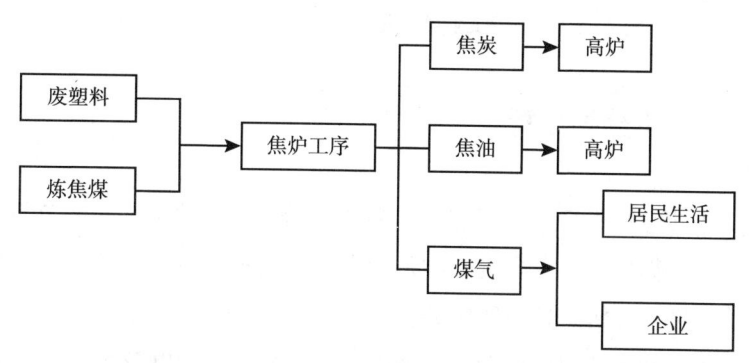

图 4-16 废塑料与煤共焦化工业共生链模式

4.2 工业共生链集成的"元素流—价值流"成本分配

4.2.1 成本分配思路

钢铁工业共生链的企业间的资源价值流转成本分配模型计算以生产系统为基

本分配单位,以关联企业中各生产流程或生产线、分厂或辅助厂为基础,逐级向上汇总为一个大物量中心,核算并分配其主要资源的合格品价值和废弃物价值,并汇总反映工业价值链层面的废弃物内部资源流转价值及外部损害价值,对两者的价值进行综合评价分析,其分配结构设计以主要资源在工业层面的流动来确定资源有效利用价值或损失价值。

钢铁工业共生链的企业间"元素流—价值流"成本分配思路可按照工业链集成的特点,分固态物质、气态物质、液态物质、社会大宗废弃物的处理四大块分别进行核算。其成本分配分析思路见图4-17。

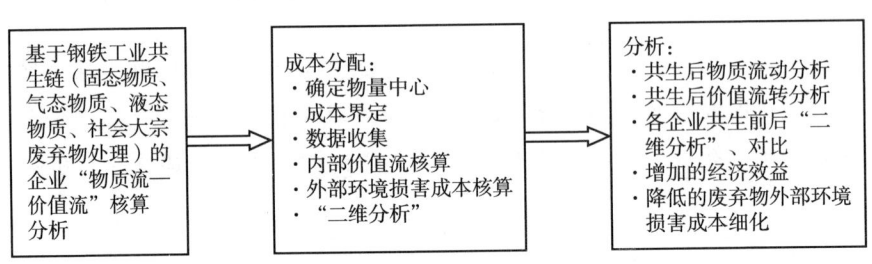

图4-17 基于工业共生链企业间成本分配分析思路

4.2.2 成本分配分析

要对工业共生链进行"元素流—价值流"分配,可将钢铁企业及与之相关联的企业单独设置物量中心,与废弃物及副产品关联较少的企业可暂时不计,对其输入输出情况进行分析。这里假定涉及的钢铁企业为超大型企业,其相关关联的企业为其集团下的子公司。由此,涉及企业间的成本分配以及企业间共赢的合作机制都为集团的共同利益所服务。

以某钢铁企业的固态物质集成成本分配为例,综合系统构筑工业共生链前,钢铁企业的大量废弃物和副产品没有得到有效利用,造成了环境的污染。由此可考虑在下游建立建材、化工厂、水泥厂接受和消纳废弃物和副产品。

1. 物量中心的划定

根据上述生产流程图,结合工业共生链特点和设置物量中心的原则,可将链上钢铁企业各厂包括发电厂、矿山、炼铁厂、炼钢厂和轧钢厂统一划入钢铁联合企业,其他分别为水泥厂、建材厂和化工厂物量中心。见图4-18。

第4章 工业共生链的企业间"元素流—价值流"管理研究

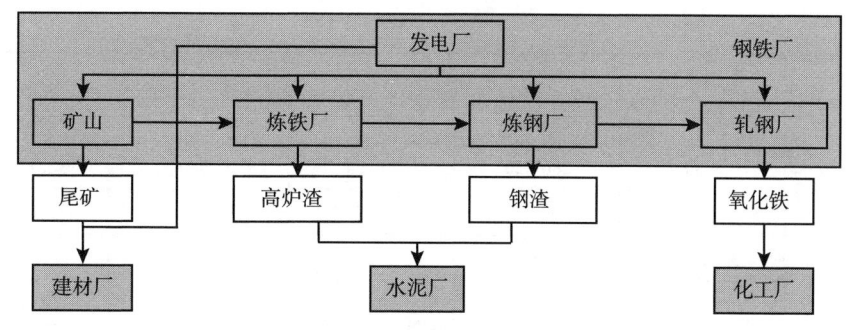

图 4-18 简易固态物质工业共生链物量中心

2. 成本界定

钢铁企业工业共生链成本的界定如表 4-1 所示。

表 4-1　　　　　　　　　工业共生链成本内容界定

成本项目		成本内容
材料成本	主要材料	铁水、矿渣
	次要材料	碎石、粉煤灰、尾矿
	辅助材料	高炉水渣、水石膏
系统成本	直接人工	生产工人工资及福利费
	其他直接费用	加工费等
	间接费用	生产管理人员工资及福利费、消耗性材料费、折旧费、修理费等
能源成本		电、煤、油、气等
废弃物处理成本		处理"工业三废"所发生的人工费、维护费等

注：废弃物处理成本包括各物量中心废渣处理成本，如果废渣可出售，其销售收入则应冲减成本。

3. 数据收集

工业共生链输入成本的数据收集如表 4-2 所示。

表 4-2　　　　　　　　工业共生链输入成本汇总　　　　　　　　单位：元/月

物量中心	明细类别	钢铁厂	水泥厂	建材厂	化工厂
材料流成本	主要材料	160 460	91 582	66 234	120 000
	副材料	102 000	12 550	50 004	87 000
	小计	262 460	104 132	116 238	207 000

续表

物量中心	明细类别	钢铁厂	水泥厂	建材厂	化工厂
材料流成本	电费	282 970	68 366	69 765	36 100
	水费	286 826	70 254	67 980	36 000
	小计	569 796	138 620	137 745	72 100
系统成本	人工费用	65 636	16 552	13 800	12 000
	折旧费用	113 954	30 729	30 000	20 000
	制造费用	10 334	2 332	8 000	30 000
	小计	189 924	49 613	51 800	62 000

4. 内部价值流成本分配与分析

计算方法与企业工艺流程方法类似，这里主要涉及工业共生链企业间的物质流，因此按照固态物质集成的重量划分为正、负制品成本，工业共生链的"元素流—价值流"成本分配汇总如表4-3所示。

表4-3　　　工业共生链"元素流—价值流"成本分配汇总　　　单位：元/月

项目分类	成本项目	钢铁厂	水泥厂	建材厂	化工厂
本物量中心投入	材料成本	262 460	104 132	116 238	207 000
	能源成本	569 796	138 620	137 745	72 100
	系统成本	189 924	49 613	51 800	62 000
	小计	1 022 180	292 365	305 783	341 100
上物量中心转入	材料成本	28 320	26 000	50 000	23 000
	能源成本	50 320	31 710	20 000	18 000
	系统成本	16 600	10 021	8 900	8 000
	小计	95 240	67 731	78 900	49 000
本物量中心总入	材料成本	290 780	130 132	200 320	150 091
	能源成本	620 116	170 330	12 000	9 800
	系统成本	206 524	59 634	9 000	7 108
	合计	1 117 420	360 096	221 320	166 999

续表

项目分类	成本项目	钢铁厂	水泥厂	建材厂	化工厂
正制品分配比例（%）		96	93	95	98
正制品（合格品）	材料成本	279 148.8	121 022.76	190 304	147 089.18
	能源成本	589 110.2	158 010	9 800	9 000
	系统成本	164 000	40 000	7 800	6 900
	合计	1 032 259	319 032.76	207 904	162 989.18
负制品（损失）	材料成本	11 631.2	9 109.24	10 016	3 001.82
	能源成本	31 005.8	12 320	2 200	800.00
	系统成本	42 524	19 634	1 200	208.00
	废弃物处理成本	1 780	1 110	600	500
	合计	102 961	52 163.24	19 416	9 009.82

5. 外部环境损害成本

对工业共生链进行资源价值流成本分配时，除上述内部资源流成本的核算外，还包括外部损害成本的核算。仍然采用 LIME 方法来评估外部损害成本，如表 4-4 所示：

表 4-4　　　　　　　工业共生链外部损害成本汇总

废弃物	LIME 值（日元/千克）	汇率	LIME 值（元/千克）	钢铁厂（元/月）	水泥厂（元/月）	建材厂（元/月）	化工厂（元/月）
粉尘	0.938	6.872	0.64	123 578	158 478	201 100	66 120
CO_2	2 450	6.872	168.36	56 258	48 365	33 218	19 836
SO_2	1 010	6.872	69.41	565 158	298 745	120 000	18 927
NO_x	197	6.872	13.54	33 268	54 643	9 100	8 653
废渣	1.18	0.872	0.08	79 265	95 695	1 082 391	71 237
废水	1.18	6.872	0.08	364 258	580 365	391 100	198 110
合计	—	—	—	1 221 785	1 436 291	1 836 909	382 883

注：假定折现率为5%，该折现率接近社会成本。

6. "内部资源价值流成本—外部环境损害成本"分析

根据工业链各物量中心内部资源成本及外部损害成本，可编制废弃物"内部资源价值流转价值—外部损害价值"汇总如表4-5所示：

表4-5 废弃物负制品"内部资源价值流成本—外部环境损害成本"汇总

物量中心		钢铁厂	水泥厂	建材厂	化工厂
内部资源流成本	正制品成品（元/月）	516 129.5	319 032.76	207 904	162 989.18
	负制品成品（元/月）	51 480.5	52 163.24	19 416	9 009.82
负制品	数值排名	2	1	3	4
外部损害成本	成本（元/月）	1 221 785	1 436 291	1 836 909	382 883
	数值排名	3	2	1	4
正制品率（%）		96	93	95	98

如上可见，根据表可得出基于钢铁工业共生链的"元素流—价值流"二维分析见图4-19。

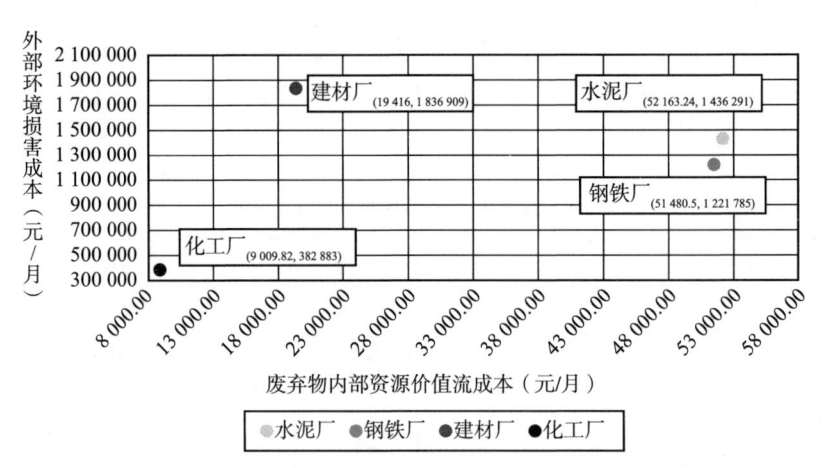

图4-19 基于钢铁工业共生链循环经济"元素流—价值流"二维分析

注：依据表4-5废弃物负制品"内部资源价值流成本—外部环境成本"汇总绘制而成。

从表4-5、图4-19来看，化工厂的内部资源流成本和外部损害成本数值都较低，正制品率较高，建材厂的物量中心在保持较高的正制品产出率的前提下，对环境的污染程度最严重，应深入分析原因，减少对外部环境的不利影响；水泥厂的正制品率最低，环境污染适中，应重点提高资源有效利用率，降低负制品率，同时考虑对环境造成的影响，尽量降低外部损失成本。

7. 共生链建立后成本效益分析

工业共生链建立后，钢铁企业固态物质集成的物质流、价值流和成本效益都发生很大的变化。

（1）绘制钢铁工业共生链后物质流图。

见图4-20。

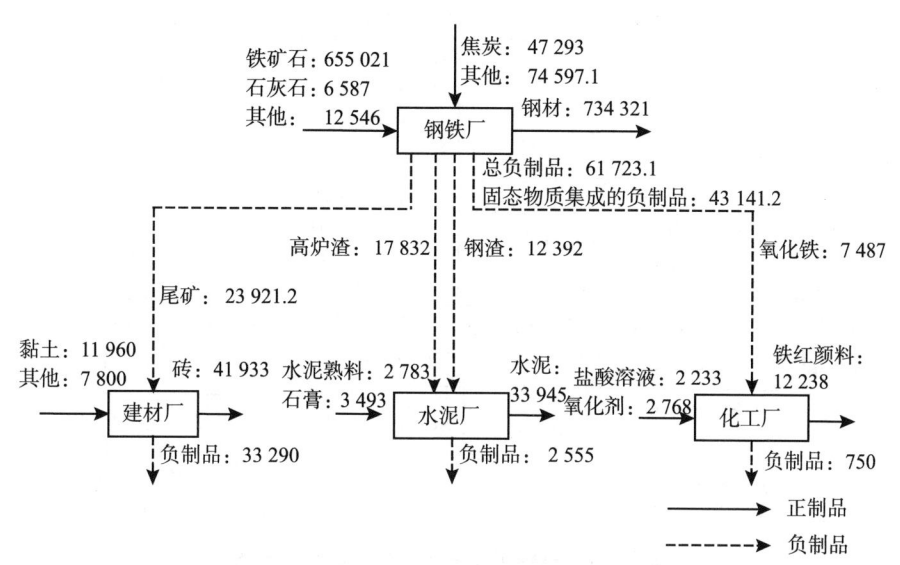

```
                    焦炭：47 293
    铁矿石：655 021   其他：74 597.1
    石灰石：6 587
    其他：12 546  →  钢铁厂  →  钢材：734 321
                             总负制品：61 723.1
                             固态物质集成的负制品：43 141.2
              高炉渣：17 832   钢渣：12 392      氧化铁：7 487
    尾矿：23 921.2

黏土：11 960                                              铁红颜料：
其他：7 800  砖：41 933  水泥熟料：2 783  水泥  盐酸溶液：2 233  12 238
          →  建材厂  →        石膏：3 493  →  水泥厂  →  33 945  氧化剂：2 768  →  化工厂  →
          负制品：33 290              负制品：2 555              负制品：750
                                                           → 正制品
                                                           ⇢ 负制品
```

图4-20　钢铁工业共生链后物质流图

（2）钢铁工业共生链后资源价值流图。

在钢铁工业共生链构建中，伴随着钢铁共生关系，存在着相应的价值循环流动，因分析范围已不再局限钢铁企业内部铁元素的流动，所以可依据各企业副产品的重量及其价位，绘制工业共生链的价值循环流转图。见图4-21。

如图4-21所示，建立工业共生链后，钢铁厂的固态物质集成内部资源损失和外部环境损害都有了一定程度的下降，实现了环境效益和经济效益的双赢。

（3）共生后钢铁企业"内部资源损失—外部环境损害"前后效益对比。

根据计算，共生后钢铁企业"内部资源损失—外部环境损害"前后效益对比如表4-6所示。

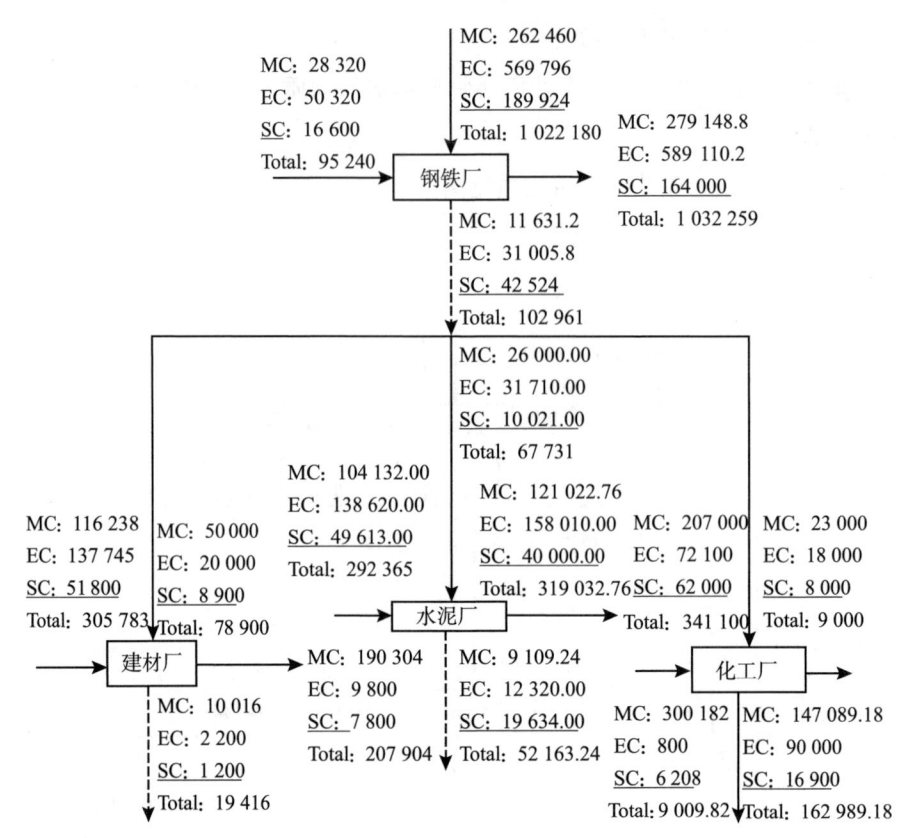

```
                            MC: 262 460
        MC: 28 320          EC: 569 796
        EC: 50 320          SC: 189 924        MC: 279 148.8
        SC: 16 600          Total: 1 022 180   EC: 589 110.2
        Total: 95 240    ┌─────────┐           SC: 164 000
        ────────────────▶│  钢铁厂  │──────────▶Total: 1 032 259
                         └─────────┘
                            MC: 11 631.2
                            EC: 31 005.8
                            SC: 42 524
                            Total: 102 961

                            MC: 26 000.00
                            EC: 31 710.00
                            SC: 10 021.00
                            Total: 67 731
                   MC: 104 132.00
                   EC: 138 620.00   MC: 121 022.76
MC: 116 238  MC: 50 000  SC: 49 613.00   EC: 158 010.00  MC: 207 000  MC: 23 000
EC: 137 745  EC: 20 000  Total: 292 365  SC: 40 000.00   EC: 72 100   EC: 18 000
SC: 51 800   SC: 8 900                   Total: 319 032.76 SC: 62 000  SC: 8 000
Total: 305 783 Total: 78 900          ┌────────┐         Total: 341 100 Total: 9 000
──────────▶┌──────┐──────────────────▶│ 水泥厂 │────────▶┌────────┐
           │建材厂│ MC: 190 304  MC: 9 109.24 └────────┘ │  化工厂 │──▶
           └──────┘ EC: 9 800    EC: 12 320.00  MC: 300 182  MC: 147 089.18
              MC: 10 016 SC: 7 800  SC: 19 634.00 EC: 800    EC: 90 000
              EC: 2 200  Total: 207 904 Total: 52 163.24 SC: 6 208  SC: 16 900
              SC: 1 200                               Total: 9 009.82 Total: 162 989.18
              Total: 19 416
```

图 4 – 21 钢铁工业共生链后资源价值流图

注：其中 MC 表示 material cost，即材料成本；EC 表示 energy cost，即能源成本；SC 表示 system cost，即系统成本。

表 4 – 6　　　　　钢铁企业工业共生链建立前后效益对比　　　　　单位：元/月

物量中心		钢铁厂
共生前	内部资源损失	56 125.20
	外部环境损害	1 287 334
共生后	内部资源损失	51 480.50
	外部环境损害	1 221 785
减少额	内部资源损失	4 644.7
	外部环境损害	65 549

第4章 工业共生链的企业间"元素流—价值流"管理研究

(4) 共生链上各企业增加的经济效益。

可分析得出工业共生后钢铁厂的上游企业的经济效益增加效果,如表4-7所示:

表4-7 工业生态链循环后上游企业增加的经济效益

物量中心	制品	处理后产品	单价（元）	数量（吨）	总价（元/月）	用途	接受企业
钢铁厂	铁渣	重矿渣、水淬渣	128	12 019	1 538 432	加工出售	水泥厂
	炉渣	微晶板材	139	20 208	2 808 912	直接出售	建材厂
	氧化铁	铁红颜料、氯化铵	215	31 238	6 716 170	加工出售	化肥厂
设备改造费			—	—	15 000	—	—
减排费					-30 000		
合计			—	—	11 108 514		

注：设备改造费为将废弃物处理成下游企业需要的原料所需要的费用。减排费为因为减少对环境的损害由政府减免的减排费,为负数形式。

同理,可构建下游水泥和化肥建材厂接受上游企业的废弃物之后的效益表,如表4-8所示。

表4-8 工业生态链循环后下游企业增加的经济效益

物量中心	负制品	产量（吨/月）	收益（元/月）	用途	提供企业
水泥	铁渣	6 234	319 223	生产原料	钢铁厂
建材	炉渣	5 501	203 970	生产原料	
化工	氧化铁	3 408	198 345	生产原料	
补贴	—	—	20 000	—	—
合计	—	—	741 538		

注：补贴为因接受上游企业的废料作为原材料而由政府给予的财政补贴。

由数据可见,通过钢铁厂、水泥厂、建材厂和化工厂建立的工业共生链,钢铁企业与其他产业共同合作加强了对企业"工业三废"的控制和再利用。工业链上的各企业之间有效沟通,项目经济效益有了明显的改善,每月可以增加收益

11 850 052 元（11 108 514 + 741 538）。

（5）共生链后减少的废弃物外部损害。

建立钢铁工业共生链后钢铁企业在外部环境损害成本方面也得到降低，其外部环境成本从 1 287 334 元减低到了 1 221 785 元，降低额是 65 549 元，降低率 5.09%（65 549/1 287 334），如表 4-9 所示。

表 4-9　　　　　　　　工业生态链循环后环境效益

废弃物	LIME 值（日元/千克）	汇率	LIME 值（元/千克）	共生前（元）	共生后（元）
粉尘	0.938	6.872	0.64	146 584	123 578
CO_2	2 450	6.872	168.36	61 256	56 258
SO_2	1 010	6.872	69.41	571 268	565 158
NO_x	197	6.872	13.54	36 125	33 268
废渣	1.18	6.872	0.08	96 812	79 265
废水	1.18	6.872	0.08	375 289	364 258
合计	—	—	—	1 287 334	1 221 785

综上可见，循环工业共生链的构建，有利于基于工业共生的上下游企业间资源流转得到充分优化利用，实现减量化投入、循环利用以及再利用，实现环境绩效与经济效益的和谐统一。固态物质工业共生链按照循环经济模式实现资源的良性与健康发展。

4.3　工业共生链集成的"元素流—价值流"综合测度

在国内外研究成果和研究设计规划的基础上，分析钢铁工业共生链发展循环经济的特点，构造一套科学的适用于工业共生链企业间"元素流—价值流"综合测度理论及方法体系。其中，一方面，通过 DEA 方法对钢铁工业共生链进行综合测度；另一方面，从循环经济开展前和循环经济逐步开展后的时间截面上，解构钢铁工业共生链环境负荷与经济效益指标之间的内在逻辑关系，全面评价钢铁工业共生链的资源效率、循环效率、环境效率及其相互作用关系。且都以钢铁工业共生链相关数据为基础,对近几年钢铁工业共生链循环经济发展状况进行测试对比分析,见图4-22。

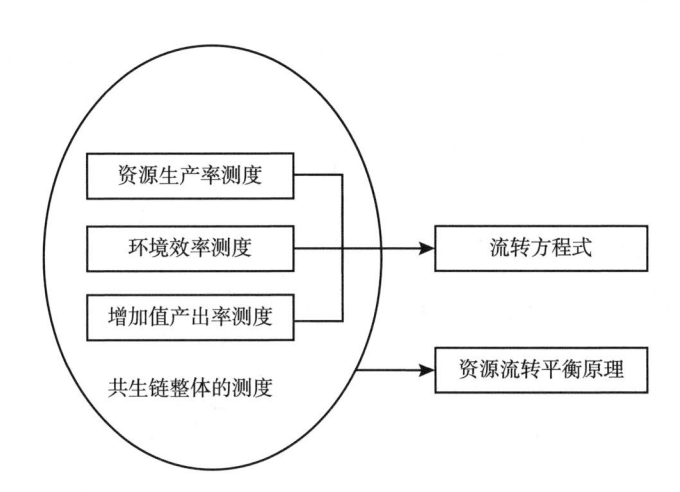

图4-22 企业间"元素流—价值流"综合测量评价指标体系类别

4.3.1 基于资源流转平衡原理的测度指标体系

基于工业共生链的企业间资源价值流转是通过制度保障和有效管理来实现的,建立其测度体系对基于工业共生链的企业间资源价值流转有效管理的手段之一。基于工业共生的企业间资源价值流转极大地促进了企业间的生态化进程,相比之下,与其相配套的可以衡量其发展状况、指导发展方向的测度方法和测度体系却还处于起步和探索阶段,很多方面都不成熟。本节研究测度体系设计内容和方法,设计指标体系对其进行测度。设计指标体系及进行综合测度是一项艰难的工作,在选择变量并加以综合的过程中,需要依据测度对象的实际情况进行确定。

1. 测度指标体系构建

1) 测度对象的确定与分析。

在建立测度指标体系之前需明确测度指标体系的层次。同时,需依据各系统间的影响力,选择重要的、典型的系统作为测度对象。然后,需对测度对象进行分析,考察其在行业乃至国家宏观背景中的相关因素,例如,有些系统的重点功能在于资源的合理利用，而有些系统重点却在污染的控制。通过系统分析可合理地确定指标权重，以便于构建科学、合理、有效的测度系统。

2）选择功能集和建立指标体系。

为便于测度，本书将基于工业共生的企业资源流转综合测度指标体系归纳为两大类即共生投入指标和共生产出指标。本书依据指标构建的相关原则，先提出一套适用于钢铁企业工业共生链"元素流—价值流"的一般性测度指标，在实际应用中可适当对指标数据进行增减。

3）确立具体测度指标体系。

建立具体的测度指标，必须在一般指标体系的基础上，进行指标体系的初选，然后对指标主成分和独立性进行分析，剔除掉不可行、无法测量及准确性无法满足的指标，最终确定具体指标。

借鉴国内外循环经济测度的最新研究成果，考虑资源价值流转的重要影响因素，以资源输入与产出为核心，确定一级指标（共生资源投入、共生资源产出）及与其对应的二级、三级指标，构建基于工业共生的企业资源价值流转综合测度指标体系。[131-133] 如表4-10所示。

表4-10　　　　　基于钢铁工业共生的价值流转测度指标体系

指标类型	指标内容	详细指标	单位
共生投入指标	资源消耗	单位生产总值取水量	立方米/万元
		单位生产总值能耗	吨标煤/万元
	废物排放	二氧化硫排放量	万吨
		化学需氧量排放量	万吨
		氨氮排放量	万吨
		氮氧化物排放量	万吨
		单位地区生产总值二氧化碳排放量	吨/万元
		工业固体废物排放量	万吨
		工业固体废物处置量	万吨
		工业废水排放量	万立方米

续表

指标类型	指标内容	详细指标	单位
共生产出指标	资源产出	铁矿石资源产出率	万元/吨
		能源产出率	万元/吨标煤
		土地产出率	万元/公顷
		水资源产出率	元/立方米
		单位产出外部损害价值	万元
	共生指标	产业链关联度	%
		非石化能源占一次能源消费比重	%
		可再生能源所占比例	%
		循环经济关联企业工业总产值	万元
		循环经济关联企业工业工商税收	万元
	资源综合利用	工业固体废物综合利用率	%
		工业用水重复利用率	%
		废旧资源综合处理量（含进口）	万吨

主要指标的具体内涵如下：

A. 投入指标——主要是资源消耗指标，评价资源输入及初始消耗情况。

a. 单位生产总值取水量——每产出万元生产总值所消耗的水资源；

b. 单位生产总值能耗——万元产值消耗主要资源量；

c. 二氧化硫排放量——报告期内二氧化硫的最终排放量；

d. 化学需氧量排放量——报告期内化学需氧量的最终排放量；

e. 氨氮排放量——报告期内氨氮的最终排放量；

f. 氮氧化物排放量——报告期内氮氧化物的最终排放量；

g. 单位地区生产总值二氧化碳排放量——每产出万元生产总值所带来的二氧化碳排放量；

h. 工业固体废物排放量——报告期内工业固体废物的最终排放量；

i. 工业固体废物处置量——报告期内将固体废物焚烧或者最终置于符合环境保护规定要求的场所，并不再回取的工业固体废物量；

j. 工业废水排放量——报告期内工业废水的最终排放量；

B. 产出指标——主要是产品和服务的价值、资源综合利用情况；

a. 铁矿石资源产出率——指铁矿石资源物量消耗与生产总值的比值；

b. 能源产出率——指能源消耗总量与生产总值的比值；

c. 土地产出率——指共生链区域单位面积产出的生产总值；

d. 水资源产出率——消耗水资源所产出的生产总值；

e. 单位产出的外部损害价值——企业在供应、生产、销售、回收、处置等环节的经济活动中造成空气、水、噪声、固体废弃物污染以及开采利用自然资源造成的生态破坏等不良环境影响，但其治理由社会承担而非由企业承担的环境成本占产出价值的比重；指标分子以资源价值流转核算模型为基础进行计算，指标分母由 LCA 评价方法计算所得（如 LIME 评价方法等）；

f. 产业链关联度——指产业与产业之间通过产品供需而形成的互相关联、互为存在前提条件的内在联系程度；

g. 非石化能源占一次能源消费比重——指非石化能源在一次能源消费中的比值；

h. 可再生能源所占比例——可再生能源与总能源之间的比值；

i. 循环经济关联企业工业总产值——与循环经济相关的企业的总产值；

j. 循环经济关联企业工业工商税收——与循环经济相关企业的工商税收；

k. 工业固体废物综合利用率——指工业固体废物综合利用量占工业固体废物产生量的比值；

l. 工业用水重复利用率——生产过程中使用的重复利用水量与总用水量之比；

m. 废旧资源综合处理量（含进口）——报告期内处理的废旧资源量。

2. 测度方法的选择

目前对于工业共生测度的方法有很多，工业共生链循环经济"元素流—价值流"测度属于多投入多产出的效率测度，主要有三种方法对此进行研究，一种是回归分析，另一种是对生产过程拆解构建指标体系分别分析，还有一种是包括综合指数法、模糊综合评判法、主成分分析法、投影寻踪法和非参数的 DEA 法（数据包括分析）等。目前各种方法都有其优缺点，其中的 DEA 方法是以相对效率概念为基础，根据多指标投入和多指标产出对同类属性的单位（部门、企业）进行相对有效性或效益评价的一种方法，比较适合于本研究，因此，选择 DEA 分析方法。

1）DEA 介绍。

数据包络分析（data envelopment analysis）是由查恩斯（A. Charnes）和库伯

(W. W. Cooper)等学者于1978年创建的。它是一种面向数据的,用来评估具有多个输入和输出的同等决策单元相对效率的方法。它是数学规划的一种应用,通过建立规划模型来对决策单元进行评价。这里,决策单元(decision making unit, DMU)的定义是通用而灵活的,具有多样的形式。通常,每一个待评估的单位,如城市、企业、医院、银行或学校等都可称为决策单元。这些决策单元一般具有多个投入指标和多个产出指标,即把多种投入转换成多种产出。对这些决策单元而言,很自然的问题就是如何评价它们的效率。[134]

通常,效率或性能的评价采用比率的形式,即

$$效率 = \frac{产出}{投入} \tag{4-1}$$

对于单个输入和单个输出的决策单元来说,采用上式的计算方法是非常方便的。可以很容易地评价每一个决策单元的效率。然而,当决策单元具有多个输入和多个输出时,采用方程(1.1)来评价其效率就遇到了困难。举例来说,对四所类似的大学,它们的投入指标有教师和学生的比率、教授的人数、政府和地方提供的教育经费以及科研设备的投入等,产出指标则有学生的平均成绩、科研论文、发明专利以及学生就业率等。如何评价这四所大学的效率呢?或者说哪一所大学是最有效率的呢?显然,我们不能简单地运用方程(1.1)来评价,因为每一所大学具有多个输入量和输出量。我们不知道如何确定投入和产出的总量。正是基于这样的考虑,数据包络分析方法应运而生。它能有效地解决同等决策单元的相对效率评价问题。

在 DEA 中,我们引入两组加权系数,分别为投入指标加权系数 $v = (v_1, v_2, \cdots, v_m)^T$ 和产出指标加权系数 $u = (u_1, u_2, \cdots, u_s)^T$。通过加权运算,我们得到某一个 DMUo 的虚拟输入和虚拟输出。

$$虚拟输入 = v_1 x_{1o} + v_2 x_{2o} + \cdots + v_m x_{mo}$$
$$虚拟输出 = u_1 y_{1o} + u_2 y_{2o} + \cdots + u_s y_{so} \tag{4-2}$$

如果能求出这两组加权系数,我们就可以根据方程(1.1)来评价其效率。接下来的任务就是确定这两组加权系数。根据线性规划的方法,我们把这两组加权系数看作决策变量,目标函数是虚拟效率。这样在虚拟效率具有最大值时,即

$$\max 虚拟效率 = \frac{虚拟输出}{虚拟输入} \tag{4-3}$$

我们就可以确定这两组加权系数。通常使每一个 DMU 具有最大的虚拟效率,

其投入和产出的加权系数都是不同的。如果计算出了每一个 DMU 的最大效率，我们就可以找出最有效率的那个 DMU，从而解决了多输入和多输出 DMU 的效率评价问题。此外，通过比较同等 DMU 之间的效率，我们可以对低效率的 DMU 进行改进。

2) CCR 模型。

假设这里有 n 个决策单元：DMU_1，DMU_2，…，DMU_n。每个决策单元具有相同的投入指标和产出指标。其中，投入指标数目为 m，产出指标数目为 s。各个 DMU 的输入和输出数据如表 4-11 所示。

表 4-11　　　　　　　　DEA 决策单元的投入产出数据

DMU 投入指标的输入量

投入指标权重		DMU_1	DMU_2	…	DMU_j	…	DMU_n
v_1		x_{11}	x_{12}		x_{1j}		x_{1n}
v_2		x_{21}	x_{22}		x_{2j}		x_{2n}
…		…	…		…		…
v_m		x_{m1}	x_{m2}		x_{mj}		x_{mn}

DMU 产出指标的输出量

y_{11}	y_{12}		y_{1j}		y_{1n}	u_1	产出指标权重
y_{21}	y_{22}		y_{2j}		y_{2n}	u_2	
…	…		…		…	…	
y_{s1}	y_{s2}		y_{sj}		y_{sn}	u_s	

x_{ij} 表示 DMU_j 对第 i 种投入指标的输入量，且 $x_{ij}>0$，$1 \leqslant i \leqslant m$，$1 \leqslant j \leqslant n$；
y_{rj} 表示 DMU_j 对第 r 种产出指标的输出量，且 $y_{rj}>0$，$1 \leqslant r \leqslant s$；
v_i 表示对第 i 种投入指标的输入量的权系数；
u_r 表示 DMU 对第 r 种产出指标的输出量的权系数。用矩阵的形式表示。则投入指标的输入量为：

$$X = \begin{pmatrix} x_{11} & x_{12} & \cdots & x_{1n} \\ x_{21} & x_{22} & \cdots & x_{2n} \\ \cdots & \cdots & \cdots & \cdots \\ x_{m1} & x_{m2} & \cdots & x_{mn} \end{pmatrix} \tag{4-4}$$

产出指标的输出量为：

$$Y = \begin{pmatrix} y_{11} & y_{12} & \cdots & y_{1n} \\ y_{21} & y_{22} & \cdots & y_{2n} \\ \cdots & \cdots & \cdots & \cdots \\ y_{s1} & y_{s2} & \cdots & y_{sn} \end{pmatrix} \quad (4-5)$$

根据前面的描述，可以建立如下的 CCR 模型：

$$\begin{cases} \max \quad \theta = \dfrac{u_1 y_{1o} + u_2 y_{2o} + \cdots + u_s y_{so}}{v_1 x_{1o} + v_2 x_{2o} + \cdots + v_m x_{mo}} \\ \dfrac{u_1 y_{1j} + u_2 y_{2j} + \cdots + u_s y_{sj}}{v_1 x_{1j} + v_2 x_{2j} + \cdots + v_m x_{mj}} \leqslant 1 (j = 1, \cdots, n) \\ v_1, v_2, \cdots, v_m \geqslant 0 \\ u_1, u_2, \cdots, u_s \geqslant 0 \end{cases} \quad (4-6)$$

其中，该模型的决策变量是两组权重系数，分别为 $v = (v_1, v_2, \cdots, v_m)^T$ 和 $u = (u_1, u_2, \cdots, u_s)^T$。

因为上面的模型是一个分式规划的问题，在计算过程中不是很方便。最好是能够转换成线性规划的问题。通过 Charnes – Cooper 变换，可以将分式规划问题转换成线性规划问题。

$$\begin{cases} \max \quad \theta = u_1 y_{1o} + u_2 y_{2o} + \cdots + u_s y_{so} \\ v_1 x_{1o} + v_2 x_{2o} + \cdots + v_m x_{mo} = 1 \\ u_1 y_{1j} + u_2 y_{2j} + \cdots + u_s y_{sj} \leqslant v_1 x_{1j} + v_2 x_{2j} + \cdots + v_m x_{mj} (j = 1, \cdots, n) \\ v_1, v_2, \cdots, v_m \geqslant 0 \\ u_1, u_2, \cdots, u_s \geqslant 0 \end{cases} \quad (4-7)$$

这样，就得到了 CCR 模型。其对偶规划可以表达如下：

$$\begin{cases} \min \quad \theta \\ \sum_{j=1}^{n} x_{ij} \lambda_j + s_i^- = \theta x_{i0}, \quad i = 1, 2, \cdots, m \\ \sum_{j=1}^{n} y_{rj} \lambda_j - s_r^+ = y_{r0}, \quad r = 1, 2, \cdots, s \\ \lambda_j, s_i^-, s_r^+ \geqslant 0, \quad j = 1, 2, \cdots, n \end{cases} \quad (4-8)$$

3) DEA 有效性的判断。

在判断 DMU 是否 DEA 有效时，如果利用线性规划，则需要判断是否存在最优解的加权系数，v 和 u 是否满足相应的约束条件。采用其对偶线性规划，则需要判断是否存在最优解的 λ，θ，s^- 和 s^+，且满足相应的约束条件。无论采用哪种方法，判断起来都不是很方便。

正是针对这一问题，查恩斯和库伯引入了非阿基米德（non-Archimedean）无穷小的概念，对线性规划进行适当的变换，这样就可以很简便地判断 DMU 的 DEA 有效性。假定 ε 是非阿基米德无穷小量，它是一个小于任何正数且大于零的数。通常，ε 取非常小的实数，例如 $\varepsilon = 10^{-6}$。在含有非阿基米德无穷小量 DEA 的 CCR 模型中，使得加权系数大于非阿基米德无穷小量，这样就保证了加权系数严格大于零。

含非阿基米德无穷小量 DEA 的 CCR 模型如下所示：

$$\begin{cases} \max \dfrac{u_1 y_{1o} + u_2 y_{2o} + \cdots + u_s y_{so}}{v_1 x_{1o} + v_2 x_{2o} + \cdots + v_m x_{mo}} \\ \dfrac{u_1 y_{1j} + u_2 y_{2j} + \cdots + u_s y_{sj}}{v_1 x_{1j} + v_2 x_{2j} + \cdots + v_m x_{mj}} \leqslant 1 (j=1, \cdots, n) \\ \dfrac{v_i}{v_1 x_{1j} + v_2 x_{2j} + \cdots + v_m x_{mj}} \geqslant \varepsilon \\ \dfrac{u_r}{v_1 x_{1j} + v_2 x_{2j} + \cdots + v_m x_{mj}} \geqslant \varepsilon \end{cases} \quad (4-9)$$

然后通过变换，转换成线性规划形式：

$$\begin{cases} \max \sum_{r=1}^{s} u_r y_{ro} \\ \sum_{r=1}^{s} u_r y_{ro} - \sum_{i=1}^{m} v_i x_{ij} \leqslant 0, \ j=1, 2, \cdots, n \\ \sum_{i=1}^{m} v_i x_{io} = 1 \\ v_i \geqslant \varepsilon, \ u_r \geqslant \varepsilon, \ \forall i, r \end{cases} \quad (4-10)$$

其对偶规划为：

$$\begin{cases} \min \ [\theta - \varepsilon(\sum_{i=1}^{m} s_i^- + \sum_{r=1}^{s} s_r^+)] \\ \sum_{j=1}^{n} x_{ij}\lambda_j + s_i^- = \theta x_{io}, \ i = 1, 2, \cdots, m \\ \sum_{j=1}^{n} y_{rj}\lambda_j - s_r^+ = y_{ro}, \ r = 1, 2, \cdots, s \\ \lambda_j, \ s_i^-, \ s_r^+ \geqslant 0, \ j = 1, 2, \cdots, n \end{cases} \quad (4-11)$$

在求解该线性规划最优解时，如果 $\theta = 1$，则该 DMU 为弱 DEA 有效；如果 $\theta = 1$，并且 $s^- = 0$，$s^+ = 0$，则该 DMU 为 DEA 有效。

4.3.2 基于资源价值流转方程式的工业共生链测度

钢铁工业共生链的测度指标是客观评价钢铁工业共生链生态化程度的重要指标，对引导经济、社会和环境的协调发展具有重要意义。为此，除建立综合测度体系外，还应协调资源、经济、环境和社会等相互关系，建立资源价值流转方程式的测度指标。

1. 环境效率、资源生产率、增加值率和 IPAT 方程介绍

1）环境效率。

环境效率又被称为生态效率（eco-efficiency），是由沙尔泰格（Schaltegger）和施图尔姆（Sturm）在1990年首次提出，它连接生产活动与可持续发展，也是循环经济、可持续发展潜力的重要指标。其内容是增加的经济价值与增加的环境影响之间的比值。环境效率这一指标实现经济效益和环境效益的协调，既考虑到了经济活动造成的环境影响，又涉及经济活动的经济价值。这一特点使之成为"元素流—价值流"分析的测度方法之一。

具体来说，环境效率包括两方面内容：①选择环境管理工具来搜集环境效率测度数据。一般选择产品生命周期分析、环境管理程序、ISO14000、环境成本核算、社会责任报告等文件和数据来分析。②利用环境管理工具对环境效率进行测度。工业链上的企业要根据工业链整体规模、经营状况、上下游沟通情况制定环境效率测度策略。通过环境效率，联系宏观、中观与微观层面经济，环境发展，可将宏观循环经济战略渗透到企业中去。

将环境效率引入循环经济"元素流—价值流"测度有着十分重要的现实意

义，环境效率测度在工业共生链企业的实施，能促使企业降低和避免不必要的成本，改善企业品牌形象，建立新的竞争优势，提高工业共生链整体利润。

2）资源生产率。

资源生产率是经济社会发展的价值量（即 GDP 总量）和自然资源（包括能量物质资源与生态环境资源）消耗的实物量的比值，计算公式：资源生产率＝经济社会发展（价值量）/资源环境消耗（实物量）。

从工业链资源"元素流—价值流"分析，资源生产率＝产值/资源消耗量，代表每投入 1 单位的资源消耗获得的产值，用来衡量经济使用资源的效率。按照集成的思想，可计算资源明晰生产率或废弃物明晰生产率指标，前者包括单位物耗产值（固态物质资源生产率）、能耗产值（气态物质资源生产率）或单位水耗产值（液态物质资源生产率）等，后者指单位固废产值（固废排放生产率）、单位废气产值（废气排放生产率）和单位废水产值（废水排放生产率）。

为缓解经济社会发展对资源和环境的压力，需要从节能的角度控制经济发展对资源的依赖，通过技术进步，寻找替代资源扩大资源的供应量。主要措施包括推动产业生态化、建设循环工业链、推动再制造工程，提高资源、能源和水的生产率及利用率等。

3）增加值产出率。

增加值产出率代表循环效率的经济效果。在企业中，附加价值一般以工业增加值或者经济附加值表示。流程制造业及工业共生链中，用工业总产值、工业增加值替代可衍生为工业总产值、工业增加值分析方法。增加值产出率是指一定时期内，工业增加值占产值的比重，反映降低中间消耗的经济效益。工业增加值是指企业在报告期内以货币表现的工业生产活动的最终成果，是企业全部生产活动的总成果扣除了在生产过程中消耗或转移的物质产品和劳务价值后的余额，是企业开展循环经济后生产过程中新增加的价值。计算公式：增加值产出率＝工业增加值/产值。

以财务变量来作为环境业绩与财务业绩组合的环境业绩指标，可选择增加值作为变量。原因在于增加值在资源使用、经济产出和环境影响之间能够建立更为精确的内在逻辑关系。企业作为理性的经济人，只核算与自身相关的资源消耗和"三废"的产生。企业的环境业绩和财务业绩只与能够实际控制的生产过程有关。而与产品相关的供应商所耗费的资源和排放的"三废"则不计入在内。增加值则能精确分离出企业对产品或劳务的贡献。工业增加值率的大小直接反映企业降低中间消耗的经济效益,反映投入产出的效果。工业增加值率越高,企业的附加值越高,盈利水平越高,投入产出的效果越佳。增加值率是一个地区钢铁企业盈利能力和发展水平的综合体现,其增加值率高低直接决定着一个地区的发展水平和效益水平。

4) IPAT 方程。

美国斯坦福大学著名人口学家保罗·R. 埃利希 (Paul R. Ehrlich) 教授提出关于环境负荷、人口、富裕度和技术三因素间的恒等式:

$$I = P \times A \times T \tag{4-12}$$

上式中,I 即环境负荷 (environmental impact),以环境指标表示,可以是资源消耗或环境污染物排放值,也可以是某特定资源、能源消耗量或产生的废弃物;P 为人口 (population),以人数表示;A 为富裕程度 (affluence),以人均 GDP 表示,即 A = GDP/P;T 为技术因素 (technology),表示为单位 GDP 的环境指标,即 T = I/GDP。

可用不同的指标替代等式左边的 I 来进行变形,例如废弃物排放量、物质消耗总量等。以物质消耗总量为例,上式可转化为

物质消耗总量 = P × (GDP/人口) × (物质消耗总量/GDP),即

$$I = P \times \frac{GDP}{P} \times \frac{I}{GDP} \tag{4-13}$$

应该说明的是,恒等式两端是保持平衡的。等式的三个变量中,人口是不断增长的,富裕度也将随着经济的发展而发展,因此减少环境负荷—物质消耗是循环经济发展的目标。

令 $S = \frac{I}{GDP}$,式 (4-13) 可以转化为 I = GDP × S,GDP 简写成 G,则

$$I = G \times S \tag{4-14}$$

式中,G 即国内生产总值,即 GDP,S 则是单位 GDP 的物质消耗。

IPAT 方程是分析一个国家或地区的环境与人口、经济和资源之间内在关系的工具,循环经济主要强调的是资源、经济和环境的和谐发展。因此该方程式及衍生公式在循环经济发展过程中具有重要的意义。在制订"3R"目标与一定时期经济计划时,可以设计不同的测度指标参数,评估出末端对环境的影响,确定一定时期资源消耗、经济增长与环境负荷的内在逻辑关系。

2. 总测度模式——资源输入、循环和输出融合测度模型

通过构建以钢铁企业为中心的工业共生链,可为系统内的企业创造经济效益,降低整个系统内所需要资源的投入,提高资源利用效率,减少对环境的污染。以固态物质、气态物质、液态物质和社会大宗废弃物集成为基础,通过核算分析工业共生链的价值流动,与外部环境损害价值相结合,可以测度工业共生链上资源内部经济效益和外部环境效果。

基于上述研究,以工业链各集成为基础,结合环境业绩与财务业绩,将资源生产率、环境效率、增加值产出率纳为一体,借鉴 IPAT 方程,构建基于资源效率、环境效率以及增加值效率一体化的方程式,以固态物质为例:

$$固态物质废弃排放量 = \frac{总产值}{资源投入量} \times \frac{工业增加值}{总产值} \times \frac{固态物质废弃排放量}{工业增加值}$$

即,固态物质排放量 = 资源投入量 × 资源生产率 × 附加值产出效率 × 环境效率

用数学等式表达为:

$$EP_i = RI_i \times Rp_i \times Vp_i \times Ee_i \quad (4-15)$$

其中,EP_i——第 i 节点的固态物质废弃物排放量;RI_i——第 i 节点资源投入量;Rp_i——第 i 节点资源生产率(产值/资源投入量);Vp_i——第 i 节点附加价值产出率(附加价值/产值,表示工业共生效率的经济效果);Ee_i——第 i 节点环境效率(固态物质废弃排放量/附加价值)。

可见,资源效率 = 总产值/新资源投入量,单位新资源投入量的总产值越高,表示资源生产率越高;附加值产出效率 = 工业增加值/总产值,表示单位总产值中的工业增加值的含量;环境效率 = 固态物质废弃排放量/工业增加值,表示为生成单位工业增加值而产生的废弃排放量,废弃排放量越少,表示环境效率越高。据上述公式,可作如下变化趋势分析:假设要求资源循环量增加,将导致新资源投入量的减少,即转移价值降低,工业增加值增加,进而导致附加价值产出效率比例提高;资源循环量增加,亦可从另一条路径实现,即通过减少废弃损失量,增加工业增加值,从而提高循环效率,提升环境效率。

对气态物质资源集成、水资源集成、社会大宗废弃物投入成本的分析可以参照资源价值流转方程式,将上式中的环境污染物排放量替换成能耗量和水耗量,则公式转化成为:

第4章　工业共生链的企业间"元素流—价值流"管理研究

$$气态物质排放量 = 资源投入量 \times \frac{总产值}{资源投入量} \times \frac{工业增加值}{总产值} \times \frac{气态物质排放量}{工业增加值}$$

$$液态物质排放量 = 资源投入量 \times \frac{总产值}{资源投入量} \times \frac{工业增加值}{总产值} \times \frac{液态物质排放量}{工业增加值}$$

$$社会大宗废弃物排放量 = 资源投入量 \times \frac{总产值}{资源投入量} \times \frac{工业增加值}{总产值}$$
$$\times \frac{社会大宗废弃物排放量}{工业增加值}$$

即

气态物质排放量 = 资源投入量 × 资源生产率 × 附加值产出效率 × 环境效率
液态物质排放量 = 资源投入量 × 资源生产率 × 附加值产出效率 × 环境效率
社会大宗废弃物排放量 = 资源投入量 × 资源生产率 × 附加值产出效率 × 环境效率

则当资源投入量增加一定比例时，其他指标不变时，总气态物质（液态物质、社会大宗废弃物）排放量值也同比增加相应的比例。

3. 子测度模式

此外，可以将上述总平衡方程式的构成部分予以分解，按各组成要素展开，通过替代因子进行结构分析。依据前述资源"元素流—价值流"平衡方程式的层级指标原理，结合前述资源价值流转的核算方法与测度模型，可构建钢铁工业共生链循环经济实施的子测度模型。

1) 在资源输入端，可推导：

$$Rp_i = \frac{1}{\frac{1}{Ns_i} + \frac{1}{Ys_i}} \times (WRr_i + ZRr_i + ERr_i) \quad (4-16)$$

式（4-16）中，Rp_i——第 i 流程环节资源生产率（产值/资源投入量）；Ns_i——第 i 流程环节能源生产率（产值/能源投入量）；Ys_i——第 i 流程环节原材料生产率（产值/原材料投入量）；WRr_i——第 i 流程环节外购新资源投入率（外购新资源量/资源总投入量）；ZRr_i——第 i 流程环节自采新资源投入率（自采新资源量/资源总投入量）；ERr_i——第 i 流程环节二次资源投入率（二次资源投入量/资源总投入量）；从企业角度考虑资源循环利用率，又可分解为：

$$ERr_i = \frac{1}{ZSRr_i} \times HZRr_i \times RIO_i \quad (4-17)$$

式（4-17）中，$ZSRr_i$——第 i 流程环节再生资源化率（二次资源再生量/

循环利用量）；$HZRr_i$——第i流程回收再资源化率（二次资源再生量/总产量）；RIO_i——第i流程投入产出比（总产量/投入量）；

2）在资源消耗的生产流程环节，可推导：

$$Vp_i = \frac{RUVr_i + WLVr_i - RRUr_i}{RVSr_i} \times RVEA_i \qquad (4-18)$$

式（4-18）中，Vp_i——第i流程环节附加值产出率（附加价值/产值）；$RUVr_i$——第i流程环节资源成本有效利用率（资源有效成本/资源流转成本）；$WLVr_i$——第i流程环节废弃物成本损失率（废弃物损失成本/资源流转成本）；$RRUr_i$——第i流程环节内部循环利用率（内部循环利用成本/资源流转成本）；$RVSr_i$——第i流程环节资源成本生产率（产值/资源流转成本）；$RVEA_i$——第i流程环节单位资源成本的附加价值（附加价值/资源流转成本）。

此环节以资源流价值与产值、附加价值之间的关联分析为核心，分解重构可得资源流转价值有效利用率、废弃物价值损失率、资源循环利用率、单位资源的附加价值等指标（可采用前述章节中资源流转价值核算模型对原材料、能源、人工及制造费用等进行计算，并依据相关标准进行细分测度），在利用相关指标对工业共生链节点资源价值流转效率进行综合分析及评判的基础上，即可为其清洁生产、资源价值流转优化管理与环境保护等提供决策支持。

3）在输出端，可推导：

$$Ee_i = EVAV_i \times \frac{1}{DEDV_i} = EVAP_i \times (1 - RDr_i) \qquad (4-19)$$

式（4-19）中，Ee_i——第i流程环节环境效率（环境污染物排放量/附加价值）；$EVAV_i$——第i流程环节单位经济附加值的外部损害价值（污染物外部损害价值/附加价值）；$DEDV_i$——第i流程环节单位污染物的外部损害价值（污染物外部损害系数）；$EVAP_i$——第i流程环节单位经济附加值的污染物产生量（污染物产生量/附加价值）；RDr_i——第i流程环节回收处置率（回收处置量/污染物产生量）。

通过上述指标模型，可有效揭示钢铁工业共生链企业资源物质流动与价值流转之间的内在机理，测度在输入、消耗、输出及回收再资源化环节的资源利用效率，为企业循环经济管理及决策提供应用模式支撑。

4. 循环经济前后钢铁工业共生链综合测度与分析

由前可知，资源价值流转方程式可全面测度钢铁工业共生链的资源效率、循环效率及环境效率等。故为能全面测度钢铁工业共生链循环经济的发展状况、深入分析各个内部环节资源、环境的相互依存关系，以资源价值流转方程式基本原理为基础，融入外部环境损害成本节约思想，从循环经济开展前（即过去，现行生产模式）、循环经济逐步开展后（即现在，清洁生产与部分循环经济措施相结合的模式）两个时间截面解构钢铁工业共生链环境负荷与经济效益指标间的内在逻辑关系，全面客观测度和分析了钢铁工业共生链的资源效率、循环效率、环境效率及其相互影响作用的关系。使环境负荷、资源能源消耗量、废弃物排放量与产值、工业增加值、资源投入产出量等指标揭示各个指标间的内在逻辑关系一目了然，更可使外部利益相关者对钢铁工业共生链的资源效率、循环效率、环境效率有深入了解，全面客观测度钢铁工业共生链经济、环境、社会各层面的可持续发展状况。

如将钢铁工业共生链生产流程的相关资源流转数据予以计算汇总，则可得到如下比较。见图 4-23。

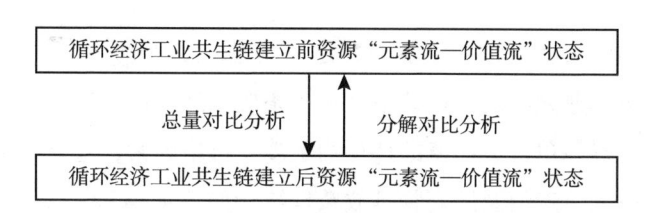

图 4-23 钢铁企业循环经济工业共生链建立前后的资源价值流转比较

以数据流图为基础，可对钢铁企业工业共生链构建循环经济前后的资源流转价值差异进行比较分析；同时，也可分不同品种、产品、区域、板块予以细化测度与分析。

仍以上述某简易固态物质集成工业共生链为例，为便于资源流转方程式优化前后对比分析，考虑到数据的一致性和准确性，该企业初步构建工业共生链，至2008 年建立包括建材厂、水泥厂和化工厂的循环经济工业共生链，产生良好经济效益和环境效益。由此，选择 2006 年工业共生链建立前的数据作为基期，工业共生链建立后初步发展的 2008 年的数据为报告期，系统分析与测度固态物质工业共生链的输入、循环及输出情况。选取了年度单耗或年度平均数据进行分析，原因在于资源消耗成本或单耗会因相关资源的输入质量、品位的差异发生相应的改变。产值、成本等数据主要来源于财务报告,资源消耗来源于生产统计表及技术质量月报,废弃物产生及排放数据来源于环境责任报告书年度汇总表。通过数据整理和加工,可求得数据如表4-12所示:

表4-12 2006年工业共生链前固态物质资源流转方程式计算

项目	单位	数值	项目	单位	数值
固态资源投入量	万元	709 193.99	增加值产出率	万元/万元	0.51
产值	万元	2 450 362.74	环境效率	吨/万元	12.96
工业增加值	万元	1 253 811.18	单位产值的环境负荷比率	吨/万元	6.63
环境固态物质废弃物排放量	吨	16 249 100	单位资源的环境负荷比率	吨/万元	22.91
资源生产率	万元/吨	3.46			

注:单位产值的环境负荷比率=环境废弃物排放量/产值;单位资源投入的环境负荷比率=环境废弃物排放量/资源投入量。固态物质资源投入量=铁矿石+硅石+辅料+熔剂等。产值=钢材产量×2006年钢材单价=6 233 433.58吨×0.3931万元/吨=2 450 362.74(万元),下同。

随着经济的发展,资源、环境问题进一步恶化,2008年开始,钢铁企业加强与各相关下游企业之间的工业共生联系,拓展循环经济的实现范围。考虑到物价变动的影响,资源单价、产值的计算均不涉及价格因素,建立工业共生链后期固态物质资源投入、产值及废弃物排放数据统计如表4-13所示。

表4-13 2008年工业共生链后固态物质资源流转方程式计算

项目	单位	数值	项目	单位	数值
固态资源投入量	万元	4 253 790.61	增加值产出率	万元/万元	0.39
产值	万元	8 383 648.58	环境效率	吨/万元	11.29
工业增加值	万元	3 253 391.63	单位产值的环境负荷比率	吨/万元	4.38
环境固态物质废弃物排放量	吨	3 672.75	单位资源的环境负荷比率	吨/万元	8.63
资源生产率	万元/吨	1.97			

通过对表4-12与表4-13的比较可知,钢铁企业与其他企业建立联系后,从资源生产率来看,资源消耗逐渐减少;从增加值产出率来看,共生经济效益有所增加;从环境污染来看,环境污染也有所减少,三个子指标的数据都表现良

好，企业之间的共生关系逐渐加强，数据也有了明显提升，说明循环经济效果良好，成效显著。

5. 基于资源"元素流—价值流"方程式的影响因素变动分析

进行因素变动分析，可在一定的假定条件下，按照循环经济开展前、循环经济逐步开展后两个层面，假设产值变化（高值、标准、低值）引起其他相关因素的变动；或者是能源、资源投入变化，引起其他相关因素的变动；或者是工业增加值、环境污染物排放变化，引起其他相关因素的变动。

分析变换规律可见，在假定产值不变的情况下，资源循环量（R）↑，则会导致：

资源循环量（R）↑→新资源投入量（I）↓→转移价值1↓→工业增加值↑→$\frac{工业增加值}{产值}$↑；

资源循环量（R）↑→废弃损失量（I）↓→工业增加值↑→$\frac{工业增加值}{产值}$↑；

资源循环量（R）↑→废弃损失量（I）↓→$\frac{环境污染物排放量}{工业增加值}$↓（环境效率提高）。

借鉴 IPAT 方程的思路将方程式加以改造，针对钢铁工业共生链实际进行测度和分析，将上述基本资源流转方程式进行变形，可进行因素分析。因素分析法是依据分析指标与其影响因素的关系，从数量上确定各因素对分析指标的影响方向和程度，其优点在于既可以全面分析各因素对某一经济指标的影响程度，又能够对某个因素对经济指标的影响进行单独分析。在会计财务分析中经常使用。下面采用的是连环替代法，即将分析指标分解成各个可供计量的因素，根据每个因素之间的依存关系，顺次用各因素的报告期数据替代基准数值，据此测定各因素对分析指标的影响。

可见，环境污染排放量及其有关因素的关系如下：

$$实际指标\ EP_i = RI_i \times Rp_i \times Vp_i \times Ee_i$$

假定基期指标为 $EP_0 = RI_0 \times Rp_0 \times Vp_0 \times Ee_0$，则报告期与基期的环境污染排放量总差异为 $EP_i - EP_0$，这一总差异同时受到 RI_0，Rp_0，Vp_0，Ee_0 的影响，其影响程度如下可求得：

（1）资源投入量变动的影响：$EP_i = (RI_0 - RI_i) \times Rp_i \times Vp_i \times Ee_i$。

(2) 资源效率变动的影响：$EP_i = RI_i \times (Rp_0 - Rp_i) \times Vp_i \times Ee_i$。

(3) 增加值产出率变动的影响：$EP_i = RI_i \times Rp_i \times (Vp_0 - Vp_i) \times Ee_i$。

(4) 环境效率变动的影响：$EP_i = RI_i \times Rp_i \times Vp_i \times (Ee_0 - Ee_i)$。

现举例分析资源价值流转方程式的应用。

例如，假设钢铁工业共生链某基年资源投入量为 1 502 300 万元，资源生产率为 3 万元/吨，增加值产出效率为 0.52 万元/万元，环境效率为 10 吨/万元，报告期资源投入量增加 15%，资源生产率提高 20%，增加值产出效率提高 30%，环境效率降低 40%，根据公式

$$固态物质排放量 = 资源投入量 \times \frac{产值}{资源投入量} \times \frac{工业增加值}{产值} \times \frac{固态物质排放量}{工业增加值}$$

即
$$EP_i = RI_i \times Rs_i \times Fc_i \times Hx_i$$

式中，Ep_i——第 i 流程的固态物质排放量；RI_i——第 i 流程资源投入量；RS_i——第 i 流程资源生产率（产值/资源投入量）；FC_i——第 i 流程增加值产出效率（工业增加值/产值，表示循环效率的经济效果）；HX_i——第 i 流程环境效率（固态物质排放量/工业增加值）。则可计算：

$EP_0 = 1\ 502\ 300 \times 3 \times 0.52 \times 10 = 23\ 435\ 880$（吨）

$EP_1 = 1\ 502\ 300 \times (1 + 15\%) \times 3 \times (1 + 20\%) \times 0.52 \times (1 + 30\%) \times 10 \times (1 - 40\%) = 25\ 226\ 381.2$（吨）

假设共生链资源投入量以每年 p 的速度增长，资源生产率以每年 a 的速度增长，增加值产出率以每年 b 的速度增长，而单位增加值环境污染物排放量以每年 t 的速度减少，则 n 年后钢铁工业共生链的资源投入量为 $P_0 \times (1 + p)^n$，资源生产率为 $A_0 \times (1 + a)^n$，增加值产出率为 $B_0 \times (1 + b)^n$，固态物质排放量为 $T_0 \times (1 - t)^n$，则 n 年后总环境污染物排放量 I_n 为：

$$\begin{aligned} EP_n &= RI_0 \times (1 + p)^n \times Rs_0 \times (1 + a)^n \times Fc_0 \times (1 + b)^n \times Hx_0 \times (1 - t)^n \\ &= RI_0 \times Rs_0 \times Fc_0 \times Hx_0 \times (1 + a)^n \times (1 + b)^n \times (1 + p)^n \times (1 - t)^n \\ &= Ep_0 \times (1 + a)^n \times (1 + b)^n \times (1 + p)^n \times (1 - t)^n \end{aligned}$$

通过查表 4-14 和表 4-15 可以得到 $(1 + a)^n$，$(1 + b)^n$，$(1 + p)^n$，$(1 - t)^n$ 的值。

表 4-14　$(1+g)^n$ 计算值表

n/g	0.01	0.02	0.03	0.04	0.05	0.06	0.07	0.08	0.09	0.10	0.11	0.12	0.13	0.14	0.15	0.16	0.17	0.18	0.19	0.20
1	1.010	1.020	1.031	1.041	1.052	1.063	1.075	1.086	1.098	1.110	1.123	1.136	1.149	1.162	1.176	1.191	1.206	1.221	1.237	1.253
2	1.020	1.040	1.061	1.082	1.103	1.12	1.145	1.166	1.188	1.210	1.232	1.254	1.277	1.300	1.323	1.346	1.369	1.392	1.416	1.440
3	1.030	1.061	1.093	1.125	1.158	1.191	1.225	1.260	1.295	1.331	1.368	1.405	1.443	1.482	1.521	1.561	1.602	1.643	1.685	1.728
4	1.041	1.082	1.126	1.170	1.215	1.262	1.311	1.360	1.412	1.464	1.518	1.574	1.630	1.689	1.749	1.811	1.874	1.939	2.005	2.074
5	1.051	1.104	1.159	1.217	1.276	1.338	1.403	1.469	1.539	1.611	1.685	1.762	1.842	1.925	2.011	2.100	2.192	2.288	2.386	2.488
6	1.062	1.126	1.194	1.265	1.340	1.419	1.501	1.587	1.677	1.772	1.870	1.974	2.082	2.195	2.313	2.436	2.565	2.700	2.840	2.986
7	1.072	1.149	1.230	1.316	1.407	1.504	1.606	1.714	1.828	1.949	2.076	2.211	2.353	2.502	2.660	2.826	3.001	3.185	3.380	3.583
8	1.083	1.172	1.267	1.369	1.477	1.594	1.718	1.851	1.993	2.144	2.305	2.476	2.658	2.853	3.059	3.278	3.511	3.759	4.021	4.300
9	1.094	1.195	1.305	1.423	1.551	1.689	1.838	1.999	2.172	2.358	2.558	2.773	3.004	3.252	3.518	3.803	4.108	4.435	4.785	5.160
10	1.105	1.219	1.344	1.480	1.629	1.791	1.967	2.159	2.367	2.594	2.839	3.106	3.395	3.707	4.046	4.411	4.807	5.234	5.695	6.192

表 4-15　$(1-t)^n$ 计算值表

n/t	0.01	0.02	0.03	0.04	0.05	0.06	0.07	0.08	0.09	0.10	0.11	0.12	0.13	0.14	0.15	0.16	0.17	0.18	0.19	0.20
1	0.990	0.980	0.971	0.961	0.952	0.943	0.934	0.925	0.916	0.908	0.900	0.891	0.883	0.875	0.867	0.860	0.852	0.844	0.837	0.830
2	0.980	0.960	0.941	0.922	0.903	0.884	0.865	0.846	0.828	0.810	0.792	0.774	0.757	0.740	0.723	0.706	0.689	0.672	0.656	0.640
3	0.970	0.941	0.913	0.885	0.857	0.831	0.804	0.779	0.754	0.729	0.705	0.681	0.659	0.636	0.614	0.593	0.572	0.551	0.531	0.512
4	0.961	0.922	0.885	0.849	0.815	0.781	0.748	0.716	0.686	0.656	0.627	0.600	0.573	0.547	0.522	0.498	0.475	0.452	0.430	0.410
5	0.951	0.904	0.859	0.815	0.774	0.734	0.696	0.659	0.624	0.590	0.558	0.528	0.498	0.470	0.444	0.418	0.394	0.371	0.349	0.328
6	0.941	0.886	0.833	0.783	0.735	0.690	0.647	0.606	0.568	0.531	0.497	0.464	0.434	0.405	0.377	0.351	0.327	0.304	0.282	0.262
7	0.932	0.868	0.808	0.751	0.698	0.648	0.602	0.558	0.517	0.478	0.442	0.409	0.377	0.348	0.321	0.295	0.271	0.249	0.229	0.210
8	0.923	0.851	0.784	0.721	0.663	0.610	0.560	0.513	0.470	0.430	0.394	0.360	0.328	0.399	0.373	0.348	0.225	0.204	0.185	0.168
9	0.914	0.834	0.760	0.693	0.630	0.573	0.520	0.472	0.428	0.387	0.350	0.316	0.286	0.257	0.232	0.208	0.187	0.168	0.150	0.134
10	0.904	0.817	0.737	0.665	0.599	0.539	0.484	0.434	0.389	0.349	0.213	0.279	0.248	0.221	0.197	0.175	0.155	0.137	0.122	0.107

例如，工业共生链资源投入年增长率为 p = 4%，资源产出率增长率为 a = 5%，增加值产出效率为 b = 10%，单位增加值环境污染物排放减少率为 t = 10%，则 10 年后环境废弃物排放量为：

$$EP_{10} = EP_0 \times (1+p)^{10} \times (1+a)^{10} \times (1+b)^{10} \times (1-t)^{10} = 23\,435\,880 \times (1+4\%)^{10} \times (1+5\%)^{10} \times (1+10\%)^{10} \times (1-10)^{10} = 23\,435\,880 \times 1.480 \times 1.629 \times 2.594 \times 0.349 = 51\,151\,628.4(吨)$$

又根据公式

$$固态物质排放量 = 资源投入量 \times \frac{固态物质排放量}{资源投入量}$$

即

$$EP = G \times T$$

式中，G，T 分别表示资源投入量、单位资源固态物质排放量，则基准年的固态物质排放量 $EP_0 = G_0 \times T_0$，基准年以后第 n 年的固态物质排放量为

$$EP_n = G_n \times T_n \tag{4-20}$$

其中

$$G_n = G_0 \times (1+g)^n \tag{4-21}$$

$$T_n = T_0 \times (1-t)^n \tag{4-22}$$

g 表示从基准年到第 n 年的资源投入增长率，t 表示从基准年到第 n 年单位资源固态物质排放量的年下降率。

将以上两式（式 (4-8)、式 (4-9)）代入公式 (4-7)，则第 n 年资源排放量为：

$$EP_n = G_0 \times (1+g)^n \times T_0 \times (1-t)^n = G_0 \times T_0 \times (1+g-t-gt)^n \tag{4-23}$$

由式 (4-23) 可见，在循环经济发展过程中，经济增长的固态物质排放量的变化可能出现逐年波动的情况，包括上升、保持不变以及逐步下降。其波动条件分别如下：

(1) 环境污染物排放量 EP_n 逐年上升，$g - t > gt$。
(2) 环境污染物排放量 EP_n 逐年下降，$g - t < gt$。
(3) 环境污染物排放量 EP_n 保持不变，$g - t = gt$。

在产值增长过程中，环境污染物排放量保持原值不变的临界条件。从中可求得 t 的临界值 $t_k = g/(1+g)$，如表 4-16 所示。

表 4-16　　　　　　　　$t_k = g/(1+g)$ 的计算值

g	0.01	0.02	0.03	0.04	0.05	0.06	0.07	0.08	0.09	0.10	0.11	0.12	0.13	0.14	0.15
t_k	0.0099	0.0196	0.0291	0.0385	0.0476	0.0566	0.0654	0.0741	0.0826	0.0909	0.0991	0.1071	0.1150	0.1228	0.1304

因此，以 t_k 为判据，环境负荷在产值增长过程中的变化，有以下三种可能：

若 $t < t_k$，则环境污染物排放量逐年上升；

若 $t = t_k$，则环境污染物排放量保持原值不变，即与经济增长"脱钩"；

若 $t > t_k$，则环境污染物排放量逐年下降。

若工业共生链资源投入量以每年 10% 的比例增长，则由表 4-16 可查得，要想保持环境污染物排放量的原值不变，则单位资源环境污染物排放量应该以 9.09% 的比例降低。

4.4　工业共生链集成的"元素流—价值流"诊断与决策

4.4.1　思路与方法

1. 思路

依照前面所述的分析模式，企业在对一个项目进行测度时，考虑到其环境和经济效益因素，只要自身投资收益大于投资成本，方案就基本可行。但是在考虑工业共生链的因素以后，决策会涉及区域、环境、生态等难以用货币量化的多方面要素。因此，考虑环境成本的投资决策是一个多目标、多层次、结构复杂、因素众多的系统工程，决策时需要将决策者的经验予以量化。将定性分析和定量分析结合起来，对决策对象进行优劣排序、筛选等。

基于工业共生的企业资源最优决策模型可以从两个方面来考虑：

一是以钢铁企业为基本单元，通过企业内部生产流程和生产工序的调整、环境设备的投资、环境管理工具及措施的实施，达到资源能源消耗最低、环境损害最小以及企业经济效益最大化的目标。

二是钢铁企业可在资源价值链纵、横延伸的情况下，通过供应链、资源链/工业共生链等整合方式（如企业合并、重组、收购、联营以及生态工业园构建等），寻求企业资源价值流转链最优。

钢铁企业基于工业共生链的企业间诊断与决策就是指在对"元素流—价值流"核算与测度的基础上，针对核算与测度的相关数据资料，进行统筹规划，对如何进行工业共生链的"补链强链"予以诊断，打破行业壁垒，完善钢铁企业与其他企业之间的连接，如在上一案例中，钢铁企业建立工业共生链后，实现了部分废弃物的资源化利用，但研究发现钢铁生产工艺过程中的烧结烟尘、高炉尘泥、转炉尘泥中会含有一定比例的锌，特别是高炉尘泥中锌的成分较好，而锌可作为有色行业提取锌的原料；另外，钢铁排放的废弃物绝大部分是燃烧后的二氧化碳，可以促进农作物和蔬菜的生长。因此，可以考虑在现有工业共生链中通过补链加入有色企业及农业，这是具体的诊断过程。但究竟如何选取补链或强链的环节和对象，以及选取方案实施的轻重缓急，则需要运用一定的方法对诊断方案进行决策，从而更好地实现整个工业共生链的废弃物资源化。

2. 方法

基于工业共生链的决策方法主要包括以下内容：

（1）工业代谢分析方法。该方法是通过对钢铁企业资源流转系统的结构功能分析、反馈功能分析、经济效果分析，找出钢铁企业资源流转与循环经济发展过程中出现的问题，从而帮助决策者采取措施，以保证产生尽可能大的经济、环境与社会效益，即资源价值流转决策优化的真实内涵。该方法根据质量守恒定律，通过揭示经济活动纯物质的数量与质量规模以及展示构成工业活动的全部物质的（不仅仅是能量的）流动与储存，建立物质收支平衡表，估算物质流动与储存的数量，描绘其行进的路线和复杂的动力学机制，同时也指出它们物理的和化学的状态。因此，可以通过分析工业代谢分析方法的步骤，对钢铁企业的某个元素进行工业代谢分析，从而找出影响该钢铁企业资源效率和环境效率的因素，进而提出改进措施和建议。

（2）碳流分析与能值分析方法。大多数钢铁企业在生产中所需要的资源属于含碳资源，因此，可通过分析碳元素的流动，以实现对企业循环经济的决策以及优化。碳流动态特性主要体现在随着时间的演化，伴随着各种物料的输入与输出、能源的转换与消耗、废弃物的排放与处理等动态过程，产生各种碳排放。碳排放的分类、方式，按照碳排放源可分为物料碳排放和能源碳排放，按照碳排放发生的场所可分为直接碳排放和间接碳排放。碳流分析就是通过建立相应的碳流系统边界，从系统边界分析能量与物料平衡方程，并导出碳排放的计算模型，最终为企业循环经济发展的决策及优化提供基础。

而能值分析是对社会经济生态系统结构功能的定量分析研究，可为自然资源的评估利用、人与自然的和谐共存以及具体生产活动过程等提供具有指导意义的科学依据，且能为衡量和比较各种生态流的共同尺度和综合分析提供方法。通过能值转换率和能值货币比值，能值理论实现了对循环经济价值流转的决策分析以及优化。

(3) 工业增加值分析。工业增加值是指钢铁企业在生产过程中新创造的价值，是以货币表现的一定时期内工业生产活动的最终成果。工业增加值核算的范围是具有独立法人的钢铁企业，原则是一定时期内的生产过程即当期生产，核算形态是以货币表现的价值量，核算的结果是新创造的最终成果。基于工业共生网络中各企业节点工业增加值的核算结果，可以对各企业或各节点的工业增加值的增减变化进行测度分析，为企业间的资源价值流转决策优化提供一个有效的分析工具。值得注意的是，工业增加值反映的是钢铁企业在一定时期内新创造的价值，在全社会范围内不允许重复计算。

4.4.2 诊断与决策模式

工业共生链的决策依据来自工业共生链的设计，工业共生链的设计与开发是一项以技术创新为基础、以生态经济为约束的系统创新工程。该过程通过探讨各产业之间"链"的链接结构、运行模式，寻找产业链上生态经济形成的产业化机理和运行规律，从而对两种以上的产业进行链接设计，即将甲产业的工业剩余物质合理地匹配为乙产业的原料，乙产业的工业剩余物质又成为丙产业的原料，依此类推，把不同产业的工业剩余物质利用到不同的生产过程中去，使"废物"变为原料，开创了一种新型的产业系统，这个过程就是工业共生链的设计过程。[135-138]

工业共生链依据生态学原理，对两种以上产业的链接所进行的设计或改造，其原则是企业在提高经济效益的同时保护生态环境。因此工业共生链决策中，要以使自然资源存量增大为基本宗旨，即相关的决策是在求得经济发展的同时，推动生态系统的恢复和良性循环；同时，工业共生链又是为提高资源生产率而设计的，因此，它也侧重于通过产业链的链接与转换过程的设计、开发与实施，使生态资源在原始投入和最终消费方面提高效率。见图4-24。

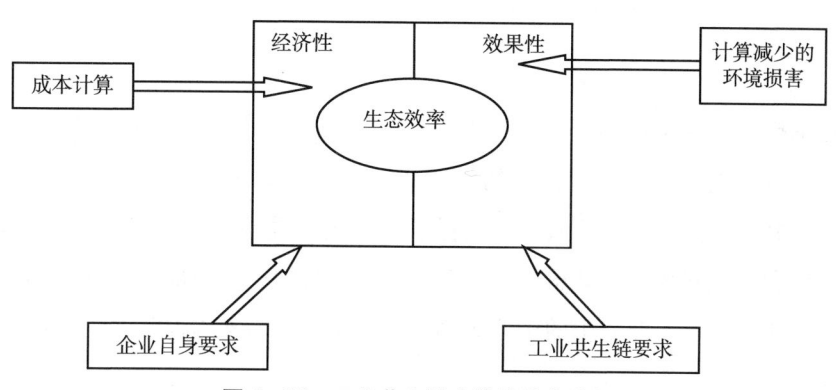

图4-24 工业共生链决策的综合分析

综合基于工业共生的"元素流—价值流"决策方法，确定决策的基本思路是以点及面，根据共生组织层面的不同，确定不同的决策方法。主要包括元素流（物质）分析、价值流转成本分析、"内部资源流转价值损失—外部环境损害价值"二维分析以及工业总产值、工业增加值—生态效率分析。

四种分析模式为逐层递进关系，以元素（物质）流分析为起点，通过对生产环节主要元素的流转分析，确定物质流转的数量关系，决定价值转成本的材料成本、能源成本和系统成本在正负制品成本之间的分配；以此为基础，同时可对内部资源流转价值损失、外部环境损害价值进行核算与分析，该方法追求环境效果与经济效益的协调化，能够使企业外部环境成本（或社会责任成本）与企业内部环境成本达到优化组合，也可用来测度资源价值流转的前后变化趋势；作为资源价值流转核算体系中衍生层面的分析工具，工业总产值、工业增加值—生态效率分析在工业共生资源价值流转优化决策过程中起着至关重要的作用。该方法将利税、系统成本等作为工业增加值的组成部分，通过对生态效率的运用，判断挖掘出资源价值流转优化的关键节点，并通过资源流转的附加价值进行分析，寻求未来发展的重点环节。

在具体的决策分析中，可进一步深入细化到指标体系层面，以工业总产值、工业增加值和生态效率为核心构建综合指标体系来进行分析和决策。方法主要包括投入产出分析、基于通用系统理论的复杂系统模拟分析、有界网络分析和确定性数学规划分析。

4.5 工业共生链集成的"元素流—价值流"目标控制

对钢铁工业共生链的企业间进行核算、测度和决策并不是循环经济"元素流—价值流"的终点,其最终目的是对循环经济"元素流—价值流"进行有效管理和控制,从而实现工业共生链的循环经济决策效益最大化。本书基于 PDCA 循环管理和组织间成本管理思想,结合目标成本管理、作业成本管理、标准成本管理等方法对基于工业共生的企业间循环经济价值流转实施控制优化。

4.5.1 目标控制方法的确定

确定钢铁企业工业共生链的方案后,在实施的过程中可能由于原料、价格、库存等关系的影响,出现与目标工业链"元素流—价值流"不符的情况,这就需要采用一定的方案进行有效的控制实施。为了更有效地实现工业共生链管理的目标,使客户需求得到最大限度的满足,成本管理应从战略的高度分析,与战略目标相结合,使成本管理与企业经营管理全过程的资源消耗和资源配置协调起来,因而产生了适应工业共生链管理的成本法[139-142]。

标准成本法是以预先设定的标准成本为基础,用实际成本和标准成本进行差异比较,核算和分析成本差异的方法。作业成本法是将间接成本和辅助资源更准确地分配到作业、生产过程、产品、服务乃至客户中的成本计算方法。两者各有优缺点,基于钢铁工业共生链的成本控制可将两者结合进行运用。将材料成本、能源成本按照标准成本法进行量化处理,而系统成本、废弃物处理成本则基于作业成本的思想,利用作业来分解产品计算成本,将确定的材料成本、能源成本、系统成本和废弃物处理成本相加得到正常的标准成本,再将标准成本与实际发生的成本进行比较,找出其中的差异并分析。

目标成本法是一种全过程、全方位、全人员的成本管理方法。全过程是指供应链产品生产到售后服务的一切活动,包括供应商、制造商、分销商在内的各个环节;全方位是指从生产过程管理到后勤保障、质量控制、企业战略、员工培训、财务监督等企业内部各职能部门各方面的工作以及企业竞争环境的评估、内外部价值链、共生链管理、知识管理等；全人员是指从高层经理人员到中层管理人员、基层服务人员、一线生产员工。目标成本法在标准、作业成本法的基础上来考察作业的效率、人员的业绩、产品的成本，弄清楚每一项资源的来龙去脉，每一项作业对整体目标的贡献。目前局限于对现有作业的成本监控，没有将共生链的作业环节与客户的需求紧密结合。而目标成本法则保证共生链成员企业的产品以特定的功能、成本及质量生产，然后以特定的价格销售，并获得令人满意的利润。

工业共生资源价值链将成本的含义延伸到了整个共生资源价值链上各企业的作业成本和企业之间的交易成本，其目的是优化、降低整个资源价值链的总成本，这就是目标成本的最终目的所在。在系统理论和信息技术的基础上，处于工业共生资源价值链上的各成员企业运用作业成本管理的思想，对工业共生资源价值链的流程进行重新设计和重点控制。一方面将成本管理的核心深入资源价值链作业层次，尽可能消除"非增值作业"，改进"增值作业"，优化"作业链"和"价值链"，通过改造作业和重组作业流程实现成本优化；另一方面对工业共生资源价值链中的各项作业实施成本效益分析，确定关键作业点，从而有针对性地控制工业共生资源价值链成本。

根据目标成本管理和作业成本、标准成本管理的思想，实现对工业共生价值链成本的全面控制，构建基于PDCA的目标成本控制体系，包括前馈控制、过程控制和反馈控制。[143-146]见图4-25。

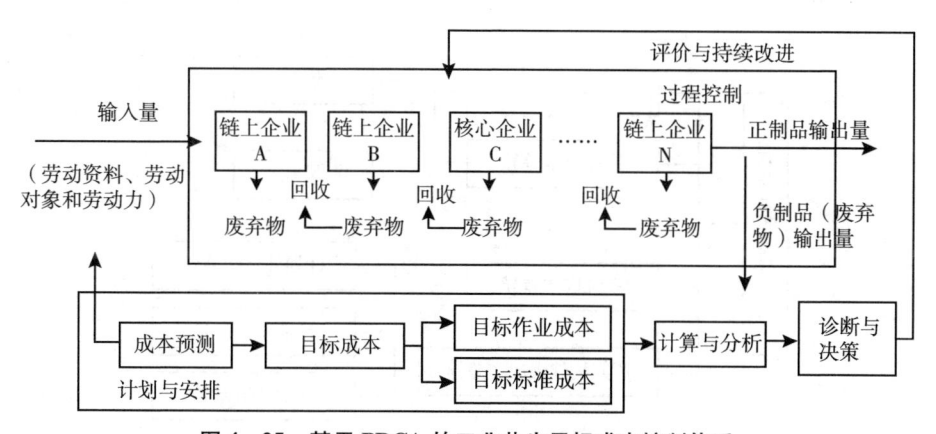

图4-25 基于PDCA的工业共生目标成本控制体系

4.5.2 目标控制体系的构建

1. 计划与安排阶段

以物量中心为工业共生资源价值流转成本管理的基本单位，将目标定位于工业共生链最终客户的期望成本，采用"逆推法"将立项的物质流与价值流分解至工业共生链上各成员企业，以各物量中心为责任中心进行成本控制。与传统的目标成本分解不同的是，基于工业共生资源价值流转成本管理还应考虑到环境成本目标的分解。

2. 计算与分析阶段

以企业资源价值链来归集和分摊成本，对链上的每个企业的理想价值流进行成本归集，然后按照作业成本和标准成本分摊至各物量中心。分别核算共生资源价值链各物量中心正制品和负废弃物成本。将实际作业成本和目标作业成本进行比较分析，确定可以实施改进活动、降低价值成本和减少环境损害的关键作业点，从而使管理者能够及时采取措施进行控制。

3. 诊断与决策阶段

在计算与分析的基础上，定期总结过去各作业中心在成本控制上的成绩与问题。物量中心成本控制业绩的评价考核，主要是一定时期的实际成本与标准成本之间的差异，进行差异分析及业绩考核，找出资源消耗大和环境损害大的作业中心，解析差异形成的原因和责任，进行适当的决策，采取对应的措施进行控制调节。其差异原因见图 4-26。

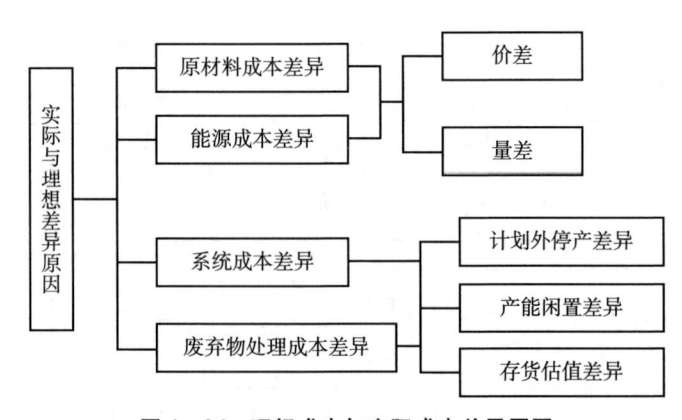

图 4-26 理想成本与实际成本差异原因

4. 评价与持续改善阶段

在此阶段，对决策方案的实施效果进行验证评价，对已经证明有效的链条和措施，加以标准化，以便以后推广。总结其他遗留问题，对工业共生链进行补链或强链，总结实施过程中出现的问题，为开展新一轮的 PDCA 循环提供依据。

4.6 本章小结

基于钢铁工业共生链的企业间"元素流—价值流"是介于企业和社会宏观循环经济体系的一个中间层次，它能根据企业的资源优势和产业结构，进行产业间的组合和调整，使之成为互为关联、互动影响的"元素流—价值流"链，从根本上解决这一问题。基于此，本书将研究边界从企业内部拓展至工业共生链企业间构建循环经济"元素流—价值流"分析体系。以钢铁企业的固态物质、气态物质、液态物质工业共生链为基础，把企业作为单独物量中心对工业共生链进行"元素流—价值流"成本分配分析；以资源流转平衡为机理，构建综合效率测量模型；以流转方程式为中心建立资源生产率、环境效率和增加值产出率的测度模型。从价值流方法出发，建立工业共生链诊断与决策体系；以成本管理方法为起点，建立目标控制体系。

第 5 章

"元素流—价值流"管理的配套体系研究

推进钢铁企业循环经济"元素流—价值流"分析是一项复杂的社会性系统工程，离不开政府、企业和相关部门的协调配合，更离不开政府相关政策的配套、法律法规的完善。本章基于我国循环经济企业"元素流—价值流"建设及运转过程中的政策及法律法规体系不够完善这一现状，参照国外先进企业和工业共生链建设的成功实例并结合我国具体国情，探索从不同层面和维度构建适用于我国的资源价值流转的政策与法律法规体系，从产业经济政策、法律法规、技术支撑和执行及监管体系四方面促进整个社会实现降低能耗、废物减排、生产效率提高、废物资源化等经济及社会效益目标，实现循环经济和可持续发展。

5.1 现状分析

1. 产业经济政策体系现状

循环经济在我国广泛发展以来，近年来已成为社会各界研究的热点。当前循环经济"元素流—价值流"分析的产业经济政策在我国处于初级阶段，尚未形成成熟的模式、体系和框架，目前与之相关的政策散布在清洁生产、循环经济和低碳经济有关的政策体系中。从我国循环经济产业经济政策研究的总体状况来看，可以概括为以下三个方面：税收优惠政策、价格政策、财政激励政策。[147-149]

1) 税收优惠政策。

在《中华人民共和国循环经济促进法》中涉及的税收优惠政策包括"国家

第5章 "元素流—价值流"管理的配套体系研究

对促进循环经济发展的产业活动给予税收优惠,并运用税收等措施鼓励进口先进的节能、节水、节材等技术、设备和产品"等。在资源化方面,2000年起,一些地区开始实施工业"三废"综合利用税收减免政策。在节能减排方面,《中华人民共和国节约能源法》列示对节能技术和产品实施税收、信贷的优惠政策。在鼓励清洁生产方面,《关于加快推行清洁生产的意见》中对内资企业在我国境内投资的符合国家产业政策的技术改造项目,给予一定的企业所得税优惠等。钢铁产业涉及的税收优惠政策,主要包括增值税、企业所得税和出口退税方面的内容。

在资源综合利用、节能减排以及清洁生产上,我国已制定了相应的税收优惠政策,能促进相关行业资源节约和节能事业的发展,推动产业结构调整和技术升级,在一定程度上也能为循环经济价值流分析的应用提供良好基础,但在具体实施细节上,暂未设计出具体的税收优惠标准与应用流程。另外,目前税收优惠政策存在诸多问题,因此相关部门要对目前税制进行不断完善与创新。根据财政部和税务总局的财税〔2008〕157号文件,在2009年和2010年的废钢回收税收优惠执行中,分别有70%和50%税收返回优惠政策,但到2011年,由于原优惠政策在执行中存在一些问题而暂时中断,正规的废钢加工配送企业全额上缴17%的增值税。税负的增加带动废钢铁市场价格的上涨,又不断将成本转移到了利废企业,影响了部分钢企参与消纳废钢的积极性,钢厂最终不得不转而增加铁矿石的采购,这一情况十分不利于循环经济的开展。另外,以废钢铁回收为例,工信部在国内认定的废钢铁加工业准入企业,绝大部分因认定手续繁杂,享受不到增值税即征即退30%的优惠政策,缺乏税收政策支持成为制约行业发展的重要因素。

2)价格政策。

近年来,我国一直在积极探索水价、电价等资源性产品价格改革创新,并取得了一定的成效。在区分煤、电、油、气、水的基本需求和非基本需求的基础上,对基本需求部分实行低利润率,对非基本需求部分实行较高利润率,既满足了消费者的基本需求,又保障了资源企业的正常经营。在水资源价格方面,对城市居民生活用水实行阶梯式计量水价;对非居民用水实行定额用水管理和计划用水措施,如用水超计划、超定额后实行加价的方法等。不同地域的城市实行季节性水价。区分回用水和自来水的价格,鼓励使用回用水,加快回用水设施和城市污水处理的基础建设。[150]在电价方面,《上网电价管理暂行办法》对上网前的上网电价逐步实行峰谷分时、丰枯季节电价等制度,对上网后的电价实行两部制,即电量电价由市场竞争决定,容量电价则由政府物价部门制定,并逐步过渡到市场决定的状态。

由于历史的原因,我国现行资源性产品价格一直偏低,忽视了自然资源自身的经济和生态价值,不能正确反映其稀缺性和机会成本,结果造成资源的巨大浪费和经济效益低下;同时,由于资源供需矛盾日益尖锐、资源性产品价格机制不完善,深化资源性产品价格改革就显得尤为重要和紧迫,这对企业循环经济发展过程中的资源"元素流—价值流"分析也提出了新的挑战。

3) 财政激励政策。

国务院于 2007 年发布《国务院关于印发节能减排综合性工作方案的通知》,提出"进一步加大财政基本建设投资向节能环保项目的倾斜力度","各级人民政府在财政预算中安排一定资金,采用补助、奖励等方式,支持节能减排重点工程、高效节能产品和节能新机制推广、节能管理能力建设及污染减排监管体系建设等"。其意在重视财政支持与政府的主导地位。《中华人民共和国循环经济促进法》对财政投入、税收优惠、排污收费、政府采购、奖励、产业政策、资源价格政策的都制定了激励措施。[151-152]

从实际情况看,在未来相当长的一段时间内,国家在环境保护方面的财政投入难以达到已完成工业化的发达国家水平。因此,国家财政投入、排污收费政策、财政补贴制度等,会对钢铁企业循环经济的发展起到导向作用。财政资金分配不合理、财政补贴不足将直接影响"三高"型钢铁支柱产业及相关上下游产业的可持续发展。

2. 法律法规体系现状

通过对国内外相关政策、法律法规体系执行与监管保障现状的分析,解析这些政策和法律法规在钢铁行业资源价值流转中所起的作用,进一步了解价值流建设过程中的成功经验和失败教训及需要引进和创新的方面。自循环经济理念引入以来,学术界纷纷关注企业资源的循环流动,利用国家宏观政策推动循环经济发展,近年来更成为社会各界研究的热点。但尚处于起步阶段,没有成熟的模式、体系与框架,目前与之相关的政策散布在循环经济、低碳经济有关的政策体系中。

随着循环经济理念热潮的兴起,我国相继出台了一系列促进循环经济发展的法律和法规。国务院于 1985 年同意并批转《关于开展资源综合利用若干问题的暂行规定》，要求社会各界从各个方面开展资源综合利用，并出台《资源综合利用目录》，详细列出了国家鼓励的回收利用活动。同时段，还颁布了《中华人民共和国大气污染防治法》《中华人民共和国节约能源法》《国务院关于加强城市供水节水和水污染防治工作的通知》等，体现了循环经济的萌芽和发展。2005年7月国家正式出台《国务院关于加快发展循环经济的若干意见》，标志着我国循环经济最终步入法制化和规范化轨道。2008年8月，我国首部促进循环经济发展的综合性法律法规《中华人民共和国循环经济促进法》正式得到十一届人大四次会议的通过，为循环经济的健康有序发展保驾护航。我国正式进入循环经济发展时期。2010年4月，国务院再次颁布《关于支持循环经济发展的投融资政策措施意见的通知》，旨在调整财政、价格、税收、产业等政策，为循环经济发展提供经济支持。2012年，国务院通过《全国循环经济发展总体规划（2011—2015）》，提出了我国"十二五"时期发展循环经济的总体目标、重点内容和保障政策。2013年，国务院印发《循环经济发展战略及近期行动计划》，旨在为我国发展循环经济、建立两型社会提供行动指南和指导性的文件。[153-157]

钢铁产业方面，我国2003年以来，我国政府相继出台了一系列宏观调控政策，在促进钢铁工业结构调整、产业升级和提升国际竞争力等方面取得了一定的进展，特别是2005年7月8日，国家发改委针对钢铁产业正式出台了《钢铁产业发展政策》，详细分为政策目标、产业发展规划、产业布局调整、产业技术政策、企业组织结构调整、投资管理、原材料政策及其他内容。该文件是加强和改善钢铁产业国家宏观调控的重要依据和手段，明确政府在钢铁业界鼓励、发展和禁止相关内容的具体要求。随后又配套出台了《钢铁产业清洁生产标准》《钢铁企业主要生产设备装备技术水平等级划分办法》《钢铁产业调整和振兴规划》等相关政策和通知。2011年国务院又出台了《钢铁工业"十二五"发展规划》(2011—2015年)。2013年国务院出台《国务院关于印发循环经济发展战略及近期行动计划的通知》，提到了建立钢铁循环型工业体系。2014年，七部委联合下发《关于促进生产过程协同资源化处理城市及产业废弃物工作的意见》，将钢铁企业作为循环经济发展的重点领域。2018年3月5日，国务院总理李克强作《2018年政府工作报告》中提出，推动钢铁行业超低排放改造，提高污染排放标准，实行限期达标；2018年5月，生态环境部公布《钢铁企业超低排放改造工作方案（征求意见稿）》，要求新建钢铁项目全部达到超低排放水平；2018年6

月27日，国务院发布《打赢蓝天保卫战三年行动计划》，要求推动钢铁等行业实行超低排放改造；2019年5月，生态环境部正式印发《关于推进实施钢铁行业超低排放的意见》，要求2020年年底前，重点区域钢铁企业超低排放改造取得明显进展，力争60%左右产能完成改造；到2025年底前，全国力争80%以上产能完成改造。

涉及钢铁企业，除了一些相关环境污染标准以外，还有具体的《工业炉窑大气污染物排放标准》《中华人民共和国炼焦工业污染排放标准》《钢铁工业水污染物排放标准》《钢铁行业清洁生产标准》等几十项国家级的环境保护标准。2018年，国家发改委等部门发布了《钢铁行业（烧结、球团）清洁生产评价指标体系》《钢铁行业（高炉炼铁）清洁生产评价指标体系》《钢铁行业（炼钢）清洁生产评价指标体系》《钢铁行业（钢延压加工）清洁生产评价指标体系》《钢铁行业（铁合金）清洁生产评价指标体系》，这些标准和指标体系在钢铁企业发展循环经济的活动中，发挥着重要的作用。

从大环境来看，我国目前就节能减排技术标准方面已经做了很多工作，颁布了很多相关的国家标准及地方标准，对实际生产有比较好的指导和规范作用。但是由于实际统计数据严重不足，我国的节能减排指标体系并不能完全发挥其功能，不能够很好地反映我国和地方能源生产、供应、消费以及对环境的影响等情况。

3. 循环经济"元素流—价值流"分析的技术支撑现状分析

循环经济的实现离不开技术进步，也可以说，没有技术的创新和突破，循环经济就不可能实现。循环经济的支撑技术从功能上可以简单划分为回收技术、替代技术、减量技术、再利用技术、资源化技术和系统化技术。以上这些技术支撑的集成，可以称之为循环经济的"系列技术支撑"或"支撑技术集成"，他们既有独特的内涵，同时又不是孤立存在的。换一种角度说，循环经济的支撑技术就是环境无害化技术。其特征是提高资源和能源的利用率，降低环境污染排放量，提高废弃物再利用能力，在处置参与废弃物过程中尽可能降低对环境的损害。主要包括资源与能源利用的高新技术、清洁生产技术、末端治理技术和废物利用技术。

我国的循环经济"元素流—价值流"分析的技术支撑体系目前还不完善，但关于钢铁企业清洁生产与资源节约的技术在循环经济、低碳经济中均有所体现。

20世纪末期我国发布了《国家环境保护局关于推行清洁生产的若干意见》。2003年在《关于加快推行清洁生产的意见》的通知中要求中水回用、废水再资源化以及废水"零排放",在大型重污染联合企业中,引入关键产业链接技术,开展资源、能源的梯级利用,对企业的废弃资源的再利用潜力进行发掘,形成工业共生链。同年,国家环保总局发布了《国家生态工业示范园区申报、命名和管理规定(试行)》等文件,要求园区规划应建立资源综合利用、废物和污染物最少化的技术体系,要实现资源、能源回收与梯级利用。2005年国务院通过《促进产业结构调整暂行规定》和《产业结构调整指导目录》,指出我国产业结构调整的八大方向和工作重点。2007年6月出台的《节能减排综合性工作方案》指出,要加快节能减排技术研发,攻克一批节能减排关键和共性技术,推广一批潜力大、应用面广的重大节能减排技术。

4. 循环经济价值流分析执行及监管保障现状

我国循环经济建设与发展起步较晚,虽然已经颁布并实施了一些相关的法律法规,如国家层面的《中华人民共和国环境保护法》《中华人民共和国固体废弃物污染环境防治法》《中华人民共和国节约能源法》《中华人民共和国可再生能源法》《中华人民共和国海洋环境保护法》《中华人民共和国大气污染防治法》《中华人民共和国环境影响评价法》等,各地方根据国家制定的循环经济法律、行政法规、部门规章和规划纲要,结合自身实际情况,纷纷制定了适合本地区经济发展、改善环境的地方性法规。但相比于西方发达国家,我国在循环经济、低碳经济的建设与运营方面的法律法规制度还不够完善。下面以钢铁行业的典型企业和园区内的工业共生链为例,对相关政策、法律法规体系执行与监管保障的改善进行分析。

以宝钢为例,宝钢股份从1998年起率先在国内钢铁业中开展ISO14001环境管理体系贯标认证工作,并且第一家通过了认证。目前,所有基地已经全部通过了ISO14001环境管理体系认证和ISO50001能源管理体系。公司积极参与上海市政府的碳排放交易试点工作,出台了《宝钢股份碳资产管理办法》,启动了碳成本核算数据系统项目。2019年,公司已按期完成碳排放配额履约清缴工作。

2020年6月5日,宝钢股份发布2019年可持续发展报告。报告显示,该公司2019年的耗能总量为2 804万吨标煤,较前一年下降14万吨标煤。2019年,宝钢股份的吨钢综合能耗为578千克标煤,较2018年下降3千克标煤。"十三五"期间，该公司吨钢综合能耗总计下降了25千克标煤。同时，宝钢股份的二氧化硫、氮氧化物、COD和氨氮排放量分别下降40%、45%、52%及81%。宝钢股份的环保投入包括费用化成本和资本化成本两部分，分别为63.85亿元和43.3亿元。

以曹妃甸钢铁工业园区内的工业共生链为例，在《河北省人民政府关于加快发展循环经济的实施意见》《河北省人民政府关于加快发展循环经济的实施意见》以及《曹妃甸循环经济示范区产业发展总体规划》的指导和规划下，目前曹妃甸园区基本情况如下：整个钢铁企业从矿石进口输送、钢铁生产到产品输出采用传统流程优化和当代紧凑型流程相结合的方式，优质低耗、快速高效，集约化发展，整个钢铁联合企业占地规模约20平方千米。钢铁产品向专业化方向发展，走精品钢材之路，投入重点技术重点生产市场紧缺的、高附加值的造船板、桥梁板、锅炉板等板材。曹妃甸大型能源、原材料港口和钢铁联合企业的发展，将形成临港产业发展的增长极，带动冶金、电力、建材等临港重工业的集聚。钢铁工业循环经济的发展，将带动煤化工、工业气体、建材和电力等钢铁工业资源再利用工业的发展。

目前看来，虽然循环经济"元素流—价值流"的发展较快，但毕竟处于发展初期，在很多方面还不够成熟，尤其在政策执行方面，缺乏相应的规范和保障。另外，由于企业和工业共生链网建设不成熟，还有一些循环经济企业未实现盈利，而且链上企业间联系不够紧密，造成工业生态链的建设远远不能实现工业共生链建设的预期目标，这就使得政策的执行存在先天上的缺陷，需要各级政府和产业及相关研究人员探索更加合适的法律、法规及政策的执行和保障机制。

5.2 产业经济政策保障体系完善

5.2.1 政策设计框架及原则

根据不同产业的发展特点，循环经济"元素流—价值流"分析政策的设计应遵循以下三个原则：

(1) 系统性。循环经济是一个综合复杂的整体，涉及资源、环境、经济、技术等多种要素。制度政策的制定要从系统整体的角度出发，从多种要素方面进行设计和规定。

(2) 链接性。循环经济"元素流—价值流"的核心是依据产业之间的连接性构建和完善工业共生链，要求政策设计从整体链接性的角度出发，围绕企业之间的工业共生关系，兼顾横向与纵向产业的发展，促进工业共生链的健康发展。

(3) 统一性。循环经济"元素流—价值流"分析，需要实现产业之间的工业共生，还要实现环境效益与经济效益的统一，因此要从统一性的角度出发，从产业经济、技术和环境保护等多方面考虑。

为了有效地促进循环经济产业经济政策体系的建立，循环经济分析"元素流—价值流"政策保障体系覆盖了法律法规政策、产业技术政策、经济政策以及环境保护相关政策等。其中循环经济产业经济政策保障体系框架见图 5-1。

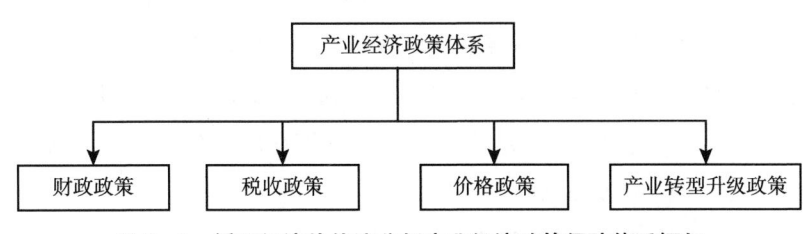

图 5-1　循环经济价值流分析产业经济政策保障体系框架

5.2.2　财政政策

发展循环经济、推进节能减排、提倡低碳经济，日益成为当前钢铁企业可持续发展的推动力。循环经济"元素流—价值流"是资源在链、环、网运动过程中的价值变化形态，其目标是实现资源节约、经济价值增值与环境负荷降低三赢，除对钢铁企业的资源循环利用提出要求之外，同时对其节能减排提出了新的挑战。钢铁企业开展节能减排，由此可能承担额外的环境成本等相关费用，因钢铁企业在实施循环经济与节能减排的过程中，为了达到环境规制的要求，必须增加环境治理的固定成本投入，环境设施运行还要增加日常的运行成本，这会增加企业价值流出，在绿色产品与一般产品价格无差异时，特别是在天然材料采购价格低于再回收资源成本时，这些价值流出将成为一种净流出，循环经济"元素流—

价值流"就失去了持续运行的动力。因此造成企业在实施循环经济过程中,由于承担了社会外部成本而有没有得到相应的补偿,最终导致不能实施。故大多数钢铁企业仍选择传统经济发展模式,使其在获得经济利益的同时,难以兼顾生态效益。在此情况下需要政府给予相应的补贴政策。财政补贴作为重要的财政优惠政策,可直接缓解钢铁企业的资金短缺,为钢铁企业提供环保或节能资金。因此,只有设计出规范可行的财政补贴评估流程,有一个企业和政府都认可的财政补贴标准,才能满足钢铁企业对资源节约的新要求。

1. 钢铁企业开展循环经济与节能减排所面临的问题

钢铁企业在发展循环经济的过程中,面临重重障碍。除自身内部原因外,财政补贴政策存在的诸多问题也阻碍了在钢铁企业中的推广与发展。主要表现如下:

1) 环境方面的财政支出区域性差异大。

环境方面的财政支出随地域的差异而呈现较大变化。除西部地区有特殊政策扶持外,相比东部地区,中部地区在环境保护方面的财政支出比较小。因此,中部很多地区很难做到经济增长与环境保护相协调,其地域所属的钢铁企业循环经济转型也难以为继。各地区有关环境保护的财政支出比例为,东部地区39%、中部地区27%、西部地区34%。

2) 财政补贴对钢铁企业重视不够。

我国不少地方政府对钢铁企业的补贴重视不够。首先,不少地方政府对钢铁企业在国民经济中的重要性缺乏认识;其次,由于企业自身的诸多不完善因素,如财务管理水平低、基础资料不全、会计信息失真、信用状况不理想等原因,往往难以引起政府的足够重视。另一方面,钢铁企业大都采用高污染、高消耗的传统发展模式,给当地环境带来较大负担。可是,许多钢铁企业采用传统模式并不单单是因为环境意识淡薄,更重要的是因为缺少人才和资金来进行发展方式的转变。即使政府对钢铁企业为发展节能减排所作努力有一定的资金补偿,也只是杯水车薪。

综上所述,正是因为财政补贴额度和方法没有一个行之有效的标准,才导致了上述问题的存在,从而不能满足钢铁企业对资源节约的需要。因此,一个规范而合理的财政补贴标准,是促进钢铁企业开展循环经济的重要前提。

2. 财政补贴评估流程设计

循环经济以资源的减量化、高效利用和再资源化为原则,以实现资源节约和

第 5 章 "元素流—价值流"管理的配套体系研究 ·175·

循环利用、环境污染物减排为目标，带来持续的经济效益，使得循环经济可持续。鉴于此，可以根据环境风险评估技术以及节能减排审计工作的理论研究，针对钢铁企业节能减排，构建财政补贴评估流程[158-159]（见图 5-2）。

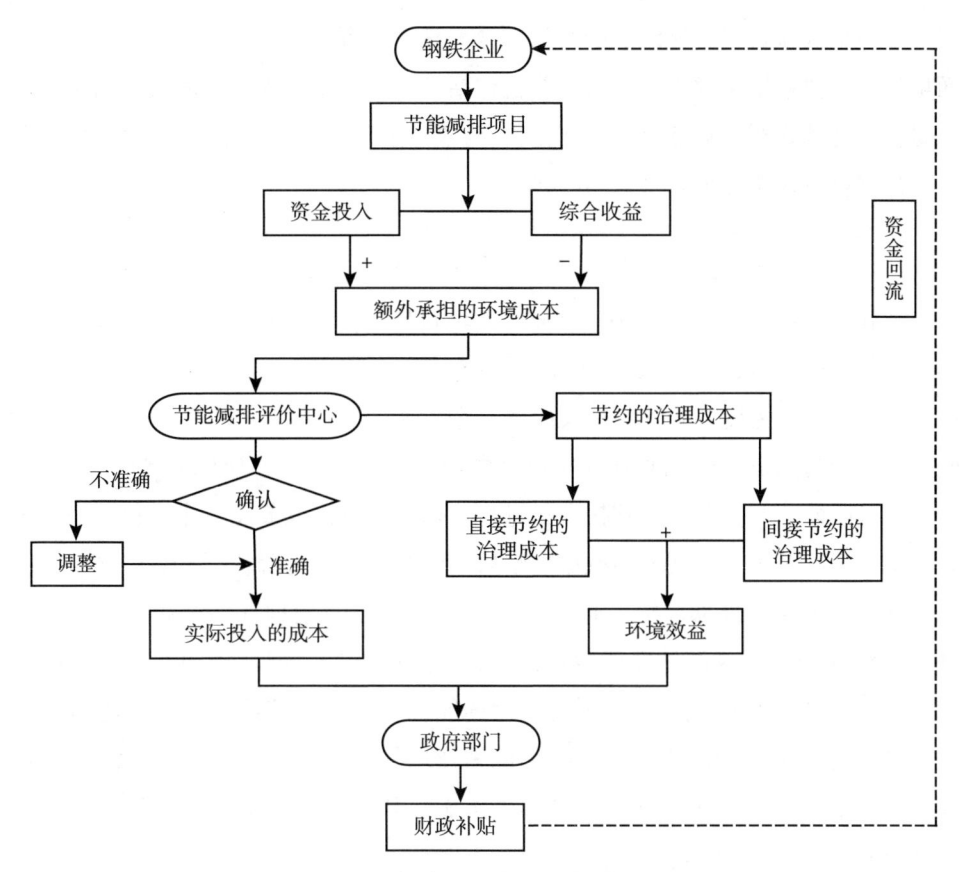

图 5-2 钢铁企业财政补贴评估流程

由图 5-2 可知，其评估流程可分为三个阶段。首先，企业在生产流程中发展节能减排项目后，对资源投入成本及相关效益进行内部核算；其次，节能减排评价中心（独立第三方）对企业内部核算进行确认和调整，得出其实际投入成本，并通过对周边环境的调研和测试评估该企业的环境效益；最后，企业将企业内部核算材料及节能减排评价中心出具的证明文件提交当地政府，经审核无误后，政府对该企业的节能减排项目进行补贴。

第一阶段，企业内部进行环境成本核算（主要涉及增值税，其他附加税忽略不计)。根据企业开展节能减排项目后所发生的投入、节省的资源和能源,以及废弃物的处置成本和收益,来核算钢铁企业当月发生的直接资金支出、间接资金支出、直接收益、间接收益,从而计算出钢铁企业实行资源能源节约后所承担的额外成本。直接资金支出包括购置设备支出、技术人员工资薪酬、培训费等;间接资金包括因原材料、能源的购买量减少而减少的可抵扣进项税额、销售废弃物而增加的增值税销项税额等;直接收益包括销售废弃物收入等;间接收益包括因原材料、能源购买量减少的资金投入、购置设备增加的可抵扣增值税进项税额等。建立核算模型如公式(5-1)所示。

$$C = \sum_{i=1}^{n_1} V_i + \sum_{i=1}^{n_2} D_i + \sum_{i=1}^{n_3} G_i + \sum_{i=1}^{n_4} B_i \quad (5-1)$$

公式(5-1)中,C 为企业发展绿色项目后当月实际增加的成本;V_i 为第 i 类设备的购置成本;D_i 为设备投入所产生的第 i 类费用;G_i 为设备投入所产生的第 i 类收益;B_i 为设备购置所形成的第 i 类收益;n_1 为直接成本项目数量;n_2 为间接成本项目数量;n_3 为直接收益项目数量;n_4 为间接收益项目数量。

第二阶段,对企业节能减排项目进行评估。文章选取节能减排评价中心作为独立第三方,对企业开展节能减排项目后的资金投入进行确认、计量、调整,并对钢铁企业形成的外部环境效益进行评估计量,以及根据评估结果出具证明文件。[160] 钢铁企业形成的外部环境效益,即企业因发展节能减排项目而节约的治理成本。节约的直接成本包括节约使用的能源和资源、节约的废水和耕地污染处理成本等;节约的间接成本包括因电力使用的减少而节约的煤、因减少使用煤而减少的排放物处理成本等。借鉴生态矿区环境成本计量模型,建立核算模型如公式(5-2)所示。

$$P = \sum_{j=1}^{m_1} T_j + \sum_{j=1}^{m_2} H_j \quad (5-2)$$

公式(5-2)中,P 为企业发展节能减排项目后的外部环境效益;T_j 为企业节约的第 j 类直接成本;H_j 为企业节约的第 j 类间接成本;m_1 为企业节约的直接项目数量;m_2 为企业节约的间接项目数量。

第三阶段,企业将内部核算结果以及节能减排中心出具的证明文件提交当地政府,申请补贴。地方政府根据当地政策对该企业额外承担的环境成本进行补贴,补贴方式有两种[161]:价格补贴和亏损补贴。价格补贴是针对企业购买的节能减排设备进行的补贴,亏损补贴是针对企业转型发生的大宗支出而导致的亏损进行的补贴。

经过这三个阶段，合理的财政补贴评估流程可有效解决钢铁企业循环经济与节能减排过程中的资金短缺问题，有效缓解经济与环保压力，有效推动钢铁企业可持续发展，实现转型升级。通过税收优惠可直接或间接激励钢铁企业低碳转型，专项资金也可使企业在发展节能减排过程中得到专款专用。本节所设计的评估流程也需企业反复实践，持续改进。

5.2.3 税收政策

面对当今税收优惠政策出现的种种不足，我们应进一步推进和深化税制改革，真正实现税制的绿化，促进钢铁企业循环经济价值的发展，真正实现资源节约、经济价值增值与环境负荷降低。[162-163]

（1）流转税：进一步改革和完善现行增值税制，尽快制定节能、节水和资源综合利用的税收优惠政策。对于生产节能、节水型产品的关键设备，以及政府鼓励的循环经济重点产品企业的关键设备，允许实施加速折旧；对垃圾发电、混凝土回收等方面推行增值税的抵退政策，对综合运用风力发电等实行增值税减半的政策。

（2）消费税：目前的消费税主要针对奢侈品的调控，可对其征税品种重新进行界定以支持循环经济的发展。可分为两类，将与循环经济范畴无关的重要消费品纳入消费税范畴，制定较高的税率，拉开与循环经济产品的差距；对使用新能源、低能耗的交通工具实行低税或免税。

（3）资源税：目前资源税仅在盐业和少数矿产资源项目上征收，应扩大其征收范围。对非再生资源征税已经刻不容缓，适当提高税率，可促进企业技术改造，实现资源的减量化，鼓励发展新能源和可再生能源。

（4）企业所得税：制定循环经济、环境保护和技术创新的税收激励政策，对企业循环利用工业"三废"进行生产实行税收优惠政策，调整税收优惠方式，保持税收优惠政策的连贯性。

（5）开增环境保护税：2018年1月，我国首部环境保护税法正式施行，在全国范围对大气污染物、水污染物、固体废物和噪声4大类污染物、共计117种主要污染因子进行征税。对这些固态物质、气态物质、液态物质和废弃物的征税，可以实现经济发展模式的转变。作为我国第一个体现"绿色税制"的综合税种，环保税平稳实现了排污费"费改税"并顺利完成首年征收，为推进我国生态文明建设提供了全新动力。

作为综合性的环境税税种，我国的环保税在具体征管过程中可以借鉴的国际经验相当有限。环保税征收范围涵盖几大类不同污染物，征管工作相对复杂，应顺应提高政府治理能力的时代要求，更多寻求与我国税制相适应、相匹配的信息化现代征管方式。

（6）其他优惠政策：建立生态补偿机制，按照"谁开发谁恢复，谁利用谁补偿"的原则，对由于实施循环经济而受到损失的企业、个人和集体予以生态补偿。循环经济发展的企业如纳税有压力的，可报批后酌情予以灵活减免。

5.2.4 价格政策

在价格政策方面，循环经济的发展急切需要建立健全全面反映市场供求关系、环境损害成本的产品价格形成机制。包括以下内容：

（1）在资源性价格改革中，首先要做的是打破行政性垄断，将市场竞争引入其中。如果单纯扩大资源企业承担的环境、生态成本，垄断企业会将新增成本转嫁给下游企业或消费者，消费者和社会公共利益将受到损害。如果能够取消自助定价权利，引入市场竞争，鼓励和支持民营资本参与资源能源经营，实现供应主体多元化，从而实现合理的资源能源价格机制。而且还可以激励原有垄断企业提高效率，改变粗放式发展方式。

（2）开展价、税、费联动改革，建立"全成本"核算体系。全成本包括"从摇篮到摇篮"的勘探、开发、生产、生态补偿、枯竭后退出等成本，及相应的成本核算体系。基于成本效益分析，开展价、税、费联动改革，考虑到工业共生链间的共生关系，将生产者、分解者、消费者的利益统一进行协调，形成反映不同资源的比较关系的价格机制。

（3）合理分担改革成本，考虑中低收入者承担价格改革成本比例问题。一方面推动阶梯式水价、电价、天然气价格改革，可根据低收入人群的实际情况降级基本阶梯的费率，或进行直接补贴。

5.2.5 产业转型升级政策

循环经济是资源闭环利用型生态经济，发展循环经济是钢铁企业实现可持续发展和节能减排的必然选择。循环经济价值流转分析能有效促进产业转型升级，应成为今后中国产业发展的主旋律。

1. 构架循环经济工业共生链体系

根据不同行业和产业特点，合理构建循环经济产业链。以钢铁行业为例，构建钢铁企业循环经济工业共生链。把钢铁企业的废弃物和副产品，包括高炉渣、钢渣、二氧化硫、二氧化碳等与其他企业联结起来，构建再利用的工业共生链。

2. 建立节能环保的技术创新机制

建立循环经济节能环保的技术创新平台，重点开发可迅速投入应用的资源节约和替代的技术、资源、能源梯级利用技术，工业废物资源化技术，工业共生链链接技术，引领支撑产业转型升级。

3. 积极发展精深加工产品

2005 年《钢铁产业发展政策》中已经提出把"提高钢材加工配送能力，延伸钢铁企业服务"作为行业结构调整的重点内容。要以最终金属用品升级换代为导向，推进钢铁企业"全产业链"阶段性产品和技术相应的升级换代，与上下游进行分工合作、生产、经营，形成绿色共生链。

5.3 法律法规保障体系完善

5.3.1 完善的基本原则

法律的基本原则，是立法、守法、执法和法律监督的基本规范和准则。循环经济法律的基本原则，是循环经济立法、守法、执法、法律监督等法制建设各环节都必须遵循的总的规范和准则。依据法制的基本要求，结合循环经济的基本原理和规则，除必须遵循立法的基本原则以外，可归纳出循环经济"元素流—价值流"特有的基本原则。

1. 政府主导与经济扶持原则

循环经济立法不能以简单粗暴的直接行政控制和制裁型法律法规为主,必须重在引导性、鼓励性规范和支撑保障性法律规范。前者虽然简便,短期见效快,但违背了经济规律,容易造成政府调控失灵等问题。因此,必须尽可能体现市场规则的基本要求,多采用经济扶持等法律法规,以行政强制为底线。

2. "3R"原则

"3R"原则即循环经济的减量化、再利用、再资源化。在生产阶段,法律要求减少资源消耗和废物的产生;消费阶段,要求公众尽量使用再生品和长期使用产品;垃圾处理阶段,则是将废弃物原级资源化和次生资源化。

3. 公众参与原则

发展循环经济涉及政府、企业、社会公众的权利与义务,推行与实施应当强调这些主体的平等协作。通过立法确定公众的参与、监督、决策等权利,同时对公众的某些行为进行限制。要求每一个社会成员主动投入循环经济建设中。

4. 环境公平原则

主要体现在自然生态系统生态平衡规律上。基本前提是保障系统的生态平衡,保障生态经济社会稳定协调可持续发展,其中,环境公平是保障生态平衡的基本法律准则。

5. 资源、环境与经济"三赢"原则

要求市场主体的投入和产出都符合环境、经济和社会效益协调统一的原则,遵循资源既循环又经济的原则,实现资源节约、循环利用和环境污染物减排的目标,促进生态资源的循环再生和永续利用,实现循环经济可持续发展。

5.3.2 发达国家的立法模式启示

目前各国循环经济立法模式中,日本和德国是走在前列的,下面具体介绍。[164-167]

日本的循环经济立法体系比较完整,采取基本法统率综合法和专项法相结合的方式,分三个层面进行立法。第一是循环型社会的基本法,明确循环经济的定义、基本原则、各行为主体的责任和义务,以及建立循环型社会的意义;第二个是综合性法律,对废弃物的处理、资源有效利用和再资源化做出明确的规定;第三个层面是专项法，根据各种行业产品的性质制定，包括机械加工、家用电器、包装物、车辆等具体产品。

德国实行循环经济比较早，其法制建设也比较完善。与日本不同，其立法体系的三个层次是法律、条例和指南。法律包括《能源节约法》《循环经济与废弃物处置法》《废水纳税法》《再生能源法》《垃圾法》等；条例则包括《废电池处理条例》《废木材处理条例》《废旧汽车处理条例》《电子废物和电力设备处理条例》等；指南是指《城市固体废弃物管理技术指南》《废弃物管理技术指南》等。

现阶段我国循环经济"元素流—价值流"实践发展尚处于初步发展阶段，相关配套循环经济法律制度还没有建立起来，因此，根据我国循环经济发展水平和法律制度现状进行分析，决定了我国可采取"基本法—综合法—专项法"的模式来完善循环经济价值流分析的法律体系。

5.3.3 我国法律法规保障体系完善的建议

现行相关的法律、法规为促进我国循环经济的建设提供了基础法律保障，但循环经济"元素流—价值流"分析的法律法规体系尚未建立，建议主要从以下5个关键环节加以完善。

1. 在宪法中确认发展循环经济

宪法作为一国的根本大法，它的地位至高无上，任何一门法律都必须以宪法为根本制定。宪法对环境资源做出了规定，但没有将可持续发展战略作为环境与资源保护的指导思想，因此不能完全体现循环经济的思想和理念。经济发展与环境保护构成了一个有机联系的整体，必须将循环经济制度在宪法中予以确认，在国家根本大法中得以体现，与环境保护一起作为基本国策。同时在根本法方面修订现有自然资源环境保护的有关规定，将循环经济与环境保护一同纳入根本法的范畴。

2. 完善体现循环经济原则的综合性法律体系

为完善体现循环经济原则的综合性法律体系，应以《中华人民共和国循环经济促进法》为纲领，融合《中华人民共和国水污染防治法》《中华人民共和国固体废弃物污染防治法》《中华人民共和国可再生能源法》等法律从减量化、再利用、再循环等方面综合考量。一方面，应加快对《强制回收的产品和包装物回收管理办法》《再生资源回收管理条例》《废旧家电回收利用管理办法》等循环经济相关法律法规的建设；另一方面，细化《中华人民共和国循环经济促进法》中的机理措施，开展对征收能源税、环境税、排污许可证、环境损害责任保险等项目的探索，在成熟时期考虑以法律的形式确定，并加快对经济及行政机理措施的定量化和考量建议，提高循环经济政策的可行性。

3. 建立完善的生产者责任延伸制度

目前我国企业发展循环经济主要靠自愿，当企业自身经济利益受到影响时，循环经济法律不能够发挥其作用，因此造成法律执行效力不够，难以实现立法的目的。因此，应建立完善的生产者责任延伸制度，[168-171] 使企业在生产经营过程中，把经济效率和环境效率联系起来，把降低成本和发展循环经济融合起来，将这一思想贯穿于产品全生命周期。因此，应采取措施完善《中华人民共和国产品质量法》，在生产阶段就建立循环经济激励和约束机制，扩大生产者的责任。同时，还需要明确生产商、销售商、消费者和废弃物处理部门关于废弃物处理的法律义务。

4. 确立公众参与制度

循环经济的实施和发展不仅需要政府的引导，企业的实施，更需要全社会的公众参与。《中华人民共和国循环经济促进法》虽然在公众参与制度上规定了公民的知情权、参与权、举报权以及政府引导等内容。但停留在原则方面，没有具体的实施内容。而公众参与制度是完善循环经济法律法规的重要组成部分，也是推动循环型社会的必要动力。因此必须制定完善的配套规定或具体的单项法规，明确公众参与的原则、内容、方式等，建立决策与监督机制，鼓励社会大众参与进来，发挥积极性和主动性，提高公众的循环经济意识。

5. 制定钢铁企业循环经济"元素流—价值流"分析基本规范及应用指南体系

循环经济"元素流—价值流"分析标准体系的构建是一个复杂而庞大的系统工程，涉及众多的领域、对象和重点环节等，包含标准化理论、相关目标、体制机制、主体和客体、环境影响等一系列要素。按照循环经济标准化的内涵，以及涉及的领域、对象和重点环节来分析，它是涵盖生产、流通和消费三个环节，面向不同的对象，通过产业链相衔接，针对资源与能源领域，集中于减量化、再利用、资源化三项活动的多维度标准体系。

企业经营的目的是追求利润最大化，循环经济经营如果能够通过以上经济激励政策使企业获得超额报酬，则循环经济价值流分析及应用便有了内生动力。解决了循环经济"循环不经济"的矛盾后，钢铁企业如何利用循环经济"元素流—价值流"分析方法进行循环经济决策，还需要提供相关标准作为实践应用的技术指引。虽然通过产业经济政策的制定可在一定程度上保障企业实施循环经济是"经济"的，但在基于工业共生链的上下游企业间生产流程中哪些节点，以及与之匹配的物质、能源及价值流量处于或应处于什么样的水平，应如何改进才能提高环境与经济业绩，都需要循环经济"元素流—价值流"分析方法及相关标准指南，利用其能够追踪、评价各流程环节"三废"物质流与价值流信息的功能，为企业提供内部循环经济管理决策之依据。可见，为保障循环经济价值流分析在实践中的有效运用，迫切需要根据不同钢铁企业生产经营流程的特点，建立循环经济价值流分析的标准及应用指南体系。[172-175]

为适应国际标准 ISO14051 的推行以及国内钢铁企业外部环境损害折价标准的实施，有必要建立我国钢铁企业循环经济价值流分析及应用标准。为此，本书建议如下：

（1）借鉴物质流成本核算的国际标准 ISO14051 以及企业环境损害价值评估标准[177-178]，可构建我国企业循环经济"元素流—价值流"分析的具体准则（guideline），包括企业资源价值流核算基本原则框架、构成要素、计量属性、分析及应用程序标准等，具体内容如表 5-1 所示：

表 5-1　钢铁企业循环经济"元素流—价值流"分析及应用的程序标准

	基本流程	检验与操作部分
1	事前准备	确定钢铁企业的行业特征、技术类型、生产流程及关键工序
		针对目标工序物料能源转换关系确定物量中心
		确定分析的模型和周期
		确定分析的物料能源对象及其物量数据的收集方法
2	数据整理	收集、整理每一工序物料类型数据及其投入量与废弃物数量
		收集、整理系统成本和能源成本数据
		确定系统和能源成本的分配规则
		收集、整理每一工序运行状况数据

续表

	基本流程	检验与操作部分
3	循环经济价值流核算	建立 MFCA 核算模型并输入所需的数据进行内部资源流核算
		评估外部环境损害价值（资源损失量和排放物量的环境折价）
4	识别改善需求	识别并列出改善需求，包括物料能源损失和成本的削减
5	改善计划立项	检验物料能源损失削减的余地及可能性
		核算和评价通过物料能源损失削减的成本效益
		确定改善的优先计划并对改善计划进行立项
6	实施改善	各工序清洁生产改善措施、增加物质再利用与循环路径等
7	改善效果评价	改善后物料投入量、废弃物量调查核算
		改善后的完全成本和负产品成本核算、改善效果的评价

（2）建立钢铁行业的循环经济"元素流—价值流"分析报告标准。借鉴发达国家如日本《环境报告书指南》和《环境绩效指标指南》、美国实施的《超级基金修正与重新审核法》等环境经营报告的先进经验，设计我国的资源价值流报告编制指南。2011 年我国出台了《企业环境报告书编制导则》（HJ 617 – 2011）。以此为契机，可制定包括企业循环经济价值流分析报告实务指南，该指南应包括钢铁企业环境经营目标、元素流路径、资源价值流定量化信息，以便增强环境经营信息披露程度，使利益相关者对生产和环境产出情况进行系统掌握，提高企业环境报告书的可信性和可比较性。

（3）建立钢铁企业循环经济"元素流—价值流"评价标准。钢铁企业环境保护与资源价值流转评价标准的数据库的建设，不仅有利于企业主管部门、环境监控部门和企业管理者自身监督和管理本企业工作，也有助于钢铁企业自查资源利用与环境保护的业绩变化情况，从而采取针对性的措施。美国建立的包括 24 万家大型制造企业的纵向研究数据库（Longitudinal Research Database, LRD）内涵盖了每一家企业的所在地、所有权、材料、能源、劳力和资金的投入以及所提供的产品和服务，重要的是包括各个制造公司建立的污染物排放和污染控制费用等。这个数据库定期公布企业的环保效果，起到了很好的监督检查作用。应用这种数据库，可以考察具有优秀环境保护工作的公司与劣行的公司业绩的表现，同时也为企业自觉进行对标管理提供了依据。

5.4 技术支撑保障体系构建

循环经济"元素流—价值流"分析的技术支撑体系应该是以技术集成为基础,这一技术支撑体系并不是单指支撑技术,也包括与技术支撑相关的引进、研发、创新、实施、规范、推广和再改进等全过程一系列的技术指导、支持、保障、服务和培训等支撑体系。只有建立了这一整套支撑体系,才能够有效地运用技术集成到循环经济"元素流—价值流"分析中去。因此,完整的技术支撑体系应包括以下方面。[179-180]

5.4.1 选择循环经济相关技术

循环经济的技术选择是要实现资源节约、经济价值增值与环境负荷降低三赢。这就要求钢铁企业实施节能减排,对生产过程中产生的废弃物和副产品进行回收再循环利用,并延伸到工业共生链层面,促进企业间的共生耦合。因此在对循环经济价值流分析的技术选择时应以"减量化、再利用化、再资源化"为原则,完善技术体系,并在此基础上优化生态产业链规划和设计过程中关键技术环节,围绕企业循环经济价值流分析进行技术创新和改进。[181]

1. 减量化技术体系

减量化技术体系是钢铁企业实施循环经济"元素流—价值流"分析的重要前提。从循环经济输入输出平衡的角度来看,其减量化主要包括以下内容:一是资源输入阶段,原材料、燃料、水和其他辅助材料的投入减量化;二是输出阶段的工业三废的减量化,钢铁企业从其特性而言,在输入阶段既是资源消耗大户,又是输出阶段的"三废"产生大户,因此,需要构建减量化技术体系,包括清洁生产技术、节能减排技术、选矿过程的高矿石利用率技术等。通过在输入环节降低资源的消耗和输出环境控制"三废"的排放,实现钢铁企业的减量化。

2. 再利用技术体系

再利用技术体系是钢铁企业实施循环经济"元素流—价值流"分析的重要环节。钢铁企业生产过程中产生了大量的工业"三废",包括选矿过程中的尾矿、冶炼过程中的高炉渣、钢渣、二氧化硫、二氧化碳等，都是可以再利用的资源。可将这些废弃物经过处理后在钢铁企业生产过程或不同的企业和部门以价值流转的形式得到再利用。其再利用技术包括尾矿的再利用，高炉渣、钢渣的综合利用，蒸汽的再次梯级利用等，通过对生产过程的各环境的废弃物的计量和回收利用，实现废弃物的再利用和资源化，减少排放的强度和数量，降低对环境的影响。

3. 再资源化技术体系

再资源化技术体系是钢铁企业实施循环经济"元素流—价值流"分析的关键。

钢铁企业的再资源化就是指钢材经过多次重复利用形成废钢后的资源化回收。[182] 除了废钢，还包括废塑料的资源化回收利用，其技术包括废钢、废塑料的技术回收，废旧产品的改装、翻新等。通过这一技术，可实现有限资源在社会经济活动中的多次循环和利用。

5.4.2 建设考核评价指标体系

循环经济的思想已经逐渐为社会大众所接受，但人们对钢铁企业对资源的开采和破坏和对环境污染的影响，还没有广泛认识。只有建立衡量循环经济科学的考核、评价指标，才能推动循环经济"元素流—价值流"的发展。通过量化的指标描述钢铁企业循环经济的实际发展水平，并通过对量化指标的比较分析，促进和引导构建资源节约与环境友好型企业。

国家发展和改革委员会、生态环境部为发展循环经济制定了一系列系统性体系，范围涉及钢铁、水泥、代工和有色等行业。钢铁企业的考核评价指标体系也是在国家指标体系指导下，根据钢铁企业特点进行综合性的构建。同时，考核指标也具有动态性，它根据国家循环经济整体发展情况、面对的问题、循环经济发展的深度不断地进行适度调整，从而推动和引导循环经济的发展。

钢铁行业的一系列的考核评价指标，包括《钢铁产业清洁生产标准》《国家清洁生产技术导向目录》《钢铁行业清洁生产评价指标体系》《钢铁企业主要生产设备装备技术水平等级划分办法》等，都是根据我国循环经济、清洁生产发展的实际阶段和水平提出来的，随着经济技术发展的水平提高，应进行适当的修改。

构建钢铁企业的循环经济"元素流—价值流"考核指标评价体系，既要反映钢铁企业对环境污染的情况，又要反映经济发展的现实和成本结构的特点，具体评价层次包括流程工序层面、企业层面和工业共生链（工业园）三大层面，综合设置考核评价重点。[183-185] 如表 5-2 所示。

表 5-2 　　　　　　　钢铁企业循环经济价值流考核评价重点

工序	工序单位能耗
	工序单位耗新水量
	金属（或原料）回收利用率
	三废最终排放量减少率
	关键装备设备技术等级评定结果：A 级、B 级水平达标率
	半成品正、负制品比率
	正制品损失率
企业	单位增加值的资源消耗指标
	单位产品的资源消耗指标
	可再生、再回收资源重复利用率指标
	单位增加值的最终废弃物量指标
	固体废弃物综合利用率指标
	最终废弃物无害化处理率指标
	厂区绿化率指标
	单位增加值消纳社会废弃物量指标
	高新技术中环境友好技术比率
	通过 ISO 14001 认证和通过清洁生产审核的比率
	半成品正、负制品比率
工业共生链（园区）	主要矿产资源产出率
	能源产出率
	水资源产出率
	单位生产总值能耗
	单位生产总值取水量
	重点产品单位能耗
	重点产品单位水耗
	工业固体废物中和利用率
	工业用水重复利用率
	工业固体废物处置量
	三废排放量

5.4.3 推广应用机制和服务平台

钢铁企业在循环经济发展过程中，努力推行技术开发和改革，已经研发出许多比较成熟的有较大影响的技术成果，目前最重要的就是大力推广形成产业化。如果不能规模、市场化运作，不能够带来长效、大规模的推广，就必须构建推广应用的长效机制和交流平台。

（1）由钢铁企业为主导，与相关政府、行业和学术机构组织、科研设计院所联合形成"产学研"一体化模式，形成生态设计、制造安装、技术服务、规范监控等专业齐全配套的产业链。

（2）鼓励多源竞争，从资金、人员配置和政策等方面鼓励继续研发及技术创新，还可从风险资金入手，推动循环经济对技术的支撑。

（3）钢铁企业循环经济学会定期更新发布推荐技术目录，组织各个层面和多专业、交叉学科的专题论坛、新品发布以及学术交流会。紧密联系时代趋势，在大数据平台上目标性地介绍推广、技术交流，以及结合目前已有的专业期刊、网络平台等，为企业开展循环经济提供技术方法支持。

5.4.4 关键技术研发创新体制建设

通过几十年的建设，我国已经拥有了一批先进的钢铁生产装备，但与世界先进水平相比，仅占到了国际先进水平的15%，很大一部分设备仍然属于国内一般和落后水平，这一点在产业链接技术上极为突出。因此，必须把关键技术研发创新体制的建设作为提高企业自主创新能力的重中之重。

（1）加强引进技术消化吸收和再创新的能力。从策划引进技术创新项目阶段，开始建立项目策划书，以获得政府支持、税收补贴等，企业才能有动力进行此方面的引进。引进消化、再创新要实行"官、产、学、研、民"的结合。对于专利和知识产权，企业在循环经济关键技术、共有技术引进消化吸收再自主创新工作中可不必拘泥于一种方式。

将技术引进后，必须实行一揽子管理，承担单位需要制定相应的实施方案具体落实，严格执行项目规划，对不能按期消化的企业，应采取相应惩罚措施，确有不可抗拒原因的,报政府相关企业技术进口部门,批准给予撤项等处理。

(2)关键技术和共有技术需集成攻关。需要把重点放到生态型的创新战略上来,从我国的国情出发,我国现行的一些高新技术发展规划,都是集中在对新资源的开发、新产品的研发等方面,极少涉及环境保护和循环利用,因此下一步新常态经济下,需要加大对循环经济关键技术研发项目的推广。钢铁企业是关键技术和创新的主体,大中型钢铁企业应设置相应的循环经济技术研发中心,在推广和应用循环经济成熟技术的同时,进行关键技术和创新项目的研发。国家定期制定关键技术和共有技术的攻关规划和计划目录,采取招标、分派、动员等多种方式落实任务,纳入国家科技发展规划的项目管理和考评程序。

5.5 执行及监管支撑体系建设

5.5.1 设计执行保障流程

1. 政策执行保障流程的设计框架及原则

(1)政策执行保障流程的设计框架。

从整体上讲,我国资源价值流转分析的政策执行保障流程分为三个层次,即以政府部门为主体的宏观层面,以工业共生链或园区为单位的中观层面和企业个体的微观层面。另外,政策执行保障不仅需要这三个层面的参与及有机配合,还需要公众的参与。[186-188]具体表现如下:

首先,从宏观上制定指导性的政策及法律法规,需要将制定与落实责任分配到各政府部门,总体上是为工业共生链(生态工业园)资源价值流转的顺利进行提供全方位的宏观保障。政府规制是指政府运用公共权力,有意识地以国家名义建立一系列正式约束,由政府主导自上而下强制实施的规章制度、政策法规等。基于宏观层面的政府规制与法律推动是循环经济企业利益实现的重要保障,其作用表现于,建立明确可靠的财产权利与公正契约执行法则,以弥补市场失灵导致循环经济理念不能自发于市场经济的缺陷;通过建立诱导性和强制性的权威力量,使理性的经济人(economic man)在进行成本(包括经济成本和社会成本)

与收益（含经济收益与社会收益）的比较后，基于自身利益的最大化，按照规制与法律精神以及循环经济要求进行选择以改变自己的行为；充分利用"看得见的手"和"看不见的手"两个经济学原理的协调互动作用推动企业循环经济发展。[189]由于钢铁企业生产过程是不可逆的，污染造成的后果也许无法修复，所以政府规制和法律要随着时间变迁不断演化，如从"末端污染治理"到"清洁生产"再到"循环经济"等，推出新的政府规制与法律政策。

企业作为为社会经济创造价值同时给环境和资源保护造成危害的主体，必须有序并有效地执行宏观及中观政策及规定，切实将相关指导条文落到实处，以使自身发展符合宏观经济政策、环保法律法规、产业经济政策等的规定。另外，企业自身也可以在不违背上一层级规定的前提下，制定符合自身利益的有关环保节约、降低能耗等方面的条文和条例。

园区和工业共生链作为中观层面，可以通过园区管理委员会或产业协会在宏观指导文件的基础上根据自身的特点和特性，在不违反总体政策和法律法规的前提下，制定适用于自身的规定和规则。在制定相应的规定和规则的同时也要设立专门的机构或部门具体落实这些规则或规定。

在公众参与方面，社会公众参与机制可通过对政府—国家体制和企业—市场机制进行有益补充来弥补"市场失灵"和"政府失灵"，构建合理的循环经济资源"元素流—价值流"信息的公众参与机制，使资源价值流转及循环经济由被动外推转化为内生参与，并形成由政府、企业和社会组成的多元化循环经济实施主体结构，实现企业循环经济的"善治"。[190]循环经济资源价值流分析及应用不仅仅是单个钢铁企业的示范工作，其实践更需要政府、共生链（园区）、企业和社会大众四方面共同努力。钢铁行业资源价值流分析及运用需要公众参与机制的支撑，主要包括建设项目环境影响评价的公众监督、产品消费需求行为导向以及环境非政府组织作用等方面。我国已于2018年发布《环境影响评价公众参与办法》（生态环境部部令第4号），但其规定过于原则化，公众参与形式单一，范围狭窄。因此有必要重新审视循环经济资源元素流与价值流转的公众参与制度。

（2）政策执行保障流程的设计原则。

①有法可依。有法可依指的是不管是从宏观的政府层面、中观的工业链或园区层面还是企业个体微观层面，在政策执行保障流程中都必须严格按照规定进行，而不得滥用或忽视法律法规。

②职责明确。这一原则针对政府、工业链（园区）及企业三者在循环经济价值流分析建设及运行中的权力分配。

③奖罚分明。这一原则含义比较明确，即给予在工业生态化过程中取得良好效果的政策执行鼓励和褒奖，而对于违反政策的执行或执行不力的情况，给予相应的部门和人员一定程度的惩戒。

④上下结合。政策执行的上下结合原则与职责分明原则类似，但有其独特之处。根据上文所述，我国在循环经济建设及运行的法律法规和政策方面尚存在一定的缺陷，在这种情况下，上级部门下达一定的指令后，下级部门或企业应在按要求执行的同时，根据执行效果和存在的问题向上级部门进行反馈，上级部门再根据反馈情况，必要时进行充分的调查后，提出切实可行的解决方案，以使相应的政策和法律法规不断完善。

5.5.2 优化分工及协调机制

分工与协调是管理学中的重要概念，一个组织具有良好的分工与协调机制对组织中不同部门相互协作、组织的顺利运行及组织目标的实现至关重要。建设中各层级及部门的分工协调机制，是保障工业生态化顺利进行的关键之一，也是难点之一。根据上文中的政策执行保障流程的框架及原则，相应的分工和协调机制也要从政府、工业链或园区及企业这三个层面来展开，同时，公众参与在每个层面都会起到一定的作用。本书探索的分工和协调机制见图5-3。

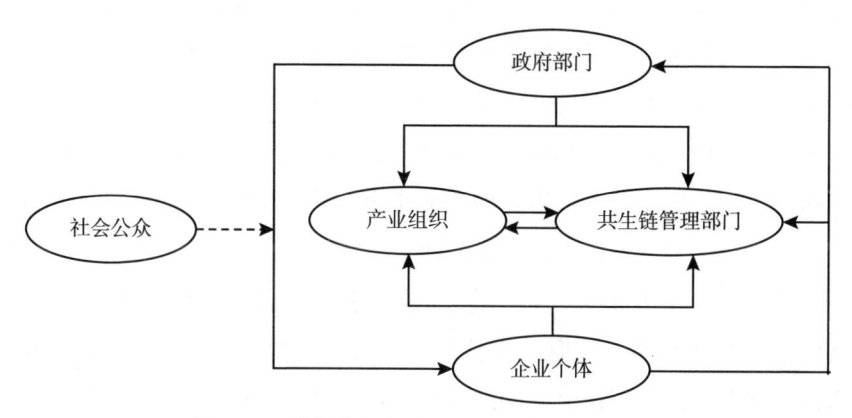

图5-3 政策执行保障流程中分工及协调机制

当然，上述结构只是一个从宏观角度整体上的分工与协调机制，在市场经济整体运行中，在实际资源价值流转运作中，政府部门、不同的园区（企业）需要根据自身实际情况在内部建立不同的分工与协调机制。不同的企业在工业生态链中扮演着不同的角色，在资源价值流转中有其独特的分工，比如发电厂发电可以为钢铁厂提供电力，而钢铁厂所生产的钢材则可以提供建筑及工程用钢等，这虽然只是简单的工业生态链中的一部分，但也体现出工业共生链中各企业之间的分工与协调。

5.5.3 建设健全监管体系

1. 政府角色职能定位

我国的市场经济发展并不完善，在社会及经济发展的很多方面都需要政府出面进行干预和引导。循环经济作为一种新型的工业发展模式，虽然欧美、日本等发达国家已摸索出了一些成功的建设经验，但依据我国国情，我们并不能完全照搬国外成功发展模式。在这种情况下，政府应确立适当的角色与职能定位并在循环经济的建设和运行中发挥应有的作用。[191]

需要注意的是，这里我们强调政府的作用并不意味着政府在资源价值流转中起主导作用，毕竟工业生态链中的生产者、消费者和分解者的主体还是以生产为主业和以盈利为目标的企业个体，政府在这一生态链中基本上扮演着消费者的角色，并不实际进行生产运作，也没有产出品，如政府在各方面的采购便体现了消费者这一角色的特征。政府作为消费者，应优先支持循环经济产业的产品和服务，其集中采购目录和限额标准也应该向循环经济产业的产品倾斜。

另外，从宏观方面，循环经济模式只是中国特色社会主义市场经济运行中的一种方式，这就说明政府在循环经济建设中的作用主要体现在以宏观引导为主和以微观指导为辅，以充分发挥市场的调节作用，而不是对循环经济的建设和运行进行过度的直接干预。不论在什么类型的社会体制中，政府的本质都应该是服务者，不论是在西方发达资本主义国家，还是在我国，这一原则都同样适用。在循环经济的建设和运行中，政府应充分体现其服务职能，在调解循环经济企业之间、园区之间及企业与园区之间的矛盾，为循环经济的运行提供政策支持保障等方面起到应有的作用。

同时，政府作为权力机构决定了其对市场经济的运行担负着监管的职责。我国循环经济建设尚处在起步阶段，这就要求政府在发挥引导作用的同时也要发挥监管作用，对违法违规现象进行纠正。

综上所述，政府在循环经济"元素流—价值流"建设中主要扮演消费者、引导者和监管者这三种角色，这三种角色对循环经济中的企业和企业共生链网的影响有所不同，但又相互联系，比如政府可以通过政府采购等措施对不同产业加以引导，也可以在政策监管的过程中适度地引导共生链的发展。针对不同发展阶段和不同类型的共生链网，政府在这三种角色之间要适当权衡，有所侧重，做到灵活运用，而不是"一视同仁"。

2. 监管体系结构构建

类似于政策执行中的分工与协调，在不同的执行层级都需要有相应的监管机构或部门对执行情况和效果进行监督和管理。这种监督和管理不同于行政机关不同层级的监督和管理，在行政机关监管中，一般是上级或同级相应部门监管本级部门，而在循环经济建设与运行监管体系中，由于循环经济的运行涉及社会各方面，而且在生产过程中运用的相应的低碳减排、清洁生产等技术也较先进，相应的监管体系也比行政机关更加复杂，应从以下几个方面完善监管体系结构。[192-195]

首先，应在政府部门、工业共生链或园区与企业个体之间建立类似于行政机关的监管体系，相当于搭起一座房子的整体框架，即由政府部门监管产业或园区相关政策的执行，园区和工业共生链则监管企业个体对相关政策和规定的落实情况。各层级之间要明确分工，被监管者要配合监管者的工作。在上级监管下级的同时，工业共生链或园区这一层级也要建立相应的部门或制定有关制度或政策以对本级政策和规定的执行情况进行监管。

然后，相应的绩效考核体系需要不断完善。主要从以下三点出发。第一，领导干部必须树立起正确的政绩观，建立起科学完善的干部政绩考核体系，关注环境效益和经济效益的协调发展。第二，循环经济企业及链网乃至工业园的奖惩机制需考虑多方面的因素，要从经济绩效、社会绩效、环保绩效等多方面进行考核，尤其是重视技术指标方面的监管，而不是一味地突出形象工程，不顾一切地确保 GDP 增长而对"生态"重视不足。对一味追求经济增长而忽视环保和社会责任的企业和人员要进行严厉的警告与惩戒。第三，为使绩效考核顺利进行，应要求循环经济企业及工业共生链乃至工业园公开信息，方便利益相关者进行分析和判断；政府部门也要通过文件或网站形式进行政务公开，实现政府与企业的双向监督。[196]

另外，在循环经济监管体系的构建中应大力倡导社会监管。毕竟循环经济的建设中涉及生态学、管理学、低碳经济等多方面的知识，单靠政府机关、行政部门进行监管可能会在一些专业方面有所欠缺；而且在有些项目建设中，建设者与监管者可能为同一主体，这就会使监管流于形式，失去响应效力。在这些情况下，要求循环经济建设与运行的监管工作进行相应的变革，由政府监管逐步转为社会监管。但这里的社会监管不仅仅是通过传统的媒体、舆论等来对政府施压，而是同时建立起实实在在的监察组来进行有针对性的监督。检查组可以由大学教授、企业管理人员、记者等各个层面的人员构成，强大监管人才队伍，以保证监管内容的全面性与专业性。

5.5.4 完善风险化解措施

1. 政府参与引导

一项政策从拟稿、制定、通过、顺利执行并达到预期的效果是很不容易的，首先要耗费很长时间，这就导致政策制定出来以后可能失去时效性。理论上来说，风险主要表现在政策目标定位不精准、执行力度有偏差以及实施时机不适宜等。当然，风险管理机制不健全、风险意识薄弱及信息管理机制落后等因素也可引发相关的政策风险，这就要求政府部门在制定政策与监管政策执行过程中时刻防范相关政策的风险，并在以下几个方面具体落实：

（1）制定相关政策前进行充分的调查，并吸引相关专业人员进行政策的制定。政策必须依据具体的市场情况制定，要求对市场状况进行充分的了解，在涉及专业方面，必要时利用有关专家的工作，如在循环经济建设中涉及很多低碳节能、清洁生产的技术，这些专业知识往往是政府部门的相关政策制定者所不具备的。在推广普及之前要进行试验，由此对方案进行评价和改善，如建立试点、开展民意测验等，这应当看作是一项政策法规在大范围实施之前的必要步骤。[197]如我国营业税改增值税刚开始就是在部分地区的交通运输业和部分现代服务业进行试点，最后再广泛推行。

（2）在不违反政府政策及相关法律法规的前提下，循环经济产业或园区共生链可以结合自身实际情况制定适用于本产业或园区的规定，政府相关部门对产业或园区共生链制定的具体政策进行严格的审核并给予有效的指导。产业或园区共生链在政府部门宏观政策的基础上制定的适合本产业或园区的具体政策或规定，在施行前需上报有关政府部门进行审核，政府部门应结合政府政策及对园区共生链、产业的实际情况的调查提出审核意见，可提出通过、有条件的通过、不通过等不同类型的审核意见。另外，对一些产业或园区共生链制定的不违反社会公共利益的国家利益的政策或规定，且适用范围有限，政府部门也可以不进行审核而是采取备案制，这样既可以节省人力物力，又可以提高政府部门运作效率。

(3) 做好相关政策的宣传工作，提高参与力度。有关循环经济建设、低碳经济、清洁生产等方面的政策在实行伊始往往会削减企业的经济效益，遭到企业的排斥，但毕竟企业个体是政策实施的主体，相关政策要顺利实施并达到预期目标，产业、企业个体的配合是必不可少的。为提高广大企业的参与度，政府部门必须做好相关政策的宣传引导工作，使有关的政策措施及时传达给目标企业，如对相关的税收优惠及土地管理政策等进行宣传。相应的宣传方式可以采取文件下达、组织相关会议和活动等形式。

(4) 定期检测相关政策的执行效果，及时修正不适当的政策。由于我国循环经济建设尚处在初步阶段，相关的政策法规并不完善，在适用性、及时性、可行性等方面并未达到理想的程度，企业的环保意识和相应的环保技术也普遍处于较低的水平，所以有关政策在执行时难免会出现一些意外情况，这就需要我们及时更新不适用的法律法规和政策。同时要加强信息沟通，保证各层级之间的信息顺利且有效传达，便于各层级之间理顺思路，及时发现和解决问题。同时，政府需制定应急政策以应对计划之外的突发事件。

2. 企业主动求变

在循环经济的建设与运行中，产业协会较政府部门更贴近生态产业园区中企业的生产与运作，相对于政府部门，对不同企业间的协调和企业内部的运作流程有更多的了解，所以在面对相关的政策风险时，企业的敏感性更高，更加容易觉察或发现潜在的风险因素。而且政府的引导往往是宏观方面的，对于部分企业仅有政府的引导是不够的，这就要求企业在面对政策风险时需要主动求变。

(1) 在严格遵守相关政策法规的同时关注相应的政策法规对企业生产运作的影响，包括有利影响和不利影响，并分别具体化到不同的行业及相关经济、社会、环保效益指标，生产运作各方面如采购、生产、销售等不同的环节，根据自身需求使用适当的政策法规。当有关政策法规对企业造成严重不利影响时应及时向相关部门反映以寻求帮助，而不是坐以待毙。

(2) 企业在遵守各部门制定的政策法规的同时，可以就自身实际情况向有关部门反映自身需求，以争取在不违反国家利益、社会利益或对其他企业造成不利影响的情况下得到政策支持，如税收优惠、财政补贴、土地政策等，也可以在取得一些环保成果或先进技术时申请一些奖励基金。这样可以使相关的政策法规更适用于循环经济的发展，为工业生态化提供动力。

(3) 政府政策的变动不可能对所有的企业都产生积极的影响，总是不可避免地会影响到某些企业的正常生产运作。比如有些货币政策对一些企业的资金流动造成了很大的影响，排污费用的收取会严重制约某些企业的盈利能力。在这种情况下，企业不能仅仅依靠政府的一些保障政策或救济措施，而是要适当地采取一些风险预防、风险控制及风险转移等风险管理措施，如建立风险准备金、研究与开发先进的生产技术、与其他企业进行项目合作等，以降低政策变动对企业的不利影响。

5.6 本章小结

对现行循环经济政策与法律法规体系进行调研并结合资料搜集和分析整合，为了在政策及法律法规等方面保障循环经济资源"元素流—价值流"的顺利流转，应从产业经济制度政策（包括税收、财政、金融等方面）、法律法规保障、技术支撑体系（包括考核指标、应用机制和创新体制等）及政策执行与监管保障体系等方面对现有的有关循环经济价值流的政策及法律法规体系进行完善。从技术、法律、教育、宣传、产业经济等各方面为循环经济"元素流—价值流"的顺利建设与发展提供政策保障。

第 6 章

钢铁企业实施"元素流—价值流"管理的案例验证

前面几章对钢铁企业循环经济"元素流—价值流"从企业工艺流程和工业共生链层面进行了构建，通过建立这一方法体系，给钢铁企业循环经济实践提供了应用指南。为证明其有效性，本章以某大型钢铁企业为例进行案例分析，在对企业现行成本核算方法予以介绍的前提下，提出了实施验证的目标、原则和步骤等，具体从工艺流程和工业共生链层面探讨循环经济"元素流—价值流"在钢铁企业的应用，以验证该方法的可行性。实践证明，该方法在钢铁企业具有较好的适用性，钢铁企业及工业共生链可以从中得到指导下一步循环经济行为的数据信息，用实践证明了方法的科学性和合理性。

6.1 企业基本情况介绍

1. 企业简介

L 钢铁有限公司（简称 L 钢）1958 年建成投产，属国家当时建设"三大、五中、十八小"钢铁企业中的"十八小"之一。到 2014 年为止，总资产达 400 亿元，年产钢 1 000 万吨以上综合规模。L 钢大力倡导"绿色、低碳"理念，发展循环经济，走生产建设与节能减排协调发展的道路。2013 年，公司由国家工信部审定为首批 45 家符合《钢铁行业规范条件》的钢铁企业之一。

"十三五"期间，L钢把环保工作重点从"末端治理"转向"源头控制"，力争成为一个大气环境质量、吨钢排污量及能耗等指标全面达到国际先进水平的生态型钢铁集团。

2. 循环经济发展过程中遇到的困难

随着我国经济新常态的发展，L钢还有一定的发展潜质和空间，但由于行业结构不合理，企业的支撑条件不够成熟，发展的环境阻力增强。随着社会经济的发展和生态建设的要求，对企业提出的资源、能源使用要求越来越苛刻。发展循环经济成为L钢可持续发展的必由之路。

在实际运行循环经济过程中，L钢也将进入"新常态"。主要表现在钢材产能严重过剩，产量奇高；产品单价较低，行业总体盈利能力不强；行业调整、转型升级加快。这期间，既是钢铁行业的困难时期，又是钢铁行业加快调整、转型升级，同上下游产业供求关系的再平衡时期。为了加快这一过程，L钢要适应新常态经济形势，积极谋变，创新发展。同时，公司的物质运动仍是传统意义上的"黑箱"，元素流及其成本很难计算，不能识别低效的生产线和过程，从而带来浪费。

3. 现行成本核算方法

L钢实行一级核算，一级管理。由公司财务部成本组负责全公司的成本核算、预算、分析和控制等管理工作。各分厂设置专（兼）职成本驻场人员，负责本厂及该厂所辖成本中心的成本核算管理工作。

成本核算按照权责发生制原则，按月计算产品实际成本。为正确计算产品实际成本，各成本中心如使用物资采购部门提供的物质，一律按实际市场价格进行结算，上下工序之间结转的半成品及消耗的燃料动力等，按公司统一制定的标准价格结算，产生的价格差异由公司进行分配，调整成为当期实际成本。

以责任会计为基础，建立成本中心，按照各相关部门、作业区及工序的责任范围，结合成本核算的需要，确定责任范围并收集成本资料，建立成本中心。成本中心是会计上成本划分与费用归集的基础，是成本管理的最小责任单位。成本按成本中心类型做成本结转，具体见图6-1。

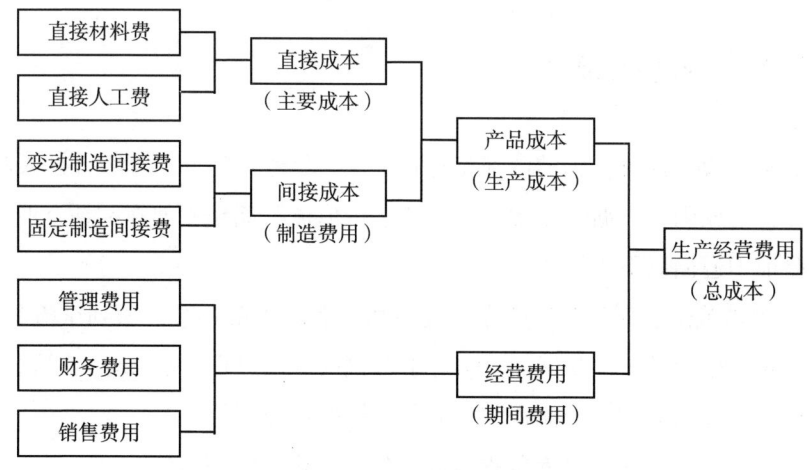

图 6-1　L 钢现行成本核算

6.2　实施验证目标与原则

6.2.1　实施验证目标

循环经济"元素流—价值流"认为，产品分为正制品和负制品，负制品是废弃物的单独反映，通过对负制品进行核算分析，企业可以认识废弃物的产生和所占的比重，以及对企业生产经营的影响程度。通过核算的分析和评价，促使企业自主进行决策和控制，提高资源利用效率和实现可持续发展。[198]

本次实施验证以 L 钢为例，分析循环经济"元素流—价值流"在企业生产过程和工业共生链上的具体应用，以期为企业循环经济管理提供新的方法和思路。具体验证目标如下：

（1）实施验证循环经济"元素流—价值流"在钢铁企业的可用性，即能否采用该方法系统框架应用于钢铁企业。

（2）实施验证循环经济"元素流—价值流"在钢铁企业的适用性，即提供的信息能否对管理和决策提供有效工具。

（3）实施验证循环经济"元素流—价值流"在钢铁企业的科学性，即提供的信息是否符合科学一般原则。

6.2.2 实施验证原则

本次实施验证针对 L 钢的内部流程和工业共生链角度，本着所有投入和产出都记录在案的原则，对循环经济"元素流—价值流"系统框架在钢铁企业实施验证，在验证中遵循以下原则：

(1) 测试范围包括整个生产经营过程和工业共生链环节，做到全流程测算，不是针对某一生产环节，测试部分是对于 L 钢的生产过程以及共生来说重要的环节，从而全面反映 L 钢生产流程和工业共生链的资源利用效率。

(2) 所采集数据是在现有数据基础上的，与现有管理措施结合，而不是另外建立数据基础和数据来源，希望对系统之外的数据需求较少，进行低成本应用。

(3) 强调建立科学合理的分摊规则，通过对企业生产流程、工业共生链活动的分析，对"元素流—价值流"进行解析，建立客观合理的分配规则，从而使测试具有可重复性和可靠性。

(4) 覆盖所有重要的元素流，把重要项目纳入考虑范畴，注意重要项目的分析要合理，非重要项目可以简化或者忽略。

6.3 实施验证的步骤

L 钢循环经济的发展模式须以其循环经济发展的小、中、大三个层面的循环为基础。现在发展循环经济的重点是企业，以企业为点，以行业或产业为主线，以区域或者全国为面，以重点带主线，以主线带全面，采取渐进式的循环经济发展战略。

基于此，循环经济"元素流—价值流"研究在钢铁企业的应用思路也是如此。以钢铁企业生产流程的循环经济"元素流—价值流"为重点，向上下游扩展钢铁工业共生链，采取渐进式的循环经济"元素流—价值流"分析模式。

第一步：以 L 钢生产流程的铁元素流为起点，按照钢铁企业发展循环经济的要求，在产品的整个生产过程，跟踪其铁元素的流动，进而获取价值流转的轨迹，建立基于工艺流程的"元素流—价值流"分析模型，对其废弃物的"内部资源流成本—外部损害成本"进行核算分析，找到改善点，对 L 钢循环经济"元素流—价值流"实施效果进行评价,进而提出减少废弃物产生和排放的方案,对方案进行优选,按照拟定的方案对循环经济全过程进行控制优化,以此实现循环经济的发展。

第二步:以上下游企业为基本的核算单位,按照元素(物质)的流动将上下游企业各生产流程或生产线、分厂或辅助厂作为基础,对其主要资源的内部资源流转价值及外部损害价值进行核算分析,对汇总反映工业共生链层面的废弃物的循环经济分析,进行综合评价、决策和优化控制。

可见,钢铁企业循环经济"元素流—价值流"分析体系主要包括两个层面的思路:一是 L 钢企业内部通过建立分析体系促进节能减排、推进生态设计,改变传统单一的现行末端治理,实现工业污染全过程控制;二是工业共生链层面,进行产业结构调整,与钢铁工业共生的企业纳入研究范畴,从而在更大范围内实现物质的循环利用。

6.4 生产流程的实施研究

6.4.1 核算模型与结构

由元素流和价值流的耦合关系可见,资源价值流是以资源的元素流动为基础的,元素流是技术性分析,价值流是经济性分析,价值流的核算也必须以元素流动分析为依据。[199-202]在钢铁企业生产流程中,不仅包括单一对象的资源输入与输出,而且包括中间生产过程中资源的投入、资源在上下游工序间的转移以及资源的循环和生产逆流。

6.4.1.1 核算流程

要构建生产工艺的资源"元素流—价值流"核算模型,就必须先对工艺流程的资源元素流进行分析,在建立元素流程综合模型时,可以生产流程为基础构建若干个物量中心单元,确定物质资源输入、输出数据,形成相关模型。

1. 物量中心界定

L 钢以铁元素流为主要产品的工序主要有烧结、炼焦、球团、炼铁、炼钢、铸造等工序。每个工序又有许多生产单元（物量中心），物量中心划分的范围可根据企业的生产方式、产品种类或研究问题的深度不同而确定。划分时要遵循适度的原则，因此应在保证"元素流—价值流"分析的前提下，设置适度的物量中心。在考察了L钢的生产流程和成本报表归集明细后将整个工厂划分为炼焦、烧结、高炉、转炉、连铸和轧钢6大分厂（见图6-2）。

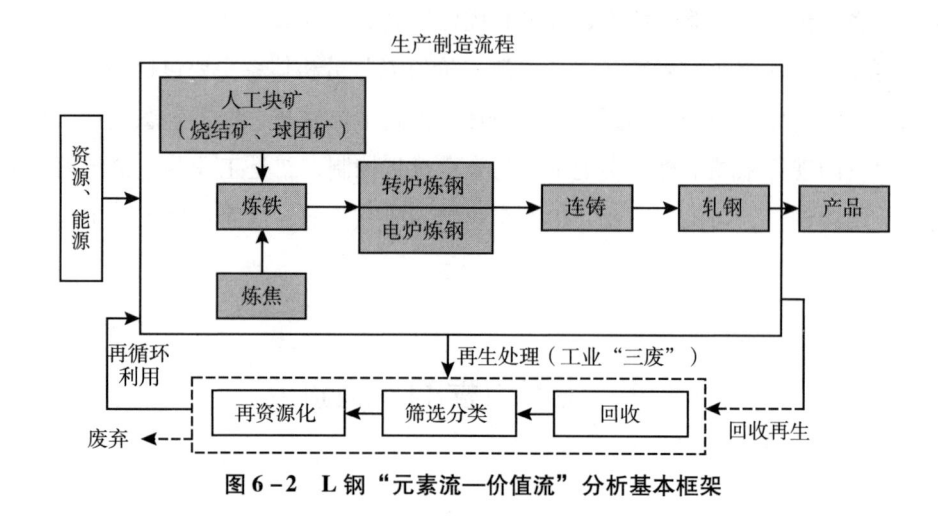

图6-2 L钢"元素流—价值流"分析基本框架

2. 成本界定

根据实地调研，分析得出L钢的"元素流—价值流"的成本内容界定，如表6-1所示。

表6-1 L钢"元素流—价值流"分析的成本内容界定

成本项目		成本内容
材料成本	主要材料	铁矿石
	次要材料	焦粉
	辅助材料	回收粉尘、石灰石熔剂
能源成本		电、水、煤炭、油、气等
系统成本	直接人工	生产工人工资及福利费
	其他直接费用	加工费等
	间接费用	管理人员工资及福利费、折旧费、消耗性材料费、修理费等
废弃物处理成本		处理三废所发生的人工费、维护费等

3. 数据收集整理

本书对 L 钢及其工业共生链的"元素流—价值流"分析数据采集工作，本着所有重要的投入和产出都不被遗漏的原则，覆盖整个生产经营过程，包括所有重要的元素流。全部重要项目，其主要数据来自公司财务管理部门，技术数据来自公司相关生产管理部、能源管理部、环境管理部，部分数据来自发改委、生态环境部、工业和信息化部制定的清洁生产标准、规范。这些数据是指含铁量的计算标准、工序物耗，能耗、标准能耗等相关信息。

4. "元素流—价值流"的分配方法

a. 每个物量中心的投入可以划分为材料、能源、系统和处理成本四类，每类成本的分配原则各有不同。

b. 各物量中心的原材料分配，首先计算铁损①，这一部分直接计入当期损耗；其次对材料投入进行分配，分配标准针对每一个物量中心有所不同，可按照产品产量或主要元素含量进行分配，最后按照标准价格结转回收物，回收过程中消耗的原材料也要考虑进来，消耗的能源和系统成本计入负制品。

c. 各物量中心的能源分配，首先考虑到能源实际消耗与先进能耗之间的差距，其次对有效能耗按照热值或者含铁量在正制品和负制品之间分配。回收和损失能耗直接计入负制品成本。

d. 对系统成本的分配，系统成本主要包括直接人工费用、间接人工费用、设备折旧费用和间接材料费用。首先按照系统作业率计算系统成本的损耗，其次对有效系统成本包括人工、折旧费用按照热值或者含铁量在正制品和负制品之间进行分配，回收消耗的系统成本直接计入负制品。

e. 对废弃物处置成本的分配，直接计入负制品成本，如果生产过程中产生可共循环利用或再利用的资源出售，其销售收入应直接冲减废弃物处理成本。

配料工序原材料按照外购、资产和自产三类分别计算，回收项只考虑材料成本，能源和系统成本全部计入负制品成本，损失成本与回收金额的差额计入负制品。

f. 废弃物外部损害成本分配。经过对多个分厂工艺流程的分析发现，在生产

---

① 铁损是指在交变磁场下磁化试样时，消耗在试样上的无效电能。在给定频率和最大磁感应强度进行磁化的情况下，铁损用符号 P(10Bm/f) 表示，单位为 W/kg。例：P17/50 表示在最大磁感应强度为 1.7T、频率为 50Hz 时，单位 kg 试样的铁损。

过程中会产生废水、废气和废渣。这些排放物对自然环境产生外部损害。即废弃物的产生，不仅形成资源的损失价值，而且由于外排导致企业外部环境的污染与损害，从而形成外部环境损害价值。本案例采取日本的 LIME 法进行分配。

6.4.1.2 各分厂"元素流—价值流"成本计算

1. 炼焦分厂成本计算

（1）炼焦分厂投入的包括气煤、肥煤和焦煤等主要原材料主要来源为外购，因此可以和能源放在一起作为能源分配。

（2）炼焦分厂的能耗是 500（千克标准煤/吨），与目前国内先进能耗之间的差距为 371（千克标准煤/吨），从材料与能源投入表可见，总投入为 1 600（千克标准煤/吨），因此

$$能源损失率 = 能源损耗/总能源投入$$
$$= (实际能耗 - 先进能耗)/能源投入总计$$
$$= 371/1\ 600$$
$$= 23.2\%$$

（3）系统成本按照实际人工费用和设备折旧费进行计算。

（4）冶金焦是主要产品，即正制品，此外，还有粗焦、荒煤气等也作为负制品的产品结转。按照正制品和负制品的比例分配到原材料、能源和系统成本里面。

炼焦分厂成本计算如表 6 - 2 所示。

表 6 - 2　　　　　炼焦分厂"元素流—价值流"成本计算

项目分类	成本项目	单位	炼焦分厂
本物量中心投入	材料成本	元	843 900
	能源成本	元	48 572
	系统成本	元	45 456
	合计	元	937 928
上物量中心转入	材料成本	元	0
	能源成本	元	0
	系统成本	元	0
	合计	元	0

续表

项目分类	成本项目	单位	炼焦分厂
本物量中心总入	材料成本	元	843 900
	能源成本	元	48 572
	系统成本	元	45 456
	合计	元	937 928
正制品分配比例		%	0.768
负制品分配比例		%	0.232
正制品（合格）	材料成本	元	648 115
	能源成本	元	47 066
	系统成本	元	36 180
	合计	元	731 361
负制品（损失）	材料成本	元	195 785
	能源成本	元	1 506
	系统成本	元	9 276
	处置成本	元	896
	合计	元	207 463

2. 烧结分厂成本计算

（1）原材料分为三类：外购原材料、自产原材料和回收原材料。其中自产原材料按照产品成本进行结转，外购原材料按照市场购买价格进行结转，回收的部分则按照铁元素的含量折合为外购矿石进行计算，结果如表6-3所示。

表6-3　　　　　　烧结分厂回收资源折合价格

类别	折合价（元/吨）	铁含量（%）
矿石	1 100	61.67
高炉瓦斯灰	562	31.50
高炉返矿	562	31.50
OG泥	972	54.50
氧化铁皮	1 284	72.22
粉尘	713	40.00
小粒烧	1 016	56.98

(2) 能源、系统成本计算方式与炼焦环节一致。

本分厂的计算结果如表6-4所示。

表6-4　　　　　　烧结分厂"元素流—价值流"成本计算

项目分类	成本项目	单位	烧结分厂
本物量中心投入	材料成本	元	659 347
	能源成本	元	41 627
	系统成本	元	10 111
	合计	元	711 085
上物量中心转入	材料成本	元	648 115
	能源成本	元	47 066
	系统成本	元	36 180
	合计	元	731 361
本物量中心总入	材料成本	元	1 307 462
	能源成本	元	88 693
	系统成本	元	46 291
	合计	元	1 442 446
正制品分配比例		%	0.864
负制品分配比例		%	0.136
正制品（合格）	材料成本	元	1 129 647
	能源成本	元	83 372
	系统成本	元	40 123
	合计	元	1 253 142
负制品（损失）	材料成本	元	177 815
	能源成本	元	5 322
	系统成本	元	6 168
	处置成本	元	541
	合计	元	189 845

3. 炼铁分厂成本计算

(1) 本分厂成本的计算要首先考虑铁损，生产过程中铁损为1.08%，全部包含到高炉炼铁分厂，没有分摊到烧结分厂，因此在扣除1.08%的铁损之后，剩余有效部分按照铁元素含量进行分配计算。

（2）原材料分为三类，外购原材料、自产原材料和回收原材料。外购原材料的按照购买价格计算，自产原材料按照成本结转，回收杂料计算平均成本。

（3）能源成本分为两部分，一部分是正常能源消耗，按照含铁量计入正制品，另一部分属于回收能源，分配标准为折合标煤的系数。

（4）系统成本与烧结分厂计算标准一致。

具体成本计算如表6-5所示。

表6-5　　　　　炼铁分厂"元素流—价值流"成本计算

项目分类	成本项目	单位	炼铁分厂
本物量中心投入	材料成本	元	665 114
	能源成本	元	34 984
	系统成本	元	27 845
	合计	元	727 943
上物量中心转入	材料成本	元	1 129 647
	能源成本	元	83 372
	系统成本	元	40 123
	合计	元	1 253 142
本物量中心总入	材料成本	元	1 794 761
	能源成本	元	118 356
	系统成本	元	67 968
	合计	元	1 981 085
正制品分配比例		%	0.8712
负制品分配比例		%	0.1288
正制品（合格）	材料成本	元	1 563 596
	能源成本	元	109 278
	系统成本	元	58 340
	合计	元	1 731 214
负制品（损失）	材料成本	元	231 165
	能源成本	元	9 078
	系统成本	元	9 628
	处置成本	元	85
	合计	元	249 956

4. 炼钢分厂成本计算

本分厂成本的计算方法与烧结分厂的计算方法一致。其计算结果如表 6-6 所示。

表 6-6　　炼钢分厂"元素流—价值流"成本计算

项目分类	成本项目	单位	炼钢
本物量中心投入	材料成本	元	401 225
	能源成本	元	21 558
	系统成本	元	9 658
	合计	元	432 441
上物量中心转入	材料成本	元	1 563 596
	能源成本	元	109 278
	系统成本	元	58 340
	合计	元	1 731 214
本物量中心总入	材料成本	元	1 964 821
	能源成本	元	130 836
	系统成本	元	67 998
	合计	元	2 163 655
正制品分配比例		%	0.92
负制品分配比例		%	0.08
正制品（合格）	材料成本	元	1 807 635
	能源成本	元	95 497
	系统成本	元	61 923
	合计	元	1 965 055
负制品（损失）	材料成本	元	157 186
	能源成本	元	35 339
	系统成本	元	6 075
	处置成本	元	94
	合计	元	198 693

5. 连铸分厂成本计算

本分厂成本的计算方法与烧结分厂的计算方法一致。其计算结果如表6-7所示。

表6-7　　　　　　连铸分厂"元素流—价值流"成本计算

项目分类	成本项目	单位	连铸
本物量中心投入	材料成本	元	3 390
	能源成本	元	49 965
	系统成本	元	30 596
	合计	元	83 951
上物量中心转入	材料成本	元	1 807 635
	能源成本	元	95 497
	系统成本	元	61 923
	合计	元	1 965 055
本物量中心总入	材料成本	元	1 811 025
	能源成本	元	145 462
	系统成本	元	92 519
	合计	元	2 049 006
正制品分配比例		%	0.8897
负制品分配比例		%	0.1103
正制品（合格）	材料成本	元	1 611 269
	能源成本	元	113 140
	系统成本	元	82 314
	合计	元	1 806 724
负制品（损失）	材料成本	元	199 756
	能源成本	元	32 322
	系统成本	元	10 205
	处置成本	元	64
	合计	元	242 347

6. 轧钢分厂成本计算

本分厂成本的计算方法与烧结分厂的计算方法一致。其计算结果如表6-8所示。

表 6-8 轧钢分厂"元素流—价值流"成本计算

项目分类	成本项目	单位	轧钢
本物量中心投入	材料成本	元	4 569
	能源成本	元	3 318
	系统成本	元	22 701
	合计	元	30 588
上物量中心转入	材料成本	元	1 611 269
	能源成本	元	113 140
	系统成本	元	82 314
	合计	元	1 806 724
本物量中心总入	材料成本	元	1 615 838
	能源成本	元	116 458
	系统成本	元	105 015
	合计	元	1 837 312
正制品分配比例		%	0.9721
负制品分配比例		%	0.0279
正制品（合格）	材料成本	元	1 570 756
	能源成本	元	101 272
	系统成本	元	61 023
	合计	元	1 733 052
负制品（损失）	材料成本	元	45 082
	能源成本	元	15 186
	系统成本	元	43 992
	处置成本	元	29
	合计	元	104 289

7. 成本计算汇总

计算结果反映各分厂的资源流成本的价值流转以及各生产线资源的投入成本、合格品成本以及废弃物成本情况。其计算方法说明了资源价值流转表反映各产品生产的资源流成本的流转情况，数据来自各分厂的成本汇总表 6-9。依据计算出来的正负制品的结果，对其"元素流—价值流"内部成本比率进行分析，见图 6-3。

第6章 钢铁企业实施"元素流—价值流"管理的案例验证

表6-9 L钢生产工艺流程"元素流—价值流"成本汇总

项目分类	成本项目	单位	焦化	烧结	炼铁	炼钢	连铸	轧钢
本物量中心投入	材料成本	元	843 900	659 347	665 114	401 225	3 390	4 569
	能源成本	元	48 572	41 627	34 984	21 558	49 965	3 318
	系统成本	元	45 456	10 111	27 845	9 658	30 596	22 701
	合计	元	937 928	711 085	727 943	432 441	83 951	30 588
上物量中心转入	材料成本	元	0	648 115	1 129 647	1 563 596	1 807 635	1 611 269
	能源成本	元	0	47 066	83 372	109 278	95 497	113 140
	系统成本	元	0	36 180	40 123	58 340	61 923	82 314
	合计	元	0	731 361	1 253 142	1 731 214	1 965 055	1 806 724
本物量中心总入	材料成本	元	843 900	1 307 462	1 794 761	1 964 821	1 811 025	1 615 838
	能源成本	元	48 572	88 693	118 356	130 836	145 462	116 458
	系统成本	元	45 456	46 291	67 968	67 998	92 519	105 015
	合计	元	937 928	1 442 446	1 981 085	2 163 655	2 049 006	1 837 312
正制品分配比例		%	0.768	0.864	0.8712	0.92	0.8897	0.9721
负制品分配比例		%	0.232	0.136	0.1288	0.08	0.1103	0.0279
正制品（合格）	材料成本	元	648 115	1 129 647	1 563 596	1 807 635	1 611 269	1 570 756
	能源成本	元	47 066	83 372	109 278	95 497	113 140	101 272
	系统成本	元	36 180	40 123	58 340	61 923	82 314	61 023
	合计	元	731 361	1 253 142	1 731 214	1 965 055	1 806 724	1 733 052
负制品（损失）	材料成本	元	195 785	177 815	231 165	157 186	199 756	45 082
	能源成本	元	1 506	5 322	9 078	35 339	32 322	15 186
	系统成本	元	9 276	6 168	9 628	6 075	10 205	43 992
	处置成本	元	896	541	85	94	64	29
	合计	元	207 463	189 845	249 956	198 693	242 347	104 289

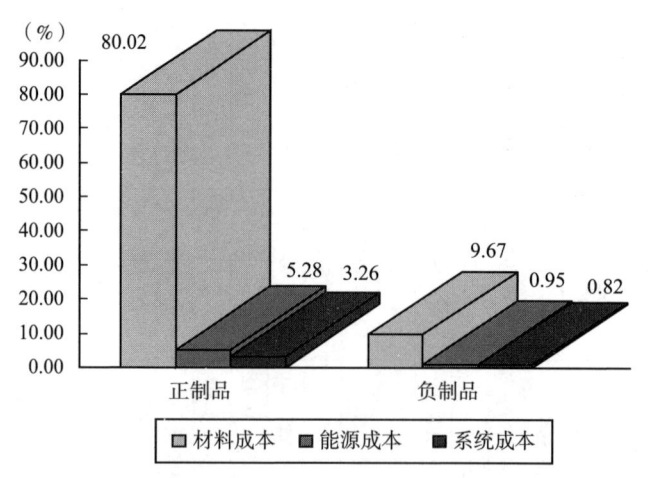

图6-3 钢铁企业"元素流—价值流"内部成本比例图

8. 内部资源价值流成本分析

1）炼焦分厂成本分析。

在炼焦生产过程中，正制品成本是731 361元，负制品成本为206 567元，见图6-4，负制品指粗焦、荒煤气、焦油、粗苯等副产品。

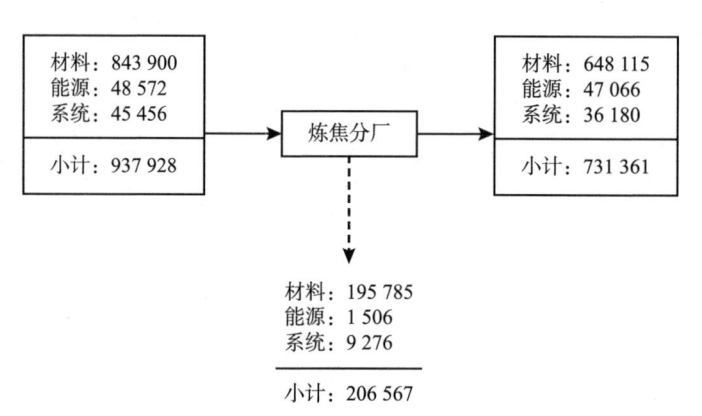

图6-4 炼焦分厂资源"元素流—价值流"流转（单位：元）

根据上图可以绘制成本结构图，见图6-5。

如图可见，材料成本损失20.87%，能源成本损失0.17%，系统成本损失0.99%，负制品总损失为22.30%。因此，材料成本和系统成本的利用存在较大的提高空间。从其生产工艺环节可见，主要产生损失的物量中心在焦炉、熄焦环

第6章　钢铁企业实施"元素流—价值流"管理的案例验证　·213·

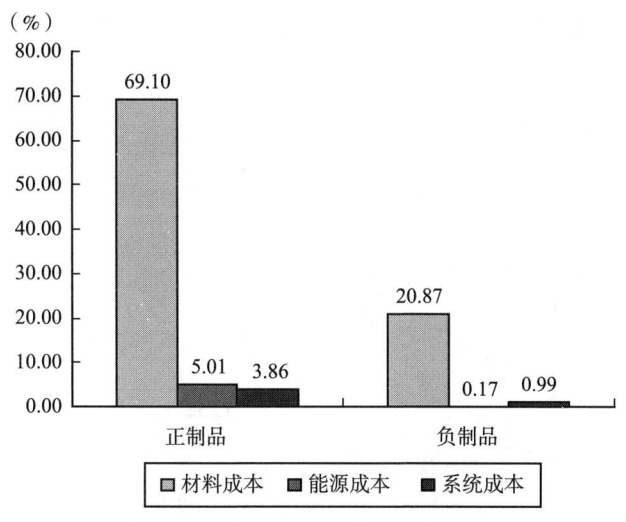

图6-5　炼焦分厂内部资源"元素流—价值流"成本比率

节，因此可以实施一系列技术改造，包括干熄焦技术，是采用惰性循环气体熄灭焦炭并将余热回收发电的一项重大节能技术。该技术能够改变传统的湿法熄焦技术中的余热资源浪费、水资源浪费以及含有粉尘和有毒、有害物质的尾气对大气环境严重污染的现象。

2）烧结分厂成本分析。

在烧结生产过程中，正制品成本是 731 361 元，负制品成本为 206 567 元，这里的负制品指烧结过程中生产的粉尘、小粒烧等副产品，见图6-6。

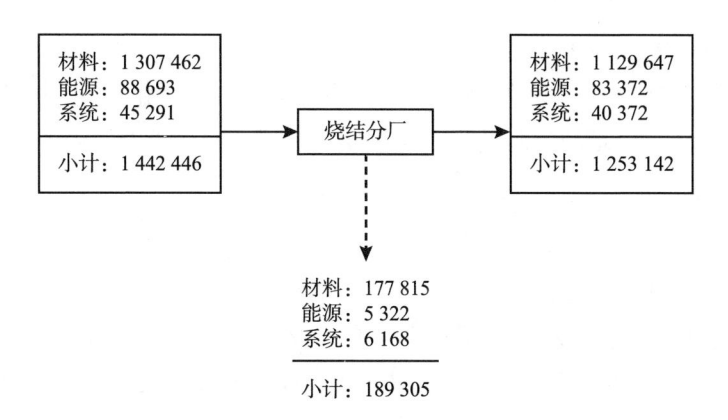

材料：1 307 462
能源：88 693
系统：45 291

小计：1 442 446

→ 烧结分厂 →

材料：1 129 647
能源：83 372
系统：40 372

小计：1 253 142

材料：177 815
能源：5 322
系统：6 168

小计：189 305

图6-6　烧结分厂资源"元素流—价值流"流转（单位：元）

根据图6-6可以绘制成本结构图，见图6-7。

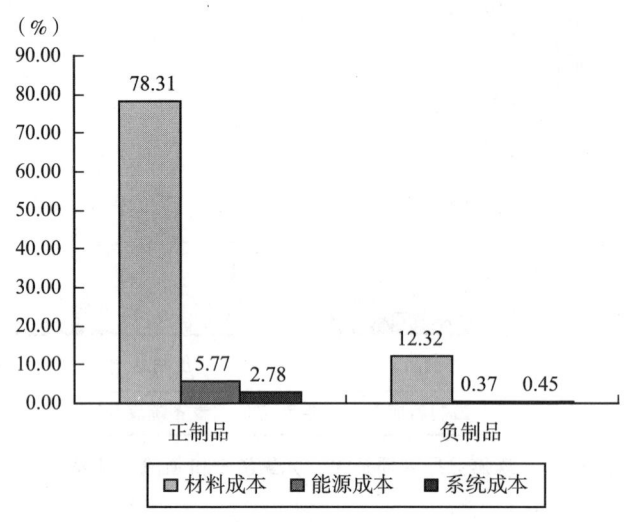

```
(%)
90.00
80.00    78.31
70.00
60.00
50.00
40.00
30.00
20.00                        12.32
10.00      5.77  2.78              0.37  0.45
 0.00
          正制品                   负制品
        ■ 材料成本  ■ 能源成本  ■ 系统成本
```

图6-7 烧结分厂内部资源"元素流—价值流"成本比率

如图6-7所示，负制品材料成本损失12.32%，能源成本损失0.37%，系统成本损失0.45%，总损失为13.14%。因此，材料成本和系统成本的利用存在较大的提高空间。从其生产工艺环节可见，主要产生损失的物量中心在烧结、混料造球、成品矿处理环节，因此可以采用一系列技术改造，包括脱硫技术。钢铁厂烧结分厂二氧化硫排放量占总排放量的50%左右，因此控制烧结工序排放是个非常重要的工序，一般可采取的措施有增加烟囱高度、降低烧结矿原料（精矿粉、燃料）的含硫量以及烟气脱硫。

3）炼铁分厂成本分析。

在炼铁生产过程中，正制品成本是1 731 214元，负制品成本为249 871元，如图6-8所示，这里的负制品指的是烧结过程中生产的水渣、高炉瓦斯灰和高炉荒煤气等副产品。

根据上图可以绘制成本结构图，见图6-9。

如图6-9所示，负制品总损失为12.61%，其中材料成本损失11.67%，能源成本损失0.45%，系统成本损失0.49%。从生产工艺环节可见，主要产生损失的物量中心在上料、高炉环节，因此可以采用一系列技术改造，譬如高炉喷煤技术，将大量的煤粉和一定量的氧气喷入高炉冶炼过程，从而达到强化高炉冶炼、节能减排的目的。

第6章 钢铁企业实施"元素流—价值流"管理的案例验证

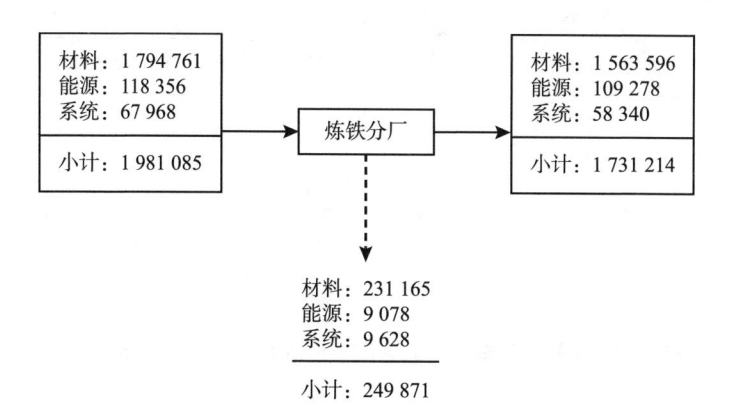

材料：1 794 761
能源：118 356
系统：67 968
小计：1 981 085

→ 炼铁分厂 →

材料：1 563 596
能源：109 278
系统：58 340
小计：1 731 214

材料：231 165
能源：9 078
系统：9 628
小计：249 871

图 6-8 炼铁分厂资源"元素流—价值流"流转（单位：元）

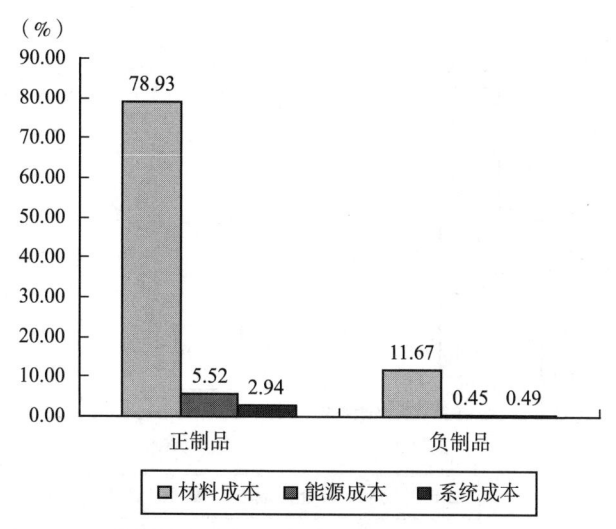

正制品：材料成本 78.93%，能源成本 5.52%，系统成本 2.94%
负制品：材料成本 11.67%，能源成本 0.45%，系统成本 0.49%

图 6-9 炼铁分厂内部资源"元素流—价值流"成本比率

4）炼钢分厂成本分析。

在炼钢生产过程中，正制品成本是 1 965 055 元，负制品成本为 198 693 元，见图 6-10。这里的负制品指的是炼钢过程中生产的水渣、高炉瓦斯灰和高炉荒煤气等副产品。

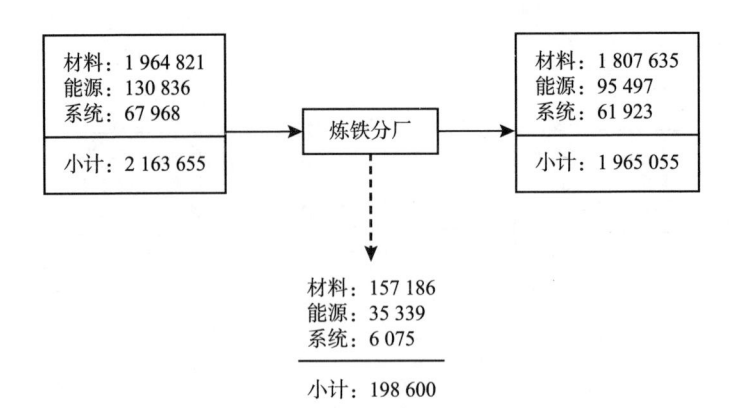

```
┌─────────────────────┐                          ┌─────────────────────┐
│ 材料：1 964 821     │                          │ 材料：1 807 635     │
│ 能源：130 836       │         ┌───────┐        │ 能源：95 497        │
│ 系统：67 968        │────────▶│炼铁分厂│───────▶│ 系统：61 923        │
├─────────────────────┤         └───┬───┘        ├─────────────────────┤
│ 小计：2 163 655     │             ┆            │ 小计：1 965 055     │
└─────────────────────┘             ┆            └─────────────────────┘
                                    ▼
                          材料：157 186
                          能源：35 339
                          系统：6 075
                          ─────────────
                          小计：198 600
```

图 6–10　炼钢分厂资源"元素流—价值流"流转图（单位：元）

根据上图可以绘制成本结构图，见图 6–11。

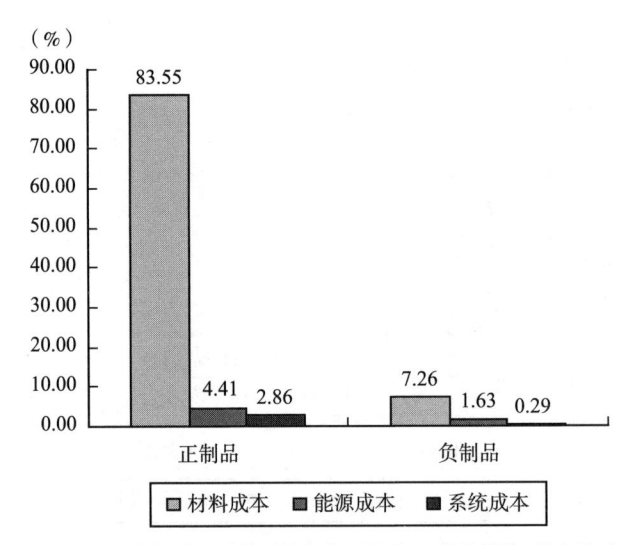

图 6–11　炼钢分厂内部资源"元素流—价值流"成本比率

如图 6–11 所示，负制品总损失为 9.18%，其中材料成本损失 7.26%，能源成本损失 1.63%，系统成本损失 0.29%，因此，材料成本和能源成本的利用存在较大的提高空间。从其生产工艺环节可见，主要产生损失的物量中心在转炉、精炼环节，因此可以采用一系列技术改造，如通过生态设计锅炉，减少蒸汽使用，提高煤气回收质量。通过技术改造可以增强炼钢厂自身利用蒸汽的能力。

5) 连铸分厂成本分析。

在连铸生产过程中，正制品成本是 1 806 724 元，负制品成本为 242 283 元，见图 6-12。这里的负制品指的是连铸过程中生产的回收氧化铁皮、铜镍板坯头尾料等副产品。

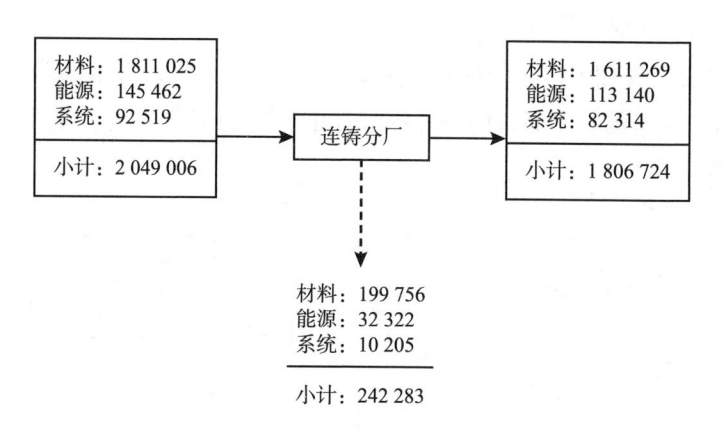

```
材料: 1 811 025              材料: 1 611 269
能源: 145 462      ┌─────┐   能源: 113 140
系统: 92 519    ──→│连铸 │──→系统: 82 314
                  │分厂 │
小计: 2 049 006   └──┬──┘   小计: 1 806 724
                     ↓
                材料: 199 756
                能源: 32 322
                系统: 10 205
                
                小计: 242 283
```

图 6-12　炼钢分厂资源"元素流—价值流"流转（单位：元）

根据上图可以绘制成本结构图，见图 6-13。

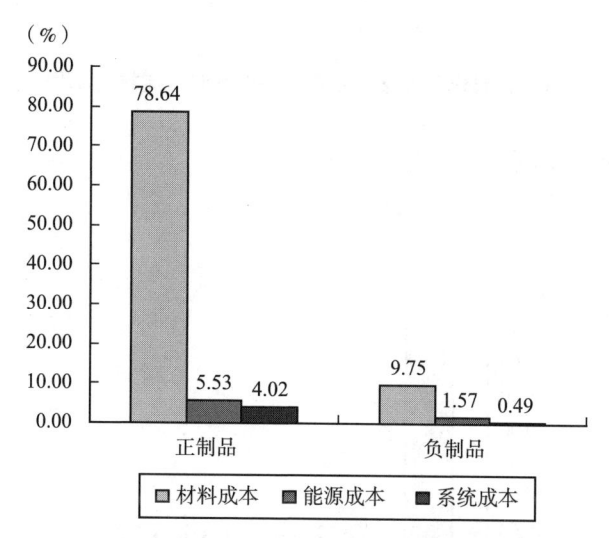

```
(%)
90.00
80.00    78.64
70.00     █
60.00     █
50.00     █
40.00     █
30.00     █
20.00     █
10.00     █    5.53 4.02      9.75
 0.00     █     █   █          █  1.57 0.49
        正制品              负制品
        ■ 材料成本  ■ 能源成本  ■ 系统成本
```

图 6-13　连铸分厂内部资源"元素流—价值流"成本比率

如图 6-13 所示，负制品总损失为 11.81%，其中材料成本损失 9.75%，能源成本损失 1.57%，系统成本损失 0.49%，因此，材料成本和能源成本的利用存在较大的提高空间。从其生产工艺环节可见，主要产生损失的物量中心在冷却、铸坯环节，因此可以采用一系列技术改造，相对于高炉—转炉—连铸—轧钢工艺有效率高、节能、减排的明显效果，关键是薄板连铸工艺的开发与推广，代替了传统连铸+轧钢工序。

6）轧钢分厂成本分析。

在轧钢生产过程中，正制品成本是 1 733 052 元，负制品成本为 104 260 元，见图 6-14。这里的负制品指的是轧钢过程中生产的氧化铁皮、热轧钢卷和连轧蒸汽等副产品。

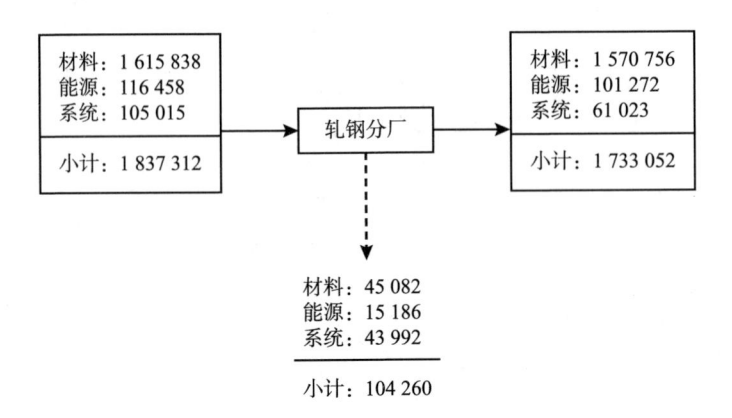

```
材料：1 615 838                          材料：1 570 756
能源：116 458      ┌──────┐              能源：101 272
系统：105 015  ──→ │轧钢分厂│ ──→        系统：61 023
                  └──────┘
小计：1 837 312        ┆                  小计：1 733 052
                       ▼
                  材料：45 082
                  能源：15 186
                  系统：43 992
                  ─────────
                  小计：104 260
```

图 6-14　轧钢分厂资源"元素流—价值流"流转（单位：元）

根据上图可以绘制成本结构图，见图 6-15。

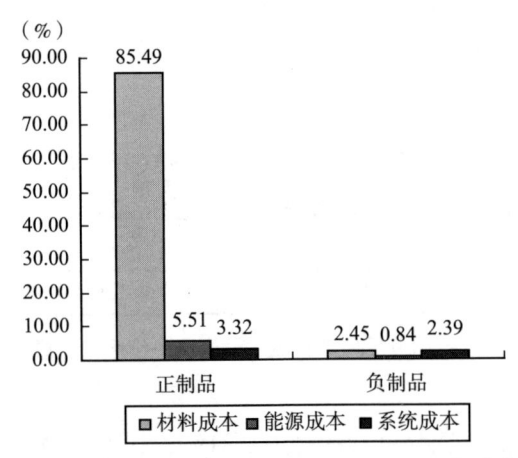

```
(%)
90.00
80.00   85.49
70.00
60.00
50.00
40.00
30.00
20.00
10.00         5.51 3.32        2.45 0.84 2.39
 0.00  ─────────────────  ─────────────────
            正制品              负制品
       ■材料成本　■能源成本　■系统成本
```

图 6-15　轧钢分厂内部资源"元素流—价值流"成本比率

如图6-15所示，负制品总损失为5.68%，其中材料成本损失2.45%，能源成本损失0.84%，系统成本损失2.39%。从其生产工艺环节可见，主要产生损失的物量中心在冷却、铸坯环节，因此可以采用一系列技术改造，热轧蓄热是加热炉技术，可使用热值偏低的纯高炉煤气，应用于轧钢加热炉、退火炉等。

9. 外部环境损害

国内目前还没有钢铁企业废弃物外部损害成本计算的规定和依据，因此本书借鉴日本的环境损害综合系数计算表进行计算。

L钢主要废弃物的外部损害成本的计算结果如表6-10所示。

表6-10　　L钢各物量中心废弃物外部损害成本计算表

废弃物	LIME值（日元/千克）	LIME值（元/千克）	炼焦（元/月）	烧结（元/月）	炼铁（元/月）	炼钢（元/月）	连铸（元/月）	轧钢（元/月）
粉尘	0.938	0.64	9 802	9 654	526	4 215	402	315
CO_2	2 450	168.36	2 245	3 587	2 045	1 573	1 151	1 025
SO_2	1 010	69.41	106	1 526	1 265	1 465	127	1 194
NO_x	197	13.54	115	1 426	1 208	1 144	112	108
废渣	1.18	0.08	2 543	1 643	5 004	4 243	1 543	1 054
废水	1.18	0.08	12	15	2 456	2 743	1 752	1 023
合计	—	—	14 823	17 851	12 504	15 383	5 087	4 719

注：汇率采取2005年末汇率6.872作为外币换算汇率，假设L钢外部成本的折现率是5%（该折现率接近社会成本）。

10. "内部资源价值流价值—外部环境损害价值"分析

根据钢铁生产各物量中心内部资源成本及外部损害成本，可编制废弃物"内部资源价值流价值—外部环境损害价值"汇总表，如表6-11所示。

表6-11　　废弃物"内部资源流成本—外部环境成本"汇总　　单位：元/月

物量中心		炼焦	烧结	炼铁	炼钢	连铸	轧钢
内部资源流成本	正制品成本	731 361	1 253 142	1 731 214	1 965 055	1 806 724	1 733 052
	负制品成品	206 567	189 304	249 871	198 693	242 283	104 260
负制品	数值排名	3	5	1	4	2	6

续表

物量中心		炼焦	烧结	炼铁	炼钢	连铸	轧钢
外部损害成本	成本	14 823	17 851	12 504	15 383	5 087	4 719
	数值排名	3	1	4	2	5	6
正制品率		—	76.80%	86.40%	87.10%	92%	89%	97.20%

根据表6-11所示内容，可以绘制废弃物"内部资源流成本—外部环境损害成本"汇总图，见图6-16。

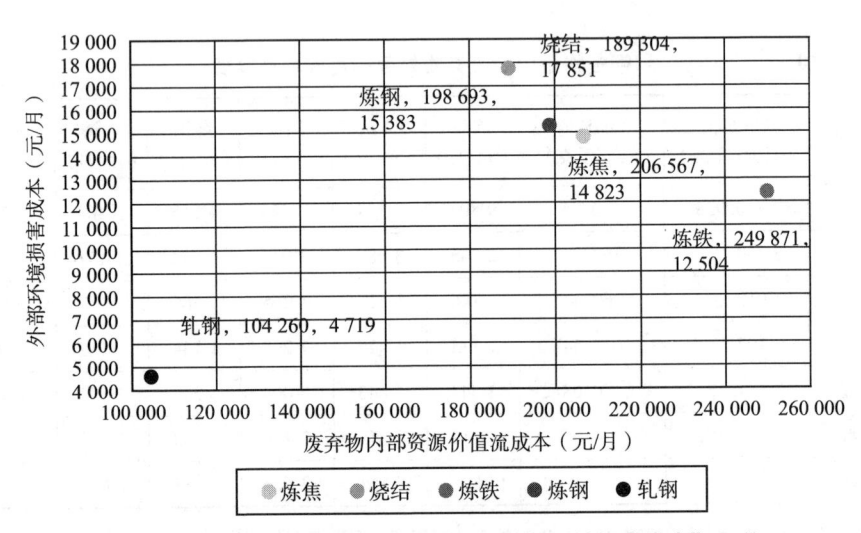

图6-16 废弃物"内部资源流成本—外部环境损害成本"汇总

综合钢铁生产的内部资源流成本和外部环境损害成本，明晰各物量中心的正制品、负制品的成本数据。可见，炼铁分厂的内部资源流成本排名为第一，说明该分厂的内部资源流成本较高，需要考虑到物量中心的循环利用和技术改造，降低负制品率，同时为避免以后的环境税等影响，应尽可能降低外部损害成本。烧结分厂的外部环境损害成本最高，说明该分厂需要加强外部环境损害方面的技术改造，减少对外部环境的损害，其他可按相关顺序进行改造。

6.4.2 分析与评价

考虑到循环经济发展的要求，结合钢铁企业作为流程制造企业的特点，从指标体系建立的原则出发,设计循环经济"元素流—价值流"评价指标体系。如表 6-12 所示。

表 6-12　钢铁企业"元素流—价值流"循环经济评价指标体系

一级指标	二级指标	三级指标	单位	指标类型
基于价值流的钢铁企业循环经济发展绩效测度指标(A)	资源消耗 B1	单位产值铁矿石投入量 C1	t/万元	−
		吨钢综合能耗 C2	%	−
		吨钢耗新水 C3	t/t−s	−
		钢材综合价值损失率 C4	%	−
		钢铁内部资源价值与外部环境损害价值比 C5	%	+
	资源循环 B2	废渣综合利用率 C6	%	+
		废渣返生产利用率 C7	%	+
		工业用水重复利用率 C8	%	+
		铁资源内部循环利用率 C9	%	+
	废弃物输出 B3	废水排放量 C10	t/t−s	−
		烟粉尘排放量 C11	kg/t−s	−
		SO_2 排放量 C12	kg/t−s	−
		COD 排放量 C13	kg/t−s	−
		油排放量 C14	g/t−s	−
	环保处理 B4	单位产出的外部损害价值 C15	t/万元	−
		厂区大气降尘量 C16	t/km²·月	−
		环境保护费用化成本 C17	亿元	−
		环境保护资本化成本 C18	亿元	−

表 6-12 中,钢材内部资源价值与外部环境损害比是两者之间的比值,内部资源流价值是以元素流分析为基础的价值核算,而外部环境损害价值则由 LIME 计算所得;铁资源内部循环利用率主要是指废弃物循环再利用形成的资源含铁量与废弃物中的含铁量的比值。正制品成本比率是钢铁企业生产的合格品的成本或资源有效利用成本与总成本的比值。单位产出的外部损害成本则是钢铁企业在生产环节造成的废弃物污染对外部环境造成的影响的货币价值量;废弃物处置成本表示对钢铁企业生产过程中产生的废弃物进行处理给企业带来的成本。而"+"

是正向型指标,"-"是负向型指标。

6.4.2.1 数据来源

不同年份的L钢评价指标值如表6-13所示,指标数据来源于L钢环境报告书(2005~2012年),数据准确可靠、科学真实。

表6-13　　　　　　　钢铁企业循环经济绩效测度指标值

指标体系	单位	2005年	2006年	2007年	2008年	2009年	2010年	2011年	2012年
单位产值铁矿石投入量	t/万元	1.19	1.24	1.27	1.29	1.28	1.31	1.32	1.4
吨钢综合能耗	%	100	97.87	95.87	102	98.53	97.47	97.34	100.71
吨钢耗新水	t/t-s	7.12	6	5.08	5.2	4.27	4.2	4.31	4.45
钢材综合价值损失率	%	0.8774	0.8521	0.8332	0.8114	0.8032	0.8257	0.8329	0.8221
钢铁内部资源价值与外部环境损害价值比	%	9.45	9.71	9.82	9.85	9.79	9.87	9.89	9.91
废渣综合利用率	%	98.26	98.32	98.48	98.33	98.26	98.58	98.81	98.9
废渣返生产利用率	%	21.31	22.48	22.67	23.47	25.38	26.04	27.26	27.88
工业用水重复利用率	%	97.6	97.1	97.8	98.1	98.5	98.7	98.9	99.2
铁资源内部循环利用率	%	0.7052	0.7997	0.8332	0.8254	0.8457	0.8502	0.8612	0.8637
废水排放量	t/t-s	3.65	2.79	1.56	1.33	0.96	0.93	0.88	0.74
烟粉尘排放量	kg/t-s	1.14	0.9	0.75	0.59	0.52	0.52	0.46	0.48
SO_2排放量	kg/t-s	2.37	1.99	1.58	1.43	1.11	0.75	0.57	0.51
COD排放量	kg/t-s	250	150	78	45	31	30	26	28
油排放量	g/t-s	13	5.93	3.38	2.52	1.38	1.13	1	1
厂区大气降尘量	t/km^2·g	22	16.21	13.1	12.83	12.21	12.32	12.33	11.75
单位产出的外部损害价值	t/万元	27.56	28.61	28.55	28.49	28.4	27.87	27.48	27.34
环境保护费用化成本	亿元	15.4	18.7	18.52	20.61	30.72	29.68	41.74	28.49
环境保护资本化成本	亿元	2.8	3.32	4.49	6.47	9.75	7.23	17.64	4.23

6.4.2.2 结果与分析

本书采用前面探讨的指标体系和测度方法,按照不同的年份,对L钢的循环经济"元素流—价值流"从资源消耗（B1）、资源循环（B2）、废弃物输出（B3）和环保处理（B4）四个方面进行单项测度。

1. 单项指标值变化特征及原因

（1）资源消耗：企业资源消耗指数总体呈下降趋势，资源能源消耗总量逐步加大，见图6-17。一方面，研究期内资源消耗较大且不稳定，数据表明L钢对原材料消耗问题关注不够，企业资源与能源循环效率偏低；L钢对原材料消耗问题重视不够，特别是企业资源与能源循环效率偏低，应推动与其他企业建立工业共生链，利用其他企业进行废弃物和副产品的消纳，提高废弃物和副产品的利用效率。另一方面，要从源头抓起，在生态设计阶段就开始把关，少用或不用含杂质的原燃料，加强对能源、原辅材料、水等资源的消耗管理，大力降低消耗，提高资源利用率。

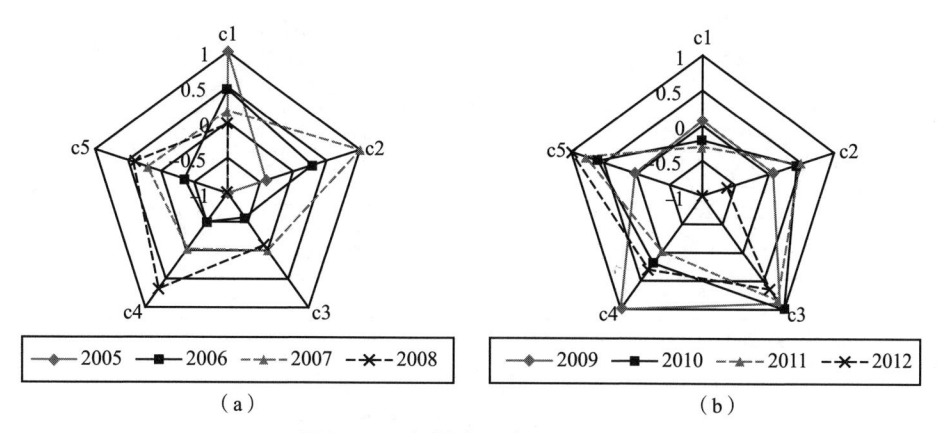

图6-17 钢铁企业资源消耗评价

（2）资源循环：现有资源投入情况下，资源的重复利用率还不是很充分，可燃气体的回收利用还不全面，有待进一步提高。这方面可以借鉴世界先进钢铁企业经验，通过提高自身循环利用资源的能力或者延伸产业链、扩展废弃物的应用领域的方式来解决（见图6-18）。

（3）废弃物输出：废弃物输出指标中，各指标很不稳定，企业排放大量的温室气体，由于铁矿石、煤的品位较低，造成企业二氧化硫等酸性气体排放量很大，对本地区及全国的环境造成了很大的影响。必须从源头预防污染物的产生，实行全过程控制，充分提高回收利用水平，力争实现"零排放"，仅有的排放物必须实行无害化处理（见图6-19）。

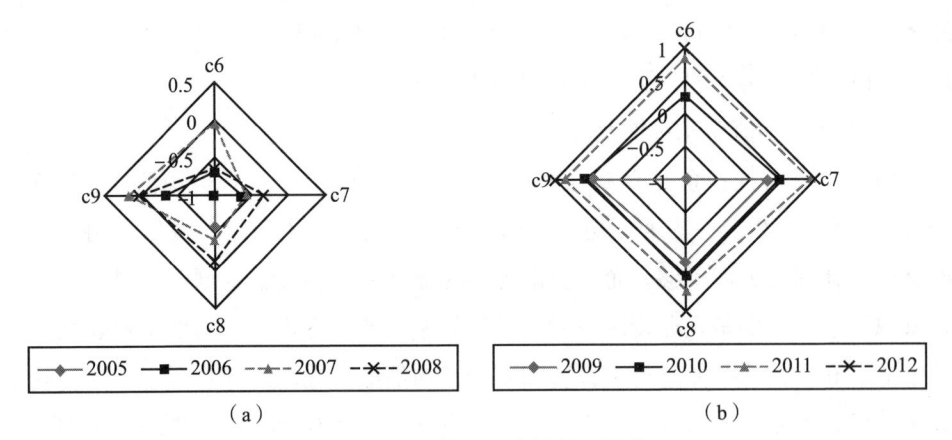

图 6-18 钢铁企业资源循环评价

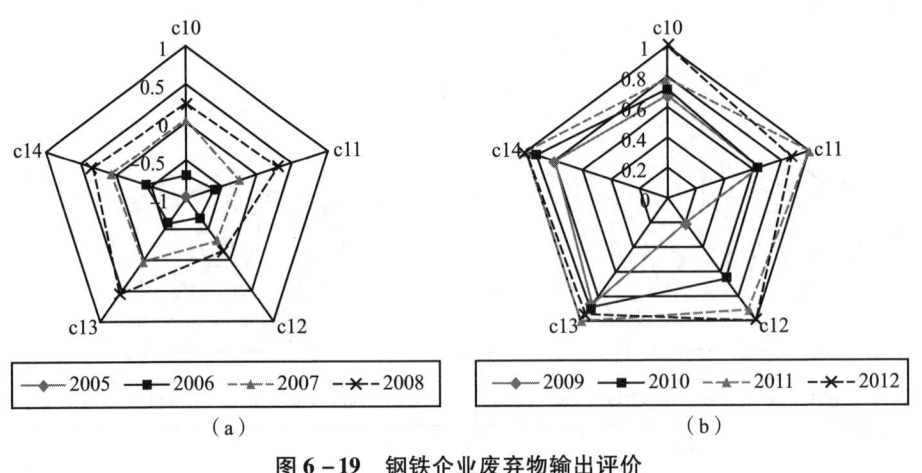

图 6-19 钢铁企业废弃物输出评价

(4) 环保处理：单位产出的外部环境损害总体呈下降趋势，环保治理费用化成本和资本化成本越来越高，因近几年大量投入电厂及烧结烟气脱硫等设施，环保设施运行的折旧费合计占费用化项目比例较高。这说明企业对环境保护的重视。同时，我国钢铁行业的环保科研工作还不够深入，没有形成适应各工序高度专业化、高水平、稳定应用的系统技术、装备、科技成果，以企业为主体的环保科研机制有待逐步完善（见图 6-20）。

2. 循环经济绩效综合指数分析

依据全排列多边形法对 L 钢循环经济"元素流—价值流"进行评价，可计算其综合指数，画出其趋势图（见表 6-14 和图 6-21）。

第6章 钢铁企业实施"元素流—价值流"管理的案例验证 ·225·

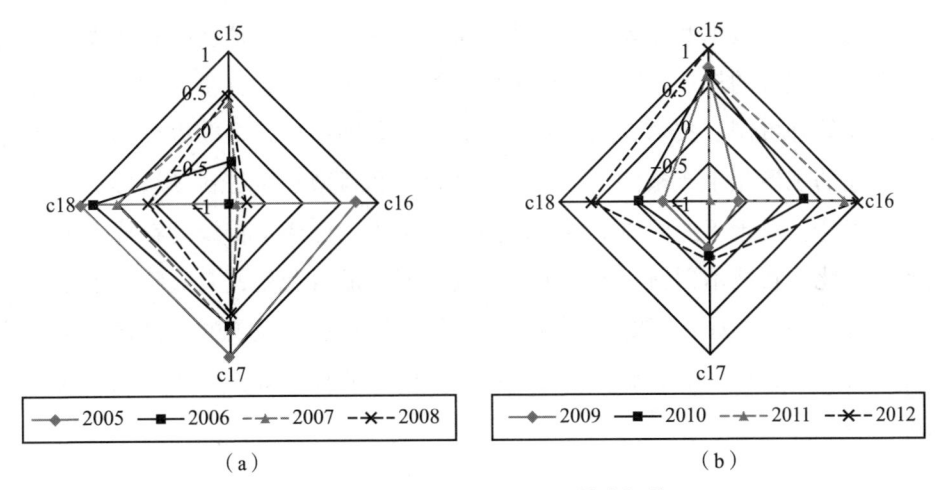

图 6-20 钢铁企业环保处理综合评价

表 6-14　　　　　　　　L 钢循环经济绩效综合指数

年份	2005	2006	2007	2008	2009	2010	2011	2012
循环经济绩效综合指数	0.271	0.356	0.31	0.331	0.459	0.513	0.539	0.578

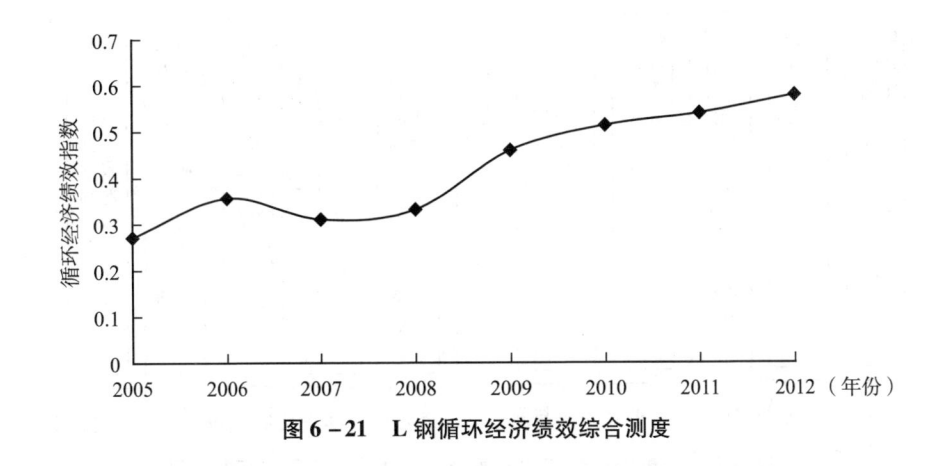

图 6-21 L 钢循环经济绩效综合测度

2005~2006 年，循环经济资源循环的总体状况在逐年改善，只是从 2007 年到 2008 年有所回落，但从 2009 年开始重新获得较大幅度改善，且呈向上增长趋势。说明在经历了 2007~2008 年的震荡调整后，按照国家发展循环经济和低碳经济的部署，企业采用了国内外先进的工业固体次生资源处理工序和设备，使得工业固体次生资源处理的处置向循环经济的"3R"方向发展。通过引进新的工艺、技术和完善资源优化配置,企业在工业固体次生资源循环利用方面取得了很好的进展,初步形成了资源综合利用产业,自主开发了一批新的技术,在管理机制、技术、人力资源、工艺设备和市场营销等方面已具备了现代化企业的规模化生产条件,特别在磁性材料和新型建筑材料领域形成了独特的竞争优势。对于工业固体次生资源的处理利用,已经从传统的存放、外送发展到现代化的新技术创新、返回生产系统和高附加值利用,有效防止了二次污染,节省了大量的原生资源。企业也重新转入循环经济发展的良性循环中,其循环经济绩效也得到了明显的优化,取得了明显的社会效益、环境效益与经济效益。

6.4.3 决策与控制

对 L 钢资源"元素流—价值流"的成本决策控制主要围绕 PDCA 循环方法来实施,其具体过程见图 6-22。

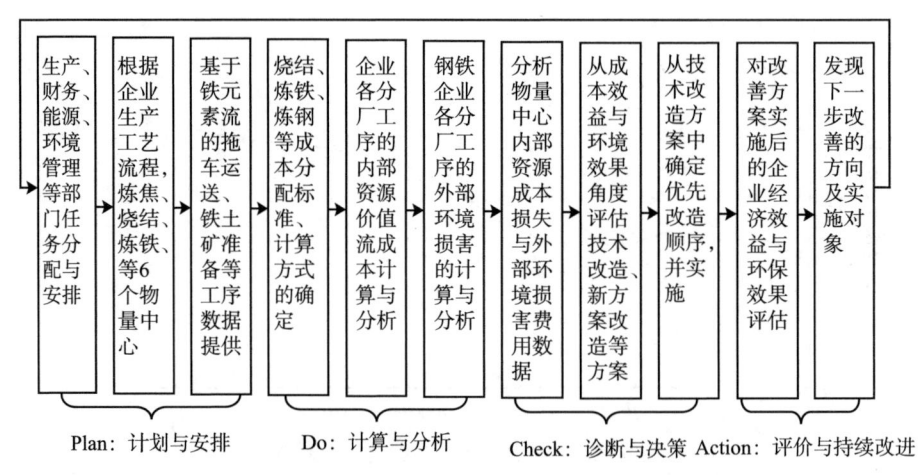

| 生产、财务、能源、环境管理等部门任务分配与安排 | 根据企业生产工艺流程,炼焦、烧结、炼铁等6个物量中心 | 基于铁元素流的拖车运送、铁土矿准备等工序数据提供 | 烧结、炼铁、炼钢等成本分配标准、计算方式的确定 | 企业各分厂工序的内部资源价值流成本计算与分析 | 钢铁企业各分厂工序的外部环境损害计算与分析 | 分析物量中心内部资源成本损失与外部环境损害费用数据 | 从成本效益与环境效果角度评估技术改造新方案改造等方案 | 从技术改造方案中确定优先改造顺序,并实施 | 对改善方案实施后的企业经济效益与环保效果评估 | 发现下一步改善的方向及实施对象 |

　　Plan: 计划与安排　　　Do: 计算与分析　　　Check: 诊断与决策　Action: 评价与持续改进

图 6-22　L 钢循环经济"元素流—价值流"决策与控制体系

1. 确定控制对象和目标

通过以上对 L 钢生产过程分析,可见,炼铁环节的废弃物内部资源成本最大,是第一大需要改善的环节,其次是连铸和炼焦环节。烧结环节的外部环境损害成本最大,其次是炼钢和炼焦环节,也是需要重点关注的环节。

2. 设计出基本的改善方案

进行"内部资源成本损失——外部环境损害费用"二维分析，确定优先改善预选点，并对改善方案作出成本效益分析预评估。这里的优先确定原则是，重点是环境污染严重且未达标的污染排放环节，其改善目标是达标；其次是在环境污染物达标排放的前提下，选择废品率高、废弃物排放量大且处理成本高，导致内部资源成本损失偏大的环节，因为它们的改善潜力较大；最后是根据资金投入程度可将改善方案划分为无费方案、低费方案、高费方案，优先推行前两种方案，以追求资金的使用效率；而对高费方案，则应考虑与环境污染、内部损失较大的相关指标进行对比分析判断，以求达到成本投入与环境效果、经济效益最佳匹配的目的，如表 6-15 所示。

表 6-15　　　　　　　　改善方案优先顺序决策

	方案1	方案2	方案3	方案4	方案5
名称	改善为高炉—转炉—薄板连铸	脱硫技术	炼钢铁水预处理技术	干熄焦技术	高炉富氧喷煤技术
物量中心	连铸	烧结	炼钢	炼焦	炼铁
需投入成本（万元）	87	765	32	1 202	250
预估效益（万元）	98	800	55	2 322	681
优先顺序	4	5	2	3	1

3. 评价与持续改善

如表 6-16 为各方案实施后改善效果。

表 6-16　"内部资源成本损失——外部环境损害费用"改善前后二维分析

物量中心		改善前（万元）	改善后（万元）	节约额（万元）	节约率（%）
炼焦厂	内部资源成本损失	206 567	182 332	24 235	11.73
	外部环境损害费用	1 221 785	1 132 982	88 803	7.27
烧结厂	内部资源成本损失	189 304	173 228	16 076	8.49
	外部环境损害费用	1 436 291	1 234 320	201 971	14.06

续表

物量中心		改善前（万元）	改善后（万元）	节约额（万元）	节约率（%）
炼铁厂	内部资源成本损失	249 871	201 021	48 850	19.55
	外部环境损害费用	1 835 216	1 621 341	213 875	11.65
炼钢厂	内部资源成本损失	198 693	189 222	9 471	4.77
	外部环境损害费用	2 284 537	1 901 321	383 216	16.77
连铸	内部资源成本损失	242 283	214 211	28 072	11.59
	外部环境损害费用	1 332 118	1 232 326	99 792	7.49

经过改善后L钢各物量中心的内部资源成本损失和外部环境损害费用都产生了不同程度的降低。下一步就是根据这一结果，把成功的经验总结出来，制定相应的标准。把没有解决或者新发现的问题按照PDCA循环，不停顿地延续下去。

6.5 钢铁工业共生链的实证研究

6.5.1 工业共生链体系的构建

L钢是关键种企业，是工业共生链的核心节点，是其稳定运行的关键。以该公司为关键，集中了水泥企业、建材企业、化工企业等多家企业，通过横向联合和纵向一体化，形成了循环生态产业链的运作模式。依据钢铁工业共生链的特点，分为固态物质集成、气态物质集成、液态物质集成和社会大宗废弃物集成工业共生链。

1. 固态物质集成工业共生链

目前与L钢建立固态工业共生链的企业是建材、水泥和化工厂。其模式见图6-23。

第6章 钢铁企业实施"元素流—价值流"管理的案例验证 ·229·

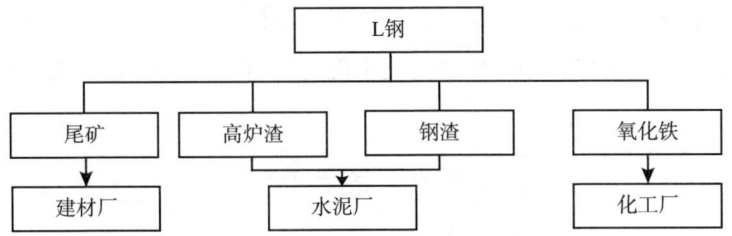

图 6-23　L钢固态物质集成循环链模式

如图 6-23 所示，主要的固态物质集成工业共生链一共 3 条，包括：选矿过程的副产品尾矿经过不同的工艺可通过建材厂制成瓷质砖、彩色地板砖、免烧墙体砖等，而高炉渣和钢渣则可用来制成水泥厂的矿渣水泥、钢渣水泥以供使用。氧化铁可被化工厂用来生产铁红颜料，应用于汽车、轮船的表面着色等。

2. 气态物质集成工业共生链

目前与 L 钢建立气态物质集成工业共生链的企业有化肥厂、化工厂、焊接厂和机械加工厂，见图 6-24。

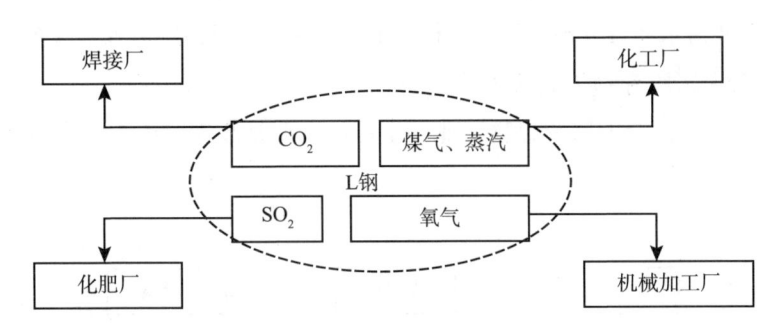

图 6-24　L钢气态物质循环链模式

其主要的气态物质集成工业共生链包括 4 条。①钢铁企业排出的 CO_2 经过净化等工序处理后，可作为焊接厂的抗氧化物保护气体。②钢铁企业烧结厂排出的 SO_2 和焦化工序的氨水经过处理后，吸收生成硫酸铵，是制造化肥的原料。③钢铁企业的焦炉煤气和高炉煤气的发热值高，可以经过回收利用之后供给化工厂使用，而蒸汽则可以进行技术回收，富裕的蒸汽供给化工厂使用。④钢铁企业的氧气，可应用于机械加工厂进行处理。

3. 液态物质集成工业共生链

除化肥、化工、水泥、建材、机械加工、焊接等企业可与 L 钢公司建立液态物质集成工业共生链外，城市生活问题也能与之建立共生体系，见图 6-25。

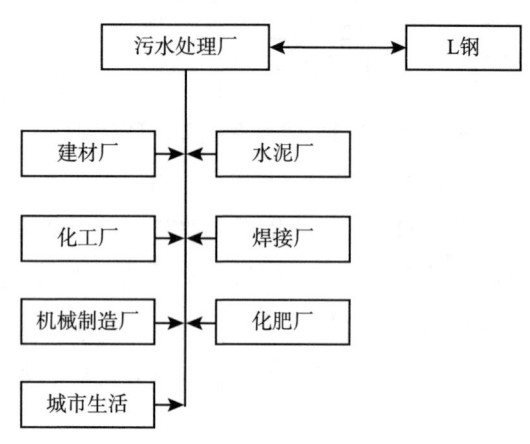

图 6-25　L 钢液态工业共生链

如图 6-25 所示，通过提高工业用水循环率、逐级用水、中水回用和强化处理等，钢铁企业污水经过处理后可由建材、水泥、化工、机械制造等多家企业使用。

4. 社会大宗废弃物工业共生链

与 L 钢建立社会大宗废弃物工业共生链的主要是废钢和废塑料利用企业，见图 6-26。

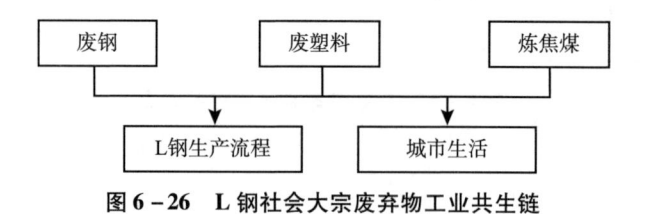

图 6-26　L 钢社会大宗废弃物工业共生链

如图 6-26 所示，废钢通过解体、破碎和选分后重新进入钢铁生产流程进行使用，而废塑料和炼焦煤混合后可一起加入炼焦炉中焦化，通过高温物理化学反应把废塑料转化成焦炭、焦油和煤气。

6.5.2 工业共生链成本分配

工业共生链的成本分配需要按照固态、气态、液态和社会大宗废弃物来分别进行。

1. 固态物质集成工业共生链成本分配

L钢的固态物质集成工业共生链的成本与第四章核算案例类似，因此其具体成本分配过程和方法也参考第四章案例，此处省略计算过程。

1）L钢固态工业链建立前后效益对比。

L钢固态工业链建立前后效益对比如表6-17所示。

表6-17　　　　L钢固态工业共生链建立前后效益对比　　　　单位：元

物量中心		钢铁厂
共生前	内部资源损失	313 424
	外部环境损害	243 437
共生后	内部资源损失	172 341
	外部环境损害	169 039
减少额	内部资源损失	141 083
	外部环境损害	74 398

如表6-17所示，建立固态工业共生链后L钢的尾矿、高炉渣、钢渣和氧化铁都得到了有效的利用，钢铁企业固态物质集成的内部资源损失和外部环境损害都有了一定程度的下降，内部资源损失的下降率为45%（141 083/313 424），外部环境损害则下降了30.6%（74 398/243 437）。

2）工业共生链各企业增加的经济效益。

建立工业共生链后可计算各企业增加的经济效益，其中单价部分，有市场价格的按照市场价格计价，没有市场价格的按照成本计价。核心企业L钢的经济效益如表6-18所示：

表 6 – 18　　　　工业生态链循环后钢铁企业增加的经济效益

物量中心	制品	处理后产品	单价（元）	数量（吨）	总价（元）	用途	接受企业
钢铁厂	铁渣	重矿渣、水淬渣	130	12 000	1 560 000	加工出售	水泥厂
	炉渣	微晶板材	140	16 000	2 240 000	直接出售	建材厂
	氧化铁	铁红颜料、氯化铵	220	13 548	2 980 560	加工出售	化肥厂
设备改造费		—	—	20 000	—		
减排费		—	—	-50 000	—		
合计		—	—	6 750 560			

注：设备改造费为将废弃物处理成下游企业需要的原料所需要的费用。减排费为因为减少对环境的损害由政府减免的减排费，为负数形式。

同理，可构建其他水泥和化肥建材厂接受到核心企业的副产品和废弃物之后的效益分析，如表 6 – 19 所示。

表 6 – 19　　　　工业生态链循环后其他企业增加的经济效益

物量中心	负制品	产量（吨/月）	单价（元）	收益（元/月）	用途	提供企业
水泥	铁渣	6 112	380	2 322 560	生产原料	钢铁厂
建材	炉渣	5 764	255	1 469 820	生产原料	
化工	氧化铁	8 457	650	5 497 050	生产原料	
补贴	—	—	—	30 000	—	
合计	—	—	—	9 319 430	—	

注：补贴为因接受上游企业的废料作为原材料而由政府给予的财政补贴。

由数据可见，通过 L 钢、水泥厂、建材厂和化工厂建立的工业共生链，钢铁企业与其他产业共同合作加强了对企业"工业三废"的控制和再利用。工业链上的各企业之间有效沟通，项目经济效益有了明显的改善，每月可以增加收益 16 069 990（6 750 560 + 9 319 430）元。

3）共生链后减少的废弃物外部损害。

建立钢铁工业共生链后，L 钢在外部环境损害成本方面也得到降低，其外部环境成本从 243 437 元降到了 169 039 元，降低额是 74 398 元，降低率为 30.1%（74 398/243 437），如表 6 – 20 所示。

表 6-20　　　　　　　工业生态链固态物质循环后环境效益

废弃物	LIME 值（日元/千克）	汇率	LIME 值（元/千克）	共生前（元）	共生后（元）
粉尘	0.938	6.872	0.64	115 432	98 986
废渣	1.18	6.872	0.08	128 005	70 053
合计	—	—	—	243 437	169 039

综上可见，L 钢固态物质集成工业共生链的构建，使基于工业共生的上下游企业间资源流转得到充分优化利用，实现减量化投入、循环利用以及再利用，实现环境绩效与经济效益的和谐统一，固态物质工业共生链按照循环经济模式实现了资源的良性与健康发展。

2. 气态工业共生链成本分配

L 钢气态工业共生链成本分配过程与固态类似，故此计算过程省略，其物质流成本分配是按照立方米来进行分配的。

1）L 钢气态工业链建立前后效益对比。

L 钢气态工业链建立前后效益对比如表 6-21 所示。

表 6-21　　　　L 钢气态工业共生链建立前后效益对比　　　　单位：元

物量中心		钢铁厂
改善前	内部资源损失	330 442
	外部环境损害	237 691
改善后	内部资源损失	178 372
	外部环境损害	120 831
节约额	内部资源损失	152 070
	外部环境损害	116 860

如表 6-21 所示，建立气态工业共生链后 L 钢的 SO_2、氧气、CO_2、焦炉煤气和蒸汽等都得到了有效的利用，L 钢气态物质集成的内部资源损失和外部环境损害都有了一定程度的下降，内部资源损失的下降率为 46%（152 070/330 442），外部环境损害则下降了 50.1%（116 860/237 691）。

2）工业共生链各企业增加的经济效益。

建立工业共生链后可计算各企业增加的经济效益，其中单价部分有市场价格的按照市场价格计价，没有市场价格的按照成本计价。核心企业 L 钢的经济效益如表 6-22 所示。

表 6-22　　　　　工业生态链循环后 L 钢增加的经济效益

物量中心	负制品	处理后产品	单价（元/立方米）	数量（立方米）	总价（元）	用途	接受企业
钢铁厂	CO_2	抗氧化保护气体	10	503 200	5 032 000	加工出售	焊接厂
	SO_2	硫酸铵	200	24 109	4 821 800	直接出售	化肥厂
	氧气	机械加工处理	600	15 224	9 134 400	直接出售	机械加工厂
	焦炉煤气、高炉煤气	蒸汽	166	50 080	8 313 280	直接出售	化工厂
设备改造费			—	—	120 000	—	—
减排费			—	—	-50 000	—	—
合计			—	—	27 371 480	—	—

注：设备改造费为将废弃物处理成下游企业需要的原料所需要的费用。减排费为因为减少对环境的损害由政府减免的减排费，为负数形式。

同理，可构建其他化肥、建材、机械加工厂等企业接受到核心企业的副产品和废弃物之后的效益，如表 6-23 所示。

表 6-23　　　　　工业生态链循环后其他企业增加的经济效益

物量中心	负制品	产量（吨/月）	单价（元/吨）	收益（元/月）	用途	提供企业
焊接	CO_2	8 123	30	243 690	生产原料	L 钢
化肥厂	SO_2	6 087	600	3 652 200	生产原料	
机械加工	氧气	9 103	750	6 827 250	生产原料	
化工厂	焦炉煤气、高炉煤气	10 873	175	1 902 775	生产原料	
补贴	—	—	—	10 000	—	
合计	—	—	—	12 635 915	—	

注：补贴为因接受上游企业的废料作为原材料而由政府给予的财政补贴。

由数据可见,通过 L 钢、水泥厂、建材厂和化工厂建立的工业共生链,钢铁企业与其他产业共同合作加强了对企业"工业三废"的控制和再利用。工业链上的各企业之间有效沟通,项目经济效益有了明显的改善,每年可以增加收益 4 007 395(27 371 480 + 12 635 915)元。

3)共生链后减少的废弃物外部损害。

建立钢铁工业共生链后,L 钢在外部环境损害成本方面也得到降低,其外部环境成本从 1 287 334 元减到了 1 221 785 元,降低额是 65 549 元,降低率 5.09%(65 549/1 287 334),如表 6-24 所示。

表 6-24　　　　　　　工业生态链循环后环境效益

废弃物	LIME 值 (日元/千克)	汇率	LIME 值 (元/千克)	共生前(元)	共生后(元)
CO_2	2 450	6.872	168.36	88 002	58 987
SO_2	1 010	6.872	69.41	71 083	45 892
NO_x	197	6.872	13.54	78 606	15 952
合计	—	—	—	237 691	120 831

综上可见,L 钢固态物质集成工业共生链的构建,使基于工业共生的上下游企业间铁资源流转得到充分优化利用,实现减量化投入、循环利用以及再利用,实现环境绩效与经济效益的和谐统一,固态物质工业共生链按照循环经济模式实现了资源的良性与健康发展。

3. 液态物质集成工业共生链成本分配

液态物质集成是按照水的质量对成本进行分配,其计算原理与固态物质、气态物质类似,因此计算过程从略,液态主要是水的重复利用,因此以水的重量进行分配。

1)液态工业共生链效益分析。

将 L 钢液态工业共生链共生前后经济进行二维分析,结果如表 6-25 所示。

表 6-25　　　　　　L 钢液态工业共生链建立前后效益对比　　　　　　单位：元

物量中心		钢铁厂
共生前	内部资源损失	284 231
	外部环境损害	127 532
共生后	内部资源损失	124 924
	外部环境损害	98 302
降低额	内部资源损失	159 307
	外部环境损害	29 230

如表 6-25 所示，建立液态工业共生链后 L 钢的污水得到了有效利用，L 钢气态物质集成的内部资源损失和外部环境损害都有了一定程度的下降，内部资源损失的下降率为 56.1%（159 307/284 231），外部环境损害则下降了 22.9%（29 230/127 532）。

2）工业共生链各企业增加的经济效益。

建立液态工业共生链后可计算各企业增加的经济效益，其中单价部分有市场价格的按照市场价格计价，没有市场价格的按照成本计价。

核心企业 L 钢的经济效益分析如表 6-26 所示。

表 6-26　　　　　　工业生态链循环后 L 钢增加的经济效益

物量中心	负制品	处理后产品	单价（元/吨）	数量（吨）	总价（元）	用途	接受企业
钢铁厂	废水	水	1.0	230 000	230 000	生产	建材厂
		水	1.0	328 922	328 922	生产	化工厂
		水	1.0	102 000	102 000	生产	机械制造厂
		水	1.0	110 342	110 342	生产	城市生活
		水	1.0	338 451	338 451	生产	水泥厂
		水	1.0	150 982	150 982	生产	焊接厂
		水	1.0	273 745	273 745	生产	化肥厂
废水处理厂收费			—	—	237 000	—	
减排费					-65 000		
合计					1 432 971		

注：设备改造费为将废弃物处理成下游企业需要的原料所需要的费用。减排费为因为减少对环境的损害由政府减免的减排费，为负数形式。

同理，可构建其他化肥、化工、机械加工厂等企业接受到核心企业的副产品和废弃物之后的效益分析，如表 6-27 所示。

表 6-27　　　　液态工业生态链循环后其他企业增加的经济效益

物量中心	制品	产量（吨/月）	成本（元/吨）	总计（元/月）	用途	提供企业
焊接	焊接品	6 303	250	1 575 750	生产原料	钢铁厂
化肥厂	化肥	1 239	600	743 400	生产原料	
机械加工	机械加工	5 432	150	814 800	生产原料	
化工厂	氧化铁皮	8 406	650	5 463 900	生产原料	
补贴	—	—	—	60 000		
合计	—	—	—	8 657 850	—	

注：补贴为因接受上游企业的废料作为原材料而由政府给予的财政补贴。

由数据可见，通过 L 钢、水泥厂、建材厂和化工厂建立的工业共生链，钢铁企业与其他产业共同合作加强了对企业"工业三废"的控制和再利用。工业链上的各企业之间有效沟通，项目经济效益有了明显的改善，每年可以增加收益 10 090 812 (1 432 971 + 8 657 850) 元。

3) 共生链后减少的废弃物外部损害。

建立钢铁工业共生链后 L 钢在外部环境损害成本方面也得到降低，其外部环境成本从 1 287 334 元减到了 1 221 785 元，降低额是 65 549 元，降低率 5.09% (65 549/1 287 334)，如表 6-28 所示。

表 6-28　　　　　　工业生态链循环后环境效益

废弃物	LIME 值（日元/千克）	汇率	LIME 值（元/千克）	共生前（元）	共生后（元）
CO_2	2 450	6.872	168.36	—	—
SO_2	1 010	6.872	69.41	—	—
NO_x	197	6.872	13.54	—	—
合计	—	—	—	127 532	98 302

综上可见，L 钢液态物质集成工业共生链的构建，使基于工业共生的上下游企业间资源流转得到充分优化利用，实现减量化投入、循环利用以及再利用，实

现环境绩效与经济效益的和谐统一，固态物质工业共生链按照循环经济模式实现了资源的良性与健康发展。

4. 社会大宗废弃物集成工业共生链成本分配

社会大宗废弃物集成是按照社会大宗废弃物的质量对成本进行分配，其计算原理与固态物质、气态物质类似，因此计算过程从略。

1) 社会大宗废弃物工业共生链效益分析。

将 L 钢液态工业共生链共生前后经济进行二维分析，结果如表 6 – 29 所示。

表 6 – 29　　　L 钢社会大宗废弃物工业共生链建立前后效益对比　　　单位：元

物量中心		钢铁厂
改善前	内部资源损失	158 621
	外部环境损害	92 707
改善后	内部资源损失	110 876
	外部环境损害	71 980
节约额	内部资源损失	47 745
	外部环境损害	20 727

如表 6 – 29 所示，建立社会大宗废弃物工业共生链后废钢、废塑料等都得到了有效利用，L 钢气态物质集成的内部资源损失和外部环境损害都有了一定程度的下降，内部资源损失的下降率为 30.1%（47 745/158 621），外部环境损害则下降了 22.4%（20 727/92 707）。

2) 工业共生链上各企业增加的经济效益。

建立社会大宗废弃物工业共生链后可计算各企业增加的经济效益，其中单价部分有市场价格的按照市场价格计价，没有市场价格的按照成本计价。

核心企业 L 钢的经济效益分析如表 6 – 30 所示。

表 6 – 30　　　工业生态链循环后钢铁企业增加的经济效益

物量中心	负制品	处理后产品	单价（元/吨）	数量（吨）	总价（元）	用途	接受企业
钢铁厂	废钢	废钢制品	1 500	2 000	300 000	生产	建材厂
废水处理厂收费			—	—	200 000	—	

续表

物量中心	负制品	处理后产品	单价（元/吨）	数量（吨）	总价（元）	用途	接受企业
	减排费		—	—	-65 000	—	
	合计		—	—	435 000	—	

注：设备改造费为将废弃物处理成下游企业需要的原料所需要的费用。减排费为因为减少对环境的损害由政府减免的减排费，为负数形式。

同理，可构建其 L 钢接受到核心企业的副产品和废弃物之后的效益表，城市生活部分不作为企业计算经济效益，如表 6-31 所示。

表 6-31　　　　　液态工业生态链循环后其他企业增加的经济效益

物量中心	制品	产量（吨/月）	成本（元/吨）	总计（元/月）	用途	提供企业
L 钢	钢材	600	6 500	3 900 000	生产原料	L 钢
补贴	—	—	—	12 000	—	—
合计				3 912 000	—	

注：补贴为因接受上游企业的废料作为原材料而由政府给予的财政补贴。

由数据可见，通过建立的社会大宗废弃物工业共生链，L 钢与其他产业共同合作加强了对企业"工业三废"的控制和再利用。工业链上的有效沟通，项目经济效益有了明显的改善，每月可以增加收益 4 347 000（435 000 + 3 912 000）元。

3）共生链后减少的废弃物外部损害。

建立钢铁工业共生链后 L 钢在外部环境损害成本方面也得到降低，其外部环境成本从 92 707 元降低到 71 980 元，降低额是 20 727 元，降低率 22.4%（20 727/92 707），如表 6-32 所示。

表 6-32　　　　　　　　　工业生态链循环后环境效益

废弃物	LIME 值（日元/千克）	汇率	LIME 值（元/千克）	共生前（元）	共生后（元）
CO_2	2 450	6.872	168.36	43 453	31 432
SO_2	1 010	6.872	69.41	32 432	27 321

续表

废弃物	LIME 值（日元/千克）	汇率	LIME 值（元/千克）	共生前（元）	共生后（元）
NO$_x$	197	6.872	13.54	16 822	13 227
合计	—	—	—	92 707	71 980

综上可见，L 钢社会大宗废弃物物质集成工业共生链的构建，使基于工业共生的上下游企业间铁资源流转得到充分优化利用，实现减量化投入、循环利用以及再利用，实现环境绩效与经济效益的和谐统一，社会大宗废弃物物质工业共生链按照循环经济模式实现了资源的良性与健康发展。

6.5.3 工业共生链综合测量

基于工业共生链的 L 钢资源"元素流—价值流"的综合评价。

1. 基于流转方程的评价指标体系

因为该钢铁工业共生链建立时间不长，基于数据原因，故只收集统计了 2005~2010 年该案例各项基础数据，试图通过已建立的评价指标体系进行综合评判。在具体的指标数据的确定过程中，以搜集到的各项指标数据为依据，通过公式计算或经验估计等方法，确定循环经济"元素流—价值流"体系中各项定量指标的年现值，如表 6-33 所示。

表 6-33　　　　　钢铁工业共生链评价指标原始数据

指标类型		年份					
		2005	2006	2007	2008	2009	2010
投入指标	I1	1.30	1.21	1.41	1.29	0.68	0.62
	I2	0.85	0.81	0.66	0.91	0.72	0.55
	I3	0.2064	0.126	0.11	0.09	0.08	0.06
	I4	0.0346	0.0256	0.022	0.025	0.017	0.011
	I5	0.0362	0.0211	0.02	0.025	0.011	0.01

续表

指标类型		年份					
		2005	2006	2007	2008	2009	2010
投入指标	I6	0.0213	0.0149	0.01	0.08	0.056	0.06
	I7	0.523	0.443	0.52	0.45	0.35	0.32
	I8	9.6	8.2	7.6	8.5	7.2	6.5
	I9	8.2	7.9	7.6	8.1	7.0	5.0
	I10	350	320	300	248	200	220
产出指标	O1	0.81	0.93	0.8	1.0	0.9	1.1
	O2	1.18	1.09	1.41	1.33	1.65	1.51
	O3	1 800	1 780	1 970	2 590	2 120	2 520
	O4	7 000	8 600	10 500	7 640	8 800	13 800
	O5	1 562	2 031	2 158	1 865	2 204	2 365
	O6	10	15	31	40	50	55
	O7	1	3	6	5	8	10
	O8	0	0	5	10	12	15
	O9	108	195	288	356	422	510
	O10	4.3	7.9	11.5	13.8	17.2	20
	O11	65	79	75	78	74	85
	O12	68	75	80	85	88	90
	O13	36	39	30	40	37	50

本研究主要使用 DEA 软件，采用 BCC 投入模型，对效率和规模报酬进行分门别类的分析。结果如下：

（1）效率分析。依据 DEA 软件算出来的数据可见，此钢铁工业共生链循环经济发展状况良好。基本趋势是逐年趋于 DMU 有效。在 2006 年、2007 年、2009 和 2010 年非 DEA 有效，且规模效率递增，说明工业共生链上的此企业发展良好，效率最低的年份是 2005 年和 2008 年，如表 6-34 所示。

表 6-34　　　　　　　　　DEA 得分效率排名

DMU	效率	排名	DEA 有效性
2010	1	1	有效
2009	1	1	有效

续表

DMU	效率	排名	DEA 有效性
2007	1	1	有效
2006	1	1	有效
2008	0.91	5	非有效
2005	0.86	6	非有效

（2）规模收益评价分析。根据 DEA 软件所计算出来的规模收益评价，从 2005~2010 年的数据可见，2006 年、2007 年、2010 年规模收益处于常态不变的状态，2005 年处于递增状态，而 2008 年则处于收益递减。造成 2008 年递减的原因是当年经济形势的恶化，以及循环经济发展下环境效益和资源效益的双重束缚，如表 6-35 所示。

表 6-35　　　　　　　　　DEA 规模收益评价

决策单元（DMU）	得分（Score）	规模收益（RTS）	投影决策单元的规模收益 （RTS of Projected DMU）
2005	0.861		递增（Increasing）
2006	1	不变（Constant）	
2007	1	不变（Constant）	
2008	0.915	递减（Decreasing）	
2009	0.931	不变（Constant）	
2010	1	不变（Constant）	

综合评价结果见图 6-27。

（3）通过非 DEA 有效的投影结果来看，循环经济完成情况中资源消耗情况较好，说明该工业共生链资源利用效率高；成本节约、共生效率方面还需加强，可以从技术和管理入手加强工业链企业间的合作，完善循环经济价值流管理制度，以提高发展能力；说明该工业共生链对废弃物的处理还没有完善，在废弃物处理，以及产品和服务方面，结果显示相对不足，需要继续加强，同时提高产品和服务的价值。

第6章 钢铁企业实施"元素流—价值流"管理的案例验证 ·243·

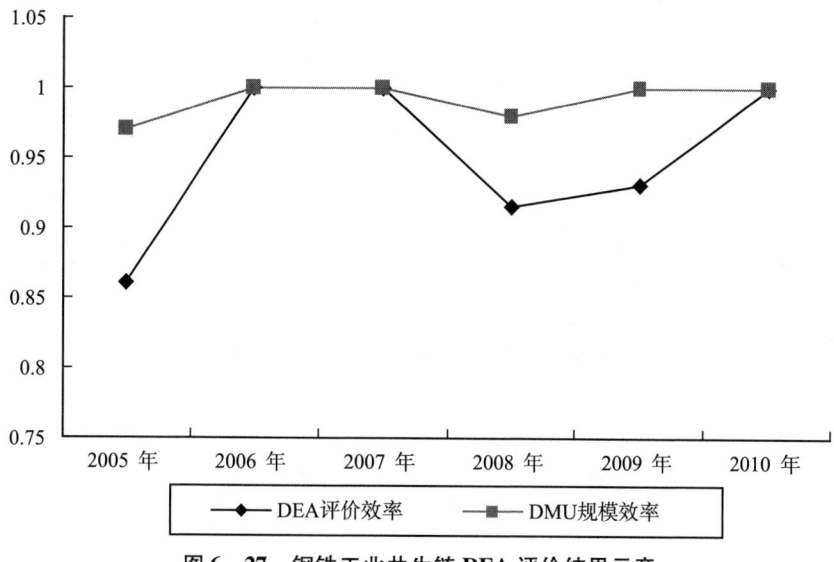

图 6-27 钢铁工业共生链 DEA 评价结果示意

2. 基于流转方程式的评价

基于流转方程式的评价主要从 L 钢的固态物质集成、气态物质集成、液态物质集成和社会大宗废弃物的处理来进行评价分析。

（1）钢铁共生链固态物质集成评价。

选取了年度单耗或年度平均数据进行分析，原因在于资源消耗成本或单耗会因相关资源的输入质量、品位的差异发生相应的改变。产值、成本等数据主要来源于财务报告，资源消耗来源于生产统计表及技术质量月报，废弃物产生及排放数据来源于环境责任报告书年度汇总表。因该企业自 2005 年建立的工业共生链处于初步发展时期，到 2006 年有了基本的雏形，2010 年建立了基本的工业共生链，因此选取 2004 年数据为建立工业共生链前数据，选取了 2010 年的工业共生链共生数据作为对比数据，分固态、气态、液态和社会大宗废弃物处理的集成进行分析。L 钢固态物质集成资源投入量主要包括铁矿石、硅石、熔剂等的固态物质的投入量。产值 = 钢材产量 × 2004 年钢材单价 = 5 373 959.91 吨 × 0.3931 万元/吨 = 2 112 503.64（万元）。2010 年的计算方法相同。

通过数据整理和加工，可求得数据如表 6-36 所示：

表 6-36　　　L 钢工业共生链建立前后固态物质资源流程方程式

项目	单位	2004 年	2010 年
固态资源投入量	万元	650 001.12	701 213.3
产值	万元	2 112 503.64	2 208 821.895
工业增加值	万元	866 126.492	839 352.3201
环境固态物质废弃物排放量	吨	10 878 548.7	10 878 006.07

由此，可以对 L 钢固态工业共生链建立前后的资源流程方程式进行对比分析，如表 6-37 所示。

表 6-37　　　　　钢铁企业固态工业共生链建立前后评价

项目	单位	钢铁企业固态工业共生链层面	
		2004 年	2010 年
资源生产率	万元/吨	3.25	3.15
增加值产出率	%	0.41	0.38
环境效率	吨/万元	12.56	12.96
单位产值的环境负荷比率	吨/万元	5.15	4.92
单位资源的环境负荷比率	吨/万元	16.74	15.51

(2) 气态物质集成工业共生链评价。

L 钢工业共生链气态物质集成资源投入量主要包括煤气、电、蒸汽等气态物质的投入量，如表 6-38 所示。具体计算方法与固态物质的计算方法相同，在此省略。

表 6-38　　　　　钢铁企业气态工业共生链建立前后评价

项目	单位	钢铁企业气态工业共生链层面	
		2004 年	2010 年
资源生产率	万元/吨	1.52	1.4
增加值产出率	%	0.44	0.31
环境效率	吨/万元	9.8	9.9
单位产值的环境负荷比率	吨/万元	4.0	4.5
单位资源的环境负荷比率	吨/万元	8.01	7.8

(3) 液态物质集成工业共生链评价。

L钢工业共生链液态物质集成资源投入量主要包括水的投入量。具体计算方法与固态物质的计算方法相同，在此省略，如表6-39所示。

表6-39　　　　　　钢铁企业液态工业共生链建立前后评价

项目	单位	钢铁企业液态工业共生链层面	
		2004年	2010年
资源生产率	万元/吨	1.40	1.25
增加值产出率	%	0.56	0.42
环境效率	吨/万元	9.5	10.1
单位产值的环境负荷比率	吨/万元	3.8	4.2
单位资源的环境负荷比率	吨/万元	8.6	8.14

(4) 社会大宗废弃物集成工业共生链评价。

L钢工业共生链的社会大宗废弃物集成资源投入量主要包括废钢、废塑料的投入量。具体计算方法与固态物质的计算方法相同，在此省略，如表6-40所示。

表6-40　　　　　钢铁企业社会大宗废弃物工业共生链建立前后评价

项目	单位	钢铁企业社会大宗废弃物工业共生链层面	
		2004年	2010年
资源生产率	万元/吨	1.69	1.58
增加值产出率	%	0.62	0.56
环境效率	吨/万元	9.6	9.7
单位产值的环境负荷比率	吨/万元	3.5	3.8
单位资源的环境负荷比率	吨/万元	8.8	8.06

通过表6-37，表6-38，表6-39，表6-40分析可知，随着循环经济的深入开展，工业共生链的建立，方程式因子表现值呈现越来越好的趋势，资源消耗减少，经济效益增加，环境负荷降低，三者的共生效益均比较显著，且两两关联也愈加协调。从不同年度来看，2004年因子指标值较差，经济效益和

环保效果相对不够理想,2010年,各项因子值都有了显著效果,呈现了L钢工业共生链建立的环境和经济效果,进一步推动了钢铁企业为中心的工业共生链循环经济的发展。

6.5.4 诊断决策与目标控制

6.5.4.1 决策优化设计流程

1. 产品层面,钢材深加工

在产品层面,为减少L钢内部损害成本和外部环境损害成本,可考虑把重点放在钢材深加工方面。与发达国家的钢铁企业相比,我国的深加工比例还较小,钢材本身的附加值还没有得到充分发掘,因此可延伸钢铁产业链,对钢材进行深加工(如表6-41所示)。

表6-41　　　　　　　　钢深加工可选类型

按深加工产品类型	以钢筋、线材为原料	钢筋箍、钢丝、钢丝绳、钢绞线、焊丝及其再加工产品等
	以板、带材和管材为原料	冷弯型材、涂镀钢板(如镀锌、锭锡、彩色涂层、涂塑等)、焊管及其在此深加工产品(如涂镀防腐处理钢管、各种异型管、金属软管)等
	以不锈钢等为原料	不锈钢电镀、电解抛光、喷丸处理、着色、涂层加工等,不锈钢制品是其主要深加工产品
按加工后产品接近终端用户形态	为用户生产的半成品	如钢材配送、激光拼焊等
	直接生产市场需要的产品	如紧固件等
按产业链上的分工	材料型	冷轧板带、涂层板带等
	营销型	加工配送、激光拼焊等
	产业型	制罐、钢结构件、装配式住宅、汽车部件

其中高精密棒材,就这一价值流分析而言,2010年L钢的高精密棒材产量达到850吨,平均售价0.24万元/吨。如表6-42所示。

表 6-42　　　　　　　　　高精密棒材生产的价值流分析表

企业名称	产量（吨）	成本（万元）	单价（万元/吨）	毛利（万元）	产值（万元）	工业增加值（万元）
钢铁厂	850	100	0.24	104	204	35

从对高精密棒材生产的价值流分析来看，不仅提高了 L 钢的经济效益，而且可以提供充足的原料来发展精密带加工产业链。

2. 企业层面

通过价值流核算可见，L 钢负制品成本为 104 289.00 元，在工业共生链中排名第一，因此，L 钢的废弃物减量化、再利用和再循环仍然是工业共生链决策优化的重点之一。

氨水是煤焦化生产中的副产品，由于氨水难以回收利用，现部分冶金企业都是将其与废水一起排往处理中心，造成了废水中的 COD 指标超标，或浓氨水放置在坑中对环境产生严重影响。

如将煤焦化生产中的副产品氨水和磷酸钙进行氨化反应，生产氨化过磷酸钙复合肥。其价格比普通化肥可增加 20%，对年生产 1 000 吨氨化过磷酸钙的企业来说，可获利 25 万元/年。

从内部资源流成本—外部环境损害成本来看，L 钢内部资源流成本和外部环境损害成本都发生了相应的变化。以外部环境损害成本计算，因利用氨水而使 L 钢的外部环境损害减少，如表 6-43 所示。

表 6-43　　　　　　　　　废水综合利用的外部效益分析表

企业名称	氨水产生量（吨）	废渣利用率（假设100%利用）（吨）	外部损害系数（日元/千克）	汇率	外部损害价值减少额（万元）
钢铁企业	400 000	120 000	0.872	6.2889/100	7 564

注：0.612 为《A3.1_統合化係数リスト（ver.1）》中的每千克矿杂的损害系数，日元兑人民币基准汇率 2006 年 12 月 31 日为 6.563/100，2008 年 9 月 1 日为 6.2889/100。本处以 2008 年 9 月 1 日汇率计算。

铁元素工业共生链的废水主要集中在 L 钢，如能充分回收利用，则可减少外部损害价值 7 564 元，是企业的必然选择。

3. 链上层面

建立 L 钢工业共生链上层面决策，可借助资源流转方程式进行，如 L 钢循环经济发展情况下，依据第四章的设定，钢铁工业共生链的固态物质投入量以每年 10% 的比例增长，则 L 钢若想保持环境污染排放量不变，则单位资源环境污染排放量则以 9.09% 的比例降低。

为达到这一循环经济发展的目的，通过建立 L 钢工业共生链研究发现对废耐火材料、钢渣等废弃物没有综合利用，因此企业在进行决策时可以考虑此方面。

1）废耐火材料利用。

国外许多国家尤其发达国家对废耐火材料的资源化非常重视，发展很快，而国内废耐火材料的资源化率很低，即使利用的部分，也是以降低产品质量为代价的，经济效益和社会效益很低。该企业废耐火材料的资源化率较低，剩余耐火材料随废渣一起被运往渣山，对环境造成严重危害，因此应拓宽耐火材料的资源化渠道，与其他企业建立利用废耐火材料的生态工业链。除用作耐火材料的生产原料外，还可用作墙体砖、地砖和水泥生产。一般废耐火材料与胶凝材料混合，可制成建材产品和水泥，生产工艺比较简单。因此，可将耐火材料厂纳入工业生态链范畴中。在工业共生链的决策过程中，构建废耐火材料的生态工业链，不仅可以提高废耐火材料的资源化率，降低排放，同时可以提高经济效益和社会效益。

加入废耐火材料之后的钢铁工业共生链见图 6-28。

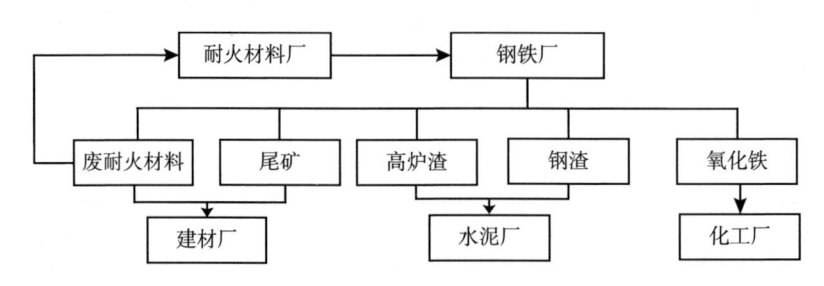

图 6-28 钢铁工业共生链决策分析

2）钢渣、高炉渣的应用。

利用炉渣中某些元素具有的特殊性质开发一种成本低廉、效果比较好的黏合剂，使之便于造粒，施入土壤中又能在较短时间内将粒子崩解成粉末。使用这种黏合剂造粒后的硅肥便于施用，并且还符合农民的施肥习惯，又很容易被作物吸收利用和不易被雨水淋溶。因此，可构建 L 钢的高炉渣、钢渣与化肥厂的固态工业共生链（见图 6-29）。

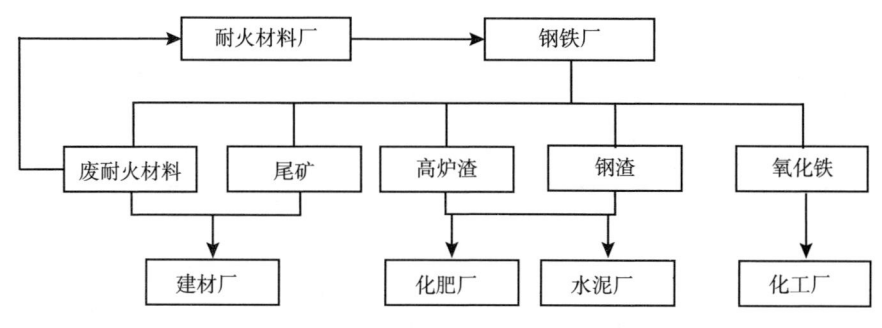

图 6-29　钢铁工业共生链决策分析

6.5.4.2　目标控制分析

按照决策分析结果，在对 L 钢工业共生链进行补链，补入耐火材料、化肥厂两个企业之后，L 钢工业共生链"元素流—价值流"发生了变化，由此可构筑 PDCA 的目标成本控制体系。将其步骤分解如下：

（1）计划与安排阶段。以各企业为工业链"元素流—价值流"管理的基本单位，以"补链"后理想的元素流和价值流作为工业共生链的目标成本，可根据决策的结果，对链上各元素流和价值流进行调整，如确定 L 钢总正制品比率的理想值为 90%，采用"逆向递推法"将所确定的目标成本分解至工业共生链的各企业，形成每个成员企业的子目标成本，然后再在各成员企业内部将目标成本进行分解，结合标准成本和作业成本进行成本控制。

（2）计算与分析阶段。以企业资源价值链来归集和分摊成本，对每项按照资源价值流进行归集，然后按照作业成本和标准成本分摊到各项作业活动，分别核算共生资源价值链各作业材料、人工和制造费用，从而归集出正制品和负废弃物成本。通过将实际作业成本和目标作业成本比较分析，确定可以实施改进活动、降低内部资源损失和外部环境损害的关键作业点，使得工业共生链上各成员企业可以及时采取相应的措施进行科学控制。

由此可以计算该物量中心正制品成本和负制品成本，然后构建该物量中心基于目标成本的控制成本以及实际发生成本的信息对比表，如表 6-44 所示。

表6-44　　L钢基于目标成本的控制成本以及实际发生成本信息对比

项目名称	物量中心	
	基于目标的标准成本法下的成本信息	实际发生的成本信息
正制品成本（万元）	9 370 373.4	11 335 298.99
负制品成本（万元）	1 041 153	1 400 992.01
合计（万元）	10 411 526	12 736 291
正制品比率（%）	90	89

（3）诊断与决策阶段。通过该物量中心的标准成本与实际发生成本对比发现，该物量中心正制品较低，造成低成本的原因包括产能闲置、原材料成本差异等。综合钢铁企业最近情况来看，原因一方面可能在于随着国内停产矿山增多，国产矿市场价格下调已无空间，迫使部分内陆地区钢厂加大采购进口矿资源的力度，对进口矿价格形成支撑，市场看跌预期有所缓解，因此铁矿石价格有所回升，原材料价格形成差异。另一方面，也可能是产能闲置的影响，受经济危机的影响，公司海外市场影响较大，因此产能闲置比较严重，市场销售不佳，产生了损失。具体原因还需要进行长期的跟踪反馈，进行适当的决策，采取对应的措施进行控制调节。

（4）评价与持续改善阶段。出现实际成本目标标准成本的偏差后，为缩小差距，可制定决策措施进行改善，包括开拓新的市场，对设备进行调整等，对经过实践证明确实有效的措施可以进行标准化处理，制定成以后的工作标准，有利于以后的继续推行和推广反馈。对还存在差异的遗留问题进行总结，找出没有效果或效果不理想的原因所在，对方案效果不是很显著的问题，以及实施过程中发现的新问题，在评价阶段进行总结，以便在下一轮PDCA循环中推动。

由此可见，采用基于PDCA目标作业的标准成本法进行成本控制，不仅可以确定钢铁工业共生链的目标成本（理想的"元素流—价值流"），从而将标准成本和作业成本与实际成本进行对比分析，找出其中的差异原因和节点企业，而且能够让各个企业管理者发现自身存在的忽视成本的问题，通过不断优化流程管理，形成标准化的管理，从而进一步促进钢铁工业共生链的和谐发展，推动循环经济向更深层次发展。

6.6 本章小结

采用 L 钢公司综合数据对其成本和工业共生链上的成本和技术资料对"元素流—价值流"进行计算，对资源消耗情况进行了深入分析，使得资源损失透明化、定量化，进一步评价、决策和控制，通过改进措施的落实达到节约成本与环境友好的双重目的，促进经济和社会和谐发展。

从生产流程和工业共生链两个层面，构建钢铁企业"元素流—价值流"系统框架后，以某大型钢铁企业 L 钢为例进行案例分析，通过 L 钢铁、内部生产流程的资源"元素流—价值流"分析，建立该企业工艺流程和企业层面的资源价值流核算、评价以及决策优化、控制模型；建立"内部资源成本—外部环境损害成本"二维分析模式，对企业生产经营状况进行分析，分析出炼铁分厂需要在内部资源流成本方面进行改善，炼钢分厂的外部环境损害成本较大，也需要引起重视。以核算为基础，对企业循环经济状况进行综合评价，认为绩效呈明显上升趋势。通过炼铁环节改善的决策和控制，对 L 钢企业进行综合分析。基于此，通过物质的循环，建立钢铁与其他企业之间的固态、气态、液态和社会大宗废弃物工业生态链，对其以企业为单位的物量中心进行成本分配，认为可在钢铁企业进行循环经济的挖潜改造；通过资源消耗、循环和产出的指标体系，对企业效率进行测量，认为资源消耗的二级指标情况完成良好，三级指标譬如单位产值能耗、CO_2 利用率等还存在差异，需要改善。从 L 钢层面对基于资源流程方程式的资源效率、附加值效率和环境效率进行对比分析，得出建立工业共生链后钢铁企业的环境效率、经济效率都有了明显改善。进一步基于 L 钢实际工业共生链拓展，从实际角度进行决策分析，建立基于目标成本控制的体系，以协调循环经济工业共生链发展。

实践表明，循环经济"元素流—价值流"的系统框架在钢铁企业中可以得到较好的运用，企业及工业共生链都能从中得到支配下一步循环经济行为的有用数据信息，验证了方法的可行性和适用性。

第 7 章

结　　论

7.1　基本结论

　　本研究针对循环经济研究的局限性，通过揭示循环经济物质流与价值流的耦合机理，构筑了企业循环经济价值流分析的理论结构与框架体系，并选取钢铁企业进行分析，是循环经济"元素流—价值流"方法体系在钢铁企业的应用研究。

　　循环经济"元素流—价值流"分析能够提供企业生产经营过程中从资源投入到资源输出全部情况和资源价值的流向信息，而且该方法能够在各个阶段从成本角度分解资源元素（物质）流量，形成价值流，为流程制造企业生产活动提供了详细的数据支持，企业能明晰进入生产的所有资源流转和承担外部环境负荷的资料。另外将资源价值流分析的边界扩展到企业间，对基于钢铁工业共生链的企业间资源价值流转分析进行初步研究，提出了基于钢铁工业共生链的企业间循环经济价值流分析的框架体系、核算和评价体系等。作为循环经济研究分析方法的一种扩展，对实现资源/能源节约、经济价值增值与环境负荷降低三赢目标具有重要的理论与现实意义，能有效促进钢铁行业循环经济与可持续发展战略目标的实现。归纳本书，主要结论和观点如下：

　　（1）钢铁企业循环经济"元素流—价值流"方法体系以元素流和价值流的耦合机理为依据，追踪并分析与元素流对应的价值流，可建立循环经济的经济性分析，为企业管理决策提供数据参考。

第 7 章 结 论

为破解钢铁企业循环经济发展过程中的"循环不经济"和"为了循环而循环"这一困境，基于钢铁企业的铁素流是钢铁工业生产流程中最核心的物质这一特质，集成物质流、工业共生、MFCA 等学科理论，从经济层面上追踪与元素流对应的价值流，揭示元素流与价值流耦合的机理，将其定位于微观管理工具体系和宏观政策实施依据，构建了适合钢铁企业的循环经济"元素流—价值流"分析的系统框架。这一系统框架可改变企业元素流动是个"黑箱"的传统，目的在于提高物质和能源使用数据的质量，从而使元素流和价值流透明化，识别低效的生产流程，提高资源使用效率，最终促进循环经济的开展。

（2）从钢铁企业循环经济发展的方向来看，"元素流—价值流"应以企业为重点，为进一步提升资源利用效率，将钢铁企业废弃物和副产品扩展至专门单位转化和消纳。由此扩展至工业共生链的规模范围，以工业共生链为主线，以重点带主线，采取渐进式的方式在更大范围内实现物质的循环利用。

企业是循环经济的主体，研究其"元素流—价值流"，可在实现环境保护的同时，有效促进经济增长，从而实现钢铁企业经济发展。同时，为加速元素流的集成利用效率，实现钢铁企业废弃物和副产品的消纳，从这一视角出发，进一步扩展到工业共生链范畴。以企业为主体，将钢铁企业废弃物和副产品处理专业化，扩展到与企业形成物质循环的其他企业，这一模式从工业生态学、范围经济的视角阐述钢铁企业工业共生链的规模效应，以此降低成本，改善环境利用效率，从提高企业的竞争力扩展到整个工业共生链的资源、环境和社会效率。由此，在明确国家循环经济战略及近期行动规划的基础上，从我国发展循环经济的实际水平出发，立足钢铁企业元素流的特色，对其循环经济研究层面进行解析，设计将研究重点放在企业和工业共生链的企业间"元素流—价值流"。

（3）基于工艺流程的钢铁企业"元素流—价值流"以铁元素在生产流程的流动为起点，建立与之对应的价值流转分析，形成以内部资源价值流和外部环境损害费用核算为核心的计算方程式，构建其核算、评价、决策和控制的方法体系。这一模式能对钢铁企业生产全过程进行改善，持续提高企业循环经济水平。

依据钢铁企业铁元素流进行跟踪研究，以资源流成本概念为基础，构建以内部资源价值流转核算和外部环境损害价值核算为核心的循环经济价值流转计算方程式。以资源输入输出平衡为核心，建立基于资源流转平衡的循环经济"元素流—价值流"综合评价指标体系。通过对指标变量赋予权重，建立全排列多边形综合评价模型。随之进行钢铁企业生产工艺流程资源价值流优化决策与控制体系的构建。这一方法有利于揭示企业生产工艺流程的循环经济中元素、价值的流向，从工艺流程的角度减少废弃物的产生，为企业循环经济"元素流—价值流"提供基本步骤和相关思路。

(4) 以钢铁企业为依托，通过与其他企业的物质循环，建立工业共生链层面的"元素流—价值流"分析，以物质集成的方式进行分类，以企业为基本计算单元，构建成本分配、综合测度、诊断决策和目标控制体系。这一分析方法通过对废弃物和副产品的集中处理，实现资源共享，在更大范围内实现资源的循环利用。

按照钢铁工业共生链集成的特点，构建以固态物质、气态物质、液态物质和社会大宗废弃物集成的元素（物质）流分析，从接受钢铁企业废弃物和副产品的角度构建与之关联的水泥、化工、建材等企业共生关系，建立以企业为计算单元的成本分配体系。以资源输入、产出的流转平衡为核心，考虑到 DEA 比较适合多投入多产出的优势进行综合测度。除此之外，为协调资源、经济、环境和社会的相互关系，建立资源价值流转方程式的测度指标，对工业共生链进行测度。以企业组织层面及工业共生链的成本控制为基础，构建基于钢铁工业共生链的企业间优化决策与控制体系。对工业共生链内、外元素和价值流动情况进行深入分析，以适应工业共生链层面的循环经济发展的要求。

(5) 在循环经济发展背景下，要保障循环经济"元素流—价值流"在钢铁企业的顺利实施，需要对现阶段产业经济政策、法律法规、技术支撑和执行、监管支撑配套体系进行梳理和完善，从钢铁企业评价标准改革出发，改变以往只注重资源消耗与环境保护、不注重经济的单一绩效评价模式，从资源、环境以及经济绩效多方面进行综合考量。

在循环经济发展背景下，要保障循环经济"元素流—价值流"方法的实施，政府的推动和引导尤为重要。目前我国发展循环经济过程中短期效果比较缓慢，初始投入成本较高，且有较大的风险，因此企业不愿意继续推动循环经济建设。这方面需要逐步完善产业经济政策、法律法规、技术支撑和执行、监管支撑体系等，形成"政府指导、企业主体、公众参与、法律规范、政策引导、科技支撑、市场运作"的运行机制，促进循环经济向更深层次发展。

(6) 为验证钢铁企业循环经济"元素流—价值流"的可行性，以 L 钢为研究案例，在企业工艺流程和工业共生链层面进行具体应用，验证结果表明"元素流—价值流"方法体系对实现资源节约、经济增值和环境负荷降低具有重要意义，能够促进钢铁企业循环经济发展。

以L钢为研究案例进行应用研究，从铁元素流（物质流）出发，通过追踪其价值流转过程，调研实施获取翔实的数据，从企业工业流程和工业共生链层面进行系统和全面解析，结果表示，企业通过生产工艺流程和工业共生链层面的应用，取得了较好的经济、社会和环境效益，进一步验证方法的可用性和科学性。

7.2 主要创新点

研究创新点在于对钢铁企业元素流和价值流的方法论研究和应用验证性研究。本书尝试性地构建钢铁企业"元素流—价值流"分析模式，并以案例的形式验证其模式的可行性和合理性。对于钢铁企业的循环经济"元素流—价值流"的理论和实践这一系统性研究，以往在国内并不多见，本书由此展开研究。研究创新点集中在以下三个方面：

（1）揭示元素流与价值流耦合机理，提出"元素流—价值流"应用的系统框架。

目前钢铁企业循环经济研究主要集中在元素流分析，相关研究主要从单一自然科学或工程科学角度出发，缺乏循环经济的经济性分析，企业发展循环经济的动力不足。针对这一问题，在梳理国内外循环经济理论研究和实践成果，融合元素流、MFCA、工业共生等相关理论成果的基础之上，以钢铁企业技术层面上铁元素流为核心，建立与之对应的经济层面上的价值流分析，开拓性尝试性构架适宜于钢铁企业的循环经济"元素流—价值流"分析的系统框架。突破传统会计忽视废弃物成本的局限，可动态反映废弃物对资源价值的消耗状况，以资源内部成本与外部环境损害成本二维分析为核心，对企业循环经济进行评价，达到元素流和价值流的"黑箱"透明化，以此为管理者提供决策和控制依据，从而提高资源利用率，达到循环可持续发展的目的。

（2）建立微观层面小循环的钢铁企业"元素流—价值流"方法体系。

以企业为重点，区别于以往仅仅关注宏观层面上的物质流分析，少有技术层面上的企业元素流分析方法，经济性分析主要集中在产品总成本和分步骤成本核算层面，技术性分析与经济性分析脱节。本书紧密联系钢铁企业特性，通过追踪铁元素流在烧结、炼焦、炼铁到轧钢这一工艺全流程的流动，对其价值流动进行分析，建立工艺流程核算、评价、决策和控制体系。将重点放在工艺流程层面的元素流分析，以及与之对应的价值流分析，从两者耦合的机理出发，构建方法体系指导钢铁企业生产工艺流程层面的循环经济生产方式。

（3）通过物质集成分析，构建从小循环向中循环过渡的工业共生链企业间"元素流—价值流"方法体系。

循环经济模式下国务院在工业领域推动循环生产方式，实施节能减排和清洁生产，促进企业间的共生耦合，保证形成循环链接的产业体系。现有循环经济研究大多数是集中在对工业共生链静态的总体性评价分析，缺乏动态的总体和结构性相结合的双重分析。因此，将研究边界从单一钢铁企业内部扩展至企业间，通过对"元素流—价值流"分析连接到相关企业，建立工业共生链企业群，对资源效率、环境效率和经济效率进行系统计算分析，建立集整体性和结构性为一体的"元素流—价值流"管理系统，从而解决单个企业不能解决的废弃物处理、资源合理利用等问题，从更深层次上促进循环生产方式的形成。除此之外，对水泥、化工、建材等流程制造企业及相关工业共生链开展循环经济也具有重要的实际指导和应用价值。

7.3 研究展望

本领域涉及多学科的集成研究，涉及知识面广，理论体系错综复杂，工艺流程技术方法繁多。由于时间仓促，同时限于本人的学术水准，并未能对循环经济"元素流—价值流"分析后续研究的相关衍生问题进行深入分析。然而在全球资源枯竭化、环保要求日益严格化背景下，企业间资源整合优化及生态产业集群对循环经济价值流分析提出了许多值得进一步探讨的问题。

（1）与产品全生命周期方法结合，扩展研究对象进行循环经济"元素流—价值流"的分析。依据产品的物质流路线图，要求探讨基于产品全生命周期过程中资源"元素流—价值流"分析的基本计算单元，同时要将核算边界由生产工艺流程，逐步过渡到企业系统乃至产品全生产周期系统，将以产品为研究对象的企业进行内部资源流成本和外部环境损害二维分析，形成界面明晰、全面系统的资源流转成本分类、评价决策，以及控制优化体系，并进行深入探讨。

（2）与不同层面联系，拓展研究范畴，进行循环经济"元素流—价值流"研究。在钢铁企业为核心的生态工业园或复合型生态园区中，依据物质流的特征，实现资源价值网络中的路径寻优，寻找并发掘与资源有关的价值信息，为整个园区提供循环经济发展指导。更广泛意义上，可将研究范畴拓展至整个社会层面，集成物质、能源、价值、信息乃至人力、资本等综合要素，实现自然系统、工业系统和经济系统的协调。

（3）与不同行业链接，扩展循环经济"元素流—价值流"方法实施的行业范围。本书仅针对最具发展潜力的钢铁企业进行了研究，不同行业的"物质流—价值流"路线又存在差异，需要针对不同行业、不同发展模式和不同发展阶段的纵向和横向比较研究，探讨"元素流—价值流"的方法，对循环经济价值流分析进一步细化。

参 考 文 献

[1] 生态环境部. 2019年全国大、中城市固体废物污染环境防治年报 [R]. 北京: 环境保护部, 2019.

[2] Bardin K, Cutler R K. Energy and Resource Quality: The Ecology of the Economic Process [M]. John Wiley & Sons, New York, 1968: 124-126.

[3] 张坤. 循环经济理论与实践 [M]. 北京: 中国环境科学出版社, 2003: 6-7.

[4] Reijnders L. A normative strategy for sustainable resource choice and recycling [J]. Resources, Conservation and Recycling, 2000, 28 (1-2): 121-133.

[5] Fischer-Kowalski M. Society's metabolism: the intellectual history of materials flow analysis, Part I, 1860-1970 [J]. Journal of industrial ecology, 1998, 2 (1): 61-78.

[6] Bruvoll A. Taxing virgin materials: an approach to waste problems [J]. Resources, Conservation and Recycling, 1998, 22 (1-2): 15-29.

[7] Kondo Y, Hirai K, Kawamoto R, et al. A discussion on the resource circulation strategy of the refrigerator [J]. Resources, conservation and recycling, 2001, 33 (3): 153-165.

[8] Boix M, Montastruc L, Azzaro-Pantel C, et al. Optimization methods applied to the design of eco-industrial parks: a literature review [J]. Journal of Cleaner Production, 2015, (87): 303-317.

[9] 日本環境省. 地球温暖化対策地方公共団体実行計画（区域施策）策定マニュアル [EB/OL]. http://www.env.go.jp/earth/ondanka/sakutei_manual/manual0906.html, 2012-03-29.

[10] 刘庆山. 开发利用再生资源缓解自然资源短缺 [J]. 再生资源研究,

1994，4：5-7.

[11] 中华人民共和国循环经济促进法 [M]. 北京：法律出版社，2008：08.

[12] 段宁. 清洁生产、生态工业和循环经济 [J]. 环境科学研究，2001，14（6）：1-3.

[13] 诸大建. 用科学发展观看待循环经济 [N]. 文汇报，2001-03-21.

[14] 钱易. 循环经济与可持续发展 [N]. 人民日报，2004-12-30.

[15] 曲格平. 循环经济与环境保护 [N]. 光明日报，2003-11-20.

[16] 冯之浚. 树立科学发展观，促进循环经济发展 [J]. 上海大学学报（社会科学版），2004，11（5）：5-12.

[17] 吴季松. 循环经济：全面建设小康社会的必由之路 [M]. 北京：北京出版社，2005.

[18] 毛如柏，冯之浚. 论循环经济 [M]. 北京：经济科学出版社，2003.

[19] 周宏春. 循环经济学 [M]. 中国发展出版社，2005年9月（2008年第二版）.

[20] 周国梅，彭昊，曹凤中. 循环经济和工业生态效率指标体系 [J]. 城市环境与城市生态，2003，16（6）：201-203.

[21] 李健，邱立成，安小会. 面向循环经济的企业绩效评价指标体系研究 [J]. 中国人口·资源与环境，2004，14（4）：121-125.

[22] 元炯亮. 生态工业园区评价指标体系研究 [J]. 环境保护，2003（3）：38-40.

[23] 黄和平，毕军. 基于物质流分析的区域循环经济评价——以常州市武进区为例 [J]. 资源科学，2006，28（6）：20-27.

[24] 冯之浚，刘燕华，周长益，罗毅，于丽英. 我国循环经济生态工业园发展模式研究 [J]. 中国软科学，2008（4）：1-10.

[25] 吴丽丽，刘玫，付允. 综合类工业园区循环经济绩效评价指标体系标准化探讨 [J]. 标准科学，2015（1）：43-54.

[26] 刁秀华，李宇. 基于循环经济的区域工业生态化测度与比较 [J]. 中国软科学，2019（5）：185-192.

[27] 陆钟武. 关于循环经济几个问题的分析研究 [J]. 环境科学研究，2003，16（5）：1-11.

[28] 叶文虎, 甘晖. 循环经济研究现状与展望 [J]. 中国人口·资源与环境, 2009 (3): 102-106.

[29] 王兆华. 大力推进生态文明建设、促进工业企业与生态环境的良性发展——评《发展循环经济背景下工业企业与生态工程良性发展研究》[J]. 管理学报, 2014, 11 (5): 780-780.

[30] 俞金香.《循环经济促进法》制度设计的问题与思路 [J]. 上海大学学报 (社会科学版), 2019 (4): 130-140.

[31] Andersen J P, Hyman B. Energy and material flow models for the US steel industry [J]. Energy, 2001, 26 (2): 137-159.

[32] MK S, Cho M. Energy and pollutants reducing technologies in new ironmaking processes at POSCO [M]. ISIJ International, 2002, 42 (2): S33-S37.

[33] Fosnacht D R, Kiesel R F, Hendrickson D W, et al. Solid Fuel – Oxygen Fired Combustion for Production of Nodular Reduced Iron to Reduce CO_2 Emissions and Improve Energy Efficiencies [R]. Natural Resources Research Institute, 2011: 27-36.

[34] Pardo N, Moya J A. Prospective scenarios on energy efficiency and CO_2 emissions in the European Iron & Steel industry [J]. Energy, 2013, 54: 113-128.

[35] 殷瑞钰. 绿色制造与钢铁工业 [J]. 钢铁, 2000, 35 (6): 60-65.

[36] 蔡九菊, 杜涛, 陆钟武, 等. 钢铁生产流程环境负荷评价体系的研究方法 [J]. 钢铁, 2002, 37 (8): 66-70.

[37] 殷瑞钰, 张春霞. 钢铁企业功能拓展是实现循环经济的有效途径 [J]. 钢铁, 2005, 40 (7): 1-8.

[38] 李金平, 戴铁军. 钢铁工业物质流与价值流动态耦合协调发展研究 [J]. 工业技术经济, 2014, 33 (2): 118-123.

[39] Spatari S, Bertram M, Fuse K, et al. The Contemporary european copper cycle: 1 year stocks and flows [J]. Ecological Economics, 2002, 42 (1): 27-42.

[40] Kytzia S, Faist M, Baccini P. Economically extended—MFA: a material flow approach for a better understanding of food production chain [J]. Journal of Cleaner Production, 2004, 12 (8-10): 877-889.

[41] Johnson J, Jirikowic J, Bertram M, et al. Contemporary anthropogenic silver cycle: A multilevel analysis [J]. Environmental science & technology, 2005, 39

(12): 4655-4665.

[42] Tasaki T, Takasuga T, Osako M, et al. Substance flow analysis of brominated flame retardants and related compounds in waste TV sets in Japan [J]. Waste Management, 2004, 24 (6): 571-580.

[43] Arena U, Di Gregorio F. A waste management planning based on substance flow analysis [J]. Resources, Conservation and Recycling, 2014, 85: 54-66.

[44] Hansen E. Experience with the Use of Substance Flow Analysis in Denmark [J]. Journal of Industrial Ecology, 2002, 6 (3-4): 201-219.

[45] Hatayama H, Yamada H, Daigo I, et al. Dynamic substance flow analysis of aluminum and its alloying elements [J]. Journal of the Japan Institute of Metals, 2006, 70 (12): 975-980.

[46] Chèvre N, Guignard C, Rossi L, et al. Substance flow analysis as a tool for urban water management [J]. Water Science and Technology, 2011, 63 (7): 1341-1348.

[47] 陆钟武. 钢铁产品生命周期的铁流分析——关于铁排放量源头指标等问题的基础研究 [J]. 金属学报, 2002, (1): 58-68.

[48] 卜庆才. 物质流分析及其在钢铁工业中的应用 [D]. 沈阳: 东北大学, 2005.

[49] 蔡九菊, 王建军, 张琦, 李广双. 钢铁企业物质流、能量流及其对 CO_2 排放的影响 [J]. 环境科学研究, 2008, 21 (1): 196-200.

[50] 杜涛, 蔡九菊. 钢铁企业物质流、能量流和污染物流研究 [J]. 钢铁, 2006, 41 (4): 82-87.

[51] 龙妍. 基于物质流、能量流与信息流协同的大系统研究 [D]. 武汉: 华中科技大学, 2009.

[52] 周继程, 赵军, 等. 炼铁系统物质流与能量流分析 [J]. 中国冶金, 2012, 22 (3): 42-47.

[53] 肖序, 甄婧茹, 曾辉祥. 基于 MFCA 的废弃物回收优先排序方法及应用研究 [J]. 科技进步与对策, 2017, (9): 43-51.

[54] 张芸, 游春, 张树深, 等. 钢铁工业园区生态产业复合共生网络的设计与评价 [J]. 现代化工, 2008, 28 (4): 74-79.

[55] 赵业清, 王华. 区域钢铁产品生命周期物质流分析——基于系统动力学方法的建模与仿真 [J]. 工业加热, 2009 (1): 22-25.

[56] 逯馨华, 杨建新, 陈波, 等. 工业固废生态链的构建对区域物质流的影响 [J]. 中国人口·资源与环境, 2010 (11): 147-153.

[57] 王青, 丁一, 顾晓薇, 等. 中国铁矿资源开发中的生态包袱 [J]. 资源科学, 2005, 27 (1): 1-6.

[58] 罗璇. 中国铁元素物质流账户分析 [D]. 上海: 上海交通大学, 2007.

[59] 燕凌羽. 中国铁资源物质流和价值流综合分析 [D]. 北京: 中国地质大学, 2013.

[60] 张琦, 张薇, 王玉洁, 等. 中国钢铁工业节能减排潜力及能效提升途径 [J]. 钢铁, 2019, (7): 7-14.

[61] 郭学益, 宋瑜, 王勇. 我国铜资源物质流分析研究 [J]. 自然资源学报, 2008, (7): 665-673.

[62] 郭学益, 钟菊芽, 宋瑜, 等. 我国铅物质流分析研究 [J]. 北京工业大学学报, 2009, (11): 1554-1561.

[63] 杨宁, 陈定江, 胡山鹰, 等. 中国氯元素工业代谢分析 [J]. 过程工程学报, 2009, 9 (1): 70-73.

[64] 范海亮. 氯碱化工生态工业园区的 CL 元素流分析与管理研究 [D]. 天津: 天津大学. 2010.

[65] 钟琴道, 乔琦, 李艳萍, 等. 粗铅冶炼过程铅元素流分析 [J]. 环境科学研究, 2014, 27 (12): 1549-1555.

[66] 陈敏鹏, 郭宝玲, 刘昱, 等. 磷元素物资流分析研究进展 [J]. 生态学报, 2015, (20): 6891-6900.

[67] 王文娟. 基于低碳经济的煤业集团产业链优化研究——以兖矿集团为例 [D]. 上海: 复旦大学, 2011.

[68] F Duchin. Industrial input-output analysis: Implications for industrial a ecology [J]. Proceedings of the National Academy of Sciences, 1992, 89 (3): 851-855.

[69] Hendrickson C, Horvath A, Joshi S, et al. Peer reviewed: economic input-output models for environmental life-cycle assessment [J]. Environmental science & technology, 1998, 32 (7): 184A-191A.

[70] Keoleian G A, Blanchard S, Reppe P. Life cycle energy, costs, and strategies for improving a residential house [J]. Industrial Ecology, 2000, 4 (2): 135 – 156.

[71] 李慧明, 王军锋. 物质代谢、产业代谢和物质经济代谢——代谢与循环经济理论 [J]. 南开学报, 2007 (6): 98 – 105.

[72] 周兴龙. 矿业循环经济及其物质流分析研究 [D]. 昆明: 昆明理工大学. 2008.

[73] 肖序, 曾辉祥, 李世辉. 环境管理会计"物质流 – 价值流 – 组织"三维模型研究 [J]. 会计研究, 2017 (1): 15 – 22.

[74] Strobel M, Redmann C. Flow cost accounting, an accounting approach based on the actual flows of materials [M]. Environmental Management Accounting: Informational and Institutional Developments. Springer, Dordrecht, 2002: 67 – 82.

[75] Environmental Industries Office. Environmental Policy Division Industrial Science and Technology Policy and Environment Bureau Ministry of Economy, Trade and Industry. Guide for material flow cost accounting [EB/OL]. http://www.meti.go.jp/policy/eco_business/index.html, 2007.

[76] 経済産業省. 2008. マテリアルフローコスト会計手法導入ガイド [M]. 東京: 経済産業省.

[77] 中嶋道靖. 2014. マテリアルフローコスト会計（MFCA）の次の10年の展開に向けて [J]. 環境管理, 50 – 1: 67 ~ 71.

[78] 肖序, 金友良. 论资源价值流会计的构建——以流程制造企业循环经济为例 [J]. 财经研究, 2008 (10): 122 – 132.

[79] 肖序, 谢志明, 易玄. 循环经济资源价值流研究 [J]. 科技进步与对策, 2009, 26 (22): 57 – 60.

[80] 肖序, 熊菲. 循环经济价值流分析的理论与方法体系 [J]. 系统工程, 2010, 204 (12): 64 – 68.

[81] 周志方, 肖序. 两型社会背景下企业资源价值流转会计研究——基于循环经济视角 [M], 北京: 经济科学出版社. 2013: 67 – 87.

[82] 金友良. 基于循环经济的企业资源价值流转核算研究 [J]. 华东经济管理, 2011, (1): 153 – 165.

[83] 郑玲. 基于生态设计的资源价值流转会计研究 [D]. 湖南: 中南大

学，2012.

[84] 谢志明. 燃煤发电企业循环资源价值流分析研究 [D]. 湖南：中南大学，2009：127－134.

[85] 罗喜英. 基于循环经济的资源损失定量化研究 [D]. 湖南：中南大学，2012：81－102.

[86] 赵涛，赵双记，林涛. 基于社会效应角度的元素流动态管理研究 [J]. 科学技术与工程，2012，20（13）：3174－3179.

[87] 郭颖，胡山鹰，陈定江. 元素流分析在生态工业规划中的应用 [J]. 过程工程学报，2008，8（2）：321－326.

[87] 沈洪涛. 公司社会责任和环境会计的目标与理论基础——国外研究综述 [J]. 会计研究，2010，3：86－92.

[88] 朱小平，娄欣轩，陈仲威. 基于决策有用观的环境会计研究 [J]. 审计与经济研究，2009，24（6）：51－56.

[89] 白英防. 浅谈受托责任与环境会计产生的内在联系 [J]. 广西财经学院学报，2008，20（6）：27－29.

[90] 张寿荣. 我国钢铁工业发展循环经济的若干问题 [J]. 宏观经济研究，2006（5）：18－20.

[91] 沙高原，刘颖昊，殷瑞钰，等. 钢铁工业节能与 CO_2 排放的现状及对策分析 [J]. 冶金能源，2008（1）：3－5.

[92] 张敬，张芸，张树深，等. 钢铁行业二氧化碳排放影响因素分析 [J]. 现代化工，2009（1）：82－85.

[93] 高洁，郭斌. 温室气体二氧化碳的回收与资源化 [J]. 污染防治技术，2007，20（1）：56－59.

[94] 吴铿，王欣. 钢铁工业中 CO_2 排放和降低的措施 [J]. 钢铁，2001，36（11）：63－68.

[95] 郭云驰，李宏煦，苍大强，等. 宝钢二氧化碳排放分析与减排对策研究 [J]. 冶金能源，2010（3）：3－7.

[96] 韦保仁. 中国钢铁生产量及其能源需求和 CO_2 排放量情景分析 [J]. 冶金能源，2006，24（6）：3－6.

[97] 杜涛，蔡九菊. 典型钢铁生产流程的环境负荷分析 [J]. 中国冶金，

2006 (12): 38-41.

[98] 何枫, 魏文耀, 张庆芝. 基于能耗的循环经济减量化原则下我国钢铁产业碳减排研究 [C]. 第十二届中国管理科学学术年会论文集, 2010.

[99] 张荣华, 唐运平, 张志杨. 钢铁工业绿色生产与绿色管理 [M]. 北京: 中国发展出版社, 2010: 25-37.

[100] 戴铁军. 企业内部及企业之间物质循环的研究 [D]. 沈阳: 东北大学, 2006.

[101] 王筱留. 钢铁冶金学 [M]. 北京: 冶金工业出版社, 2014: 32-65.

[102] 储满生. 钢铁冶金原燃料及辅助材料 [M]. 北京: 冶金工业出版社, 2010: 22-34.

[103] 国部克彦, 伊坪德宏, 水口刚. 环境经营会计 (原书第二版) [M]. 葛建华, 吴绮, 译. 北京: 中国政法大学出版社, 2014: 104-110.

[104] 肖序, 等. 中国铝业贵州分公司循环经济发展模式研究报告 [R]. 北京: 中国铝业股份有限公司委托课题中期报告, 2007.

[105] 肖序, 湛晔林. 以价值流分析为基础建立企业循环经济评价指标体系 [J]. 科技情报开发与经济, 2007 (35): 122-124.

[106] 包景岭, 孙贻超, 侯晓珉, 姬亚芹, 韩振旺. 钢铁工业环评中清洁生产评价指标体系 [J]. 城市环境与城市生态, 2003 (6).

[107] 陈勇, 童作锋, 蒲勇健. 钢铁企业循环经济发展水平评价指标体系的构建及应用 [J]. 中国软科学, 2009 (12).

[108] 于冲, 侯军岐. 基于价值工程的企业生产流程碳排放动态评价模型研究 [J]. 价值工程, 2010.

[109] 郝永利, 欧阳朝斌, 乔琦, 等. 污染物排放削减潜力评估方法——以中小型钢铁企业为例 [J]. 环境污染与防治, 2010, 32 (5): 82-85.

[110] 饶清华, 邱宇, 许丽忠, 等. 基于多目标决策的节能减排绩效测量 [J]. 环境科学学报, 2013 (1): 1-9.

[111] 龚艳冰, 张继国, 梁雪春. 基于全排列多边形综合图示法的水质评价 [J]. 中国人口·资源与环境, 2011, 21 (9): 26-31.

[112] 聂永刚, 李林. 层次分析法在企业环境成本决策管理中的应用 [J]. 会计之友, 2011 (27): 36-38.

[113] 徐玖平, 陈建中. 群决策理论与方法及实现 [M]. 北京: 清华大学出版社. 2009: 201-204.

[114] 楊軍. 中国企業におけるMFCA導入事例研究 [J]. 立命館大学政策科学会『政策科学』, 2006 (2): 109-121.

[115] 張本越, 鈴木和男. 中国における環境経営に基づいたMFCA導入の可能性 [J]. 国際経営論集, 2012 (43): 31-50.

[116] 中澤優介, 天王寺谷達将, 國部克彦. MFCAの国際的研究動向: EMAN2013報告論文の分析 [J]. 環境管理 2013, 49 (10): 70-74.

[117] 冯薇. 产业集聚、循环经济与区域经济发展 [M]. 北京: 经济科学出版社, 2008: 44-53.

[118] 杨雪锋, 王军. 循环经济: 学理基础与促进机制 [M]. 化学工业出版社, 2011.

[119] Zhang Y, Zheng H, Fath B D. Ecological network analysis of an industrial symbiosis system: A case study of the Shandong Lubei eco-industrial park [J]. Ecological Modelling, 2014.

[120] Ma S, Wen Z, Chen J, et al. Mode of circular economy in China's iron and steel industry: a case study in Wu'an city [J]. Journal of Cleaner Production, 2014, 64: 505-512.

[121] 张芸, 游春, 张树深, 等. 钢铁工业园区生态产业复合共生网络的设计与评价 [J]. 现代化工, 2008, 28 (4): 74-77.

[122] 殷瑞钰. 钢厂模式与工业生态链——钢铁工业的未来发展模式 [J]. 钢铁, 2003 (z1): 1-7.

[123] 于冰, 石磊. 中国不同历史时期的钢铁工业共生体系及其演进分析 [J]. 资源科学, 2009 (11): 1907-1918.

[124] 但智钢, 苍大强, 宗燕兵等. 工业生态学理论在生态钢铁工业发展中的应用 [J]. 环境科学与技术, 2006, 29 (10): 98-100.

[125] Zhang H, Dong L, Li H, et al. Analysis of low-carbon industrial symbiosis technology for carbon mitigation in a Chinese iron/steel industrial park: a case study with carbon flow analysis [J]. Energy Policy, 2013, 61: 1400-1411.

[126] 王兴连, 赖碧波. 我国钢铁行业发展循环经济现状及国外循环经济典

型模式 [J]. 冶金管理, 2014 (009): 44 – 47.

[127] 李晓波. 钢铁企业与生态城市共生 [J]. 求是, 2014 (4): 50 – 51.

[128] 岳志春, 张晓蕊, 鲍琳. 循环经济视阈下河北省钢铁产业耦合与共生机制及对策研究 [J]. 邯郸学院学报, 2014, 24 (2): 115 – 119.

[129] Davis J, Geyer R, Ley J, et al. Time-dependent material flow analysis of iron and steel in the UK: Part 2. Scrap generation and recycling [J]. Resources, conservation and recycling, 2007, 51 (1): 118 – 140.

[130] 王社斌, 许并社. 钢铁生产节能减排技术 [M]. 北京: 化学工业出版社, 2009.

[131] 张芸, 陈秀琼, 王童瑶, 等. 基于能值理论的钢铁工业园区可持续性评价 [J]. 湖南大学学报: 自然科学版, 2010, 37 (11): 66 – 71.

[132] 葛建华, 葛劲松. 基于物质流分析法的柴达木循环经济试验区环境绩效评价研究 [J]. 青海社会科学, 2013 (3): 103 – 107.

[133] 冯琳. 缺水地区工业循环经济评价指标体系研究——以新疆石河子为例 [J]. 环境污染与防治, 2012, 34 (8): 75 – 80.

[134] 张庆芝, 何枫, 赵晓. 基于 DEA 的钢铁企业能源及水资源消耗与生产效率研究 [J]. 软科学, 2010, 24 (10): 46 – 50.

[135] 范永刚. 循环经济下关联供应链协同运作模式及决策模型研究 [D]. 重庆大学, 2008.

[136] 肖序, 周志方. 环境管理会计国际指南研究的最新进展 [J]. 会计研究, 2005 (9): 80 – 85.

[137] Gluch P, Baumann H. The life cycle costing (LCC) approach: a conceptual discussion of its usefulness for environmental decision-making [J]. Building and environment, 2004, 39 (5): 571 – 580.

[138] Ji C, Hong T, Park H S. Comparative analysis of decision-making methods for integrating cost and CO_2 emission-focus on building structural design [J]. Energy and Buildings, 2014, 72: 186 – 194.

[139] 李虹, 田生. MFCA 嵌入企业环境成本控制的路径——基于制造业面板数据 [J]. 财会月刊, 2013, 23: 14 – 17.

[140] 严峰. 工业园区的成本控制分析 [J]. 科技信息, 2007 (21).

[141] Lin M, Li Z, Liu J, et al. Maintaining Economic Value of Ecosystem Services Whilst Reducing Environmental Cost: A Way to Achieve Freshwater Restoration in China [J]. PloS one, 2015, 10 (3): e0120298.

[142] 崔伟宏. 基于资源流成本会计的资源环境成本计量与控制研究 [D]. 哈尔滨商业大学, 2013.

[143] 杨洁. 基于 PDCA 循环的内部控制有效性综合评价 [J]. 会计研究, 2011, 4: 82-87.

[144] 安城泰雄, 下垣彰. 图说 MFCA: 物质流成本会计 [M]. 东京: 株式会社 JIPM—s. 2011: 45-65.

[145] 立川博巳. マレーシアでのマテリアルフローコスト会計の応用展開 [J]. 環境管理. 2012, 48 (6): 51-54.

[146] 立川博巳. マテリアルフローコスト会計の環境リスクマネジメントへの応用可能性 [J]. 環境管理. 2010, 46 (4): 54-56.

[147] 黄贤金. 循环经济: 产业模式与政策体系 [M]. 南京大学出版社, 2004.

[148] 解振华. 关于循环经济理论与政策的几点思考 [J]. 环境保护, 2004 (1): 3-8.

[149] 吴季松. 新循环经济学: 中国的经济学 [M]. 北京: 清华大学出版社, 2005.

[150] 曹彩虹. 现代循环经济研究理论述评 [J]. 管理世界, 2014 (12): 176-177.

[151] 安锦, 王建伟. 资源诅咒: 测度修正与政策改进 [J]. 中国人口·资源与环境, 2015, 3: 012.

[152] 邱寿丰. 循环经济规划的生态效率方法及应用 [D]. 上海: 同济大学, 2007.

[153] 严炜. 优化发展循环经济的激励与约束机制 [J]. 学习与实践, 2014, 3: 50-55.

[154] 徐子翔. 关于我国循环经济发展与法制建设的思考 [J]. 法制博览, 2015, 5: 064.

[155] 李海军. 日本循环型社会基本法理念下的分类垃圾处理模式探析 [J]. 中国物流与采购, 2014, 11: 026.

[156] 季萍. 资源型城市地方性循环经济立法探究 [J]. 生态经济, 2014, 30 (003): 59-61.

[157] 苗晓丹. 德国《循环经济和废物管理法》探析 [J]. 环境保护与循环经济, 2014 (10).

[158] 孙亦军. 对发展低碳经济的财政补贴政策研究 [J]. 财政研究, 2010, 4: 016.

[159] 周志方, 张雅婷. 低碳转型视域下中小企业节能补贴评估流程设计研究 [J]. 中国科技论文在线, 2014 (6): 30-35.

[160] 曹光辉, 齐建国. 循环经济的技术经济范式与政策研究 [J]. 数量经济技术经济研究, 2006, 5: 112-121.

[161] 朱庆华, 周珊珊. 基于政府价格补贴的汽车零部件制造商与再制造商的竞争分析 [J]. 系统管理学报, 2014, 23 (3): 367-373.

[162] 关云峰. 促进循环经济发展的税收政策研究 [J]. 发展, 2014 (10): 35-36.

[163] 李平. 循环经济发展与两型社会建设中财税制度创新研究 [J]. 湖南科技大学学报（社会科学版）, 2014, 5: 015.

[164] Zhou K, Bonet Fernandez D, Wan C, et al. A Study on Circular Economy Implementation in China [R]. Working papers, Department of Research, IPAG Business School, 2014-312: (3).

[165] Zhu Q, Qu Y, Geng Y, et al. A Comparison of Regulatory Awareness and Green Supply Chain Management Practices Among Chinese and Japanese Manufacturers [J]. Business Strategy and the Environment, t, 2017, 26 (1): 18-30.

[166] Geng Y, Doberstein B. Developing the circular economy in China: Challenges and opportunities for achieving 'leapfrog development' [J]. The International Journal of Sustainable Development & World Ecology, 2008, 15 (3): 231-239.

[167] Andersen M S. An introductory note on the environmental economics of the circular economy [J]. Sustainability Science, 2007, 2 (1): 133-140.

[168] Lindhqvist T. Extended producer responsibility in cleaner production: Policy principle to promote environmental improvements of product systems [M]. Lund University, 2000.

［169］ Spicer A J, Johnson M R. Third-party remanufacturing as a solution for extended producer responsibility ［J］. Journal of Cleaner Production, 2004, 12（1）: 37 – 45.

［170］ Xiang W, Ming C. Implementing extended producer responsibility: vehicle remanufacturing in China ［J］. Journal of Cleaner Production, 2011, 19（6）: 680 – 686.

［171］ Sachs N. Planning the funeral at the birth: Extended producer responsibility in the European Union and the United States ［J］. Harvard Environmental Law Review, 2006, 30（51）.

［172］ 下垣彰. MFCA10 年の進化を振り返る ［J］. 環境管理, 2013, 49（11）: 62 – 66.

［173］ 國部克彦. MFCA の今日的な意義と展望 ［J］. 工場管理, 2011, 57（11）: 2 – 3.

［174］ 古川芳邦, 立川博巳. 日本が主導するISO 14051 の国際標準化の状況について ［J］. 環境管理, 2010, 46（4）: 30 – 33.

［175］ 陈志田. 标准化是推动人类创造的有效工具 ［J］. 科技创新与品牌, 2010（2）: 58 – 61.

［176］ 刘玫, 付允. 循环经济标准化发展模式与标准体系框架研究 ［M］. 北京: 中国质检出版社, 中国标准出版社, 2011: 61 – 72.

［177］ 罗喜英, 肖序. 物质流成本会计国际标准介绍与应用述评 ［J］. 湖南科技大学学报（社会科学版）, 2012, 15（3）.

［178］ 冯江涛. 物质流成本会计国际标准详解 ［J］. 商业会计, 2013（5）: 19 – 22.

［179］ 苏东水. 产业经济学 ［M］. 北京: 高等教育出版社, 2006: 9 – 29.

［180］ 方孺康, 孙辰. 钢铁产业与循环经济 ［M］. 北京: 中国轻工业出版社, 2007: 26 – 38.

［181］ 胡长庆, 张春霞, 齐渊洪, 等. 钢铁工业生态化研究进展与前景分析 ［J］. 钢铁, 2004, 39（8）: 112 – 116.

［182］ 王维兴. 钢铁企业发展循环经济的技术支撑 ［J］. 中国钢铁业, 2007（6）: 25 – 27.

［183］ Dong L, Zhang H, Fujita T, et al. Environmental and economic gains of industrial symbiosis for Chinese iron/steel industry: Kawasaki's experience and practice in Liuzhou and Jinan [J]. Journal of Cleaner Production, 2013, 59: 226-238.

[184] Jiao G, Jiang F, Chen G. Relative Efficiency and Scale Efficiency of Chinese Iron and Steel Enterprises [J]. China Industrial Economy, 2007 (10): 37-43.

[185] 杜春丽, 成金华. 我国钢铁产业循环经济效率评价: 2003~2006 [J]. 产业经济研究, 2009 (5): 7-14.

[186] 国务院发展研究中心课题组. 中国产业振兴与转型升级 [M]. 北京: 中国发展出版社, 2010: 25-37.

[187] Mo H, Wen Z, Chen J. China's recyclable resources recycling system and policy: A case study in Suzhou [J]. Resources, Conservation and Recycling, 2009, 53 (7): 409-419.

[188] Wang J, Qin S, Cui Y. Problems and prospects of CSR system development in China [J]. International Journal of Business and Management, 2010, 5 (12): 128.

[189] 齐建国. 循环经济与绿色发展——人类呼唤提升生命力的第四次技术革命 [J]. 经济纵横, 2013, 1: 43-53.

[190] 谭顺福. 中国产业结构的现状及其调整 [J]. 管理世界, 2007, 6: 156-157.

[191] 安智超, 唐锡鹏. 探析钢铁和铁合金行业的发展趋势以及对产业链衔接的影响 [J]. 经济视野, 2014 (1).

[192] 崔树军. 钢铁产业循环经济发展评价与模式研究: 以河北省为例 [M]. 知识产权出版社, 2009.

[193] 高太忠, 范勤, 甄桂英, 等. 河北省钢铁产业循环经济发展战略研究 [J]. 工业技术经济, 2007, 26 (2): 54-58.

[194] 沈镭. 资源的循环特征与循环经济政策 [J]. 资源科学, 2005, 27 (1): 32-38.

[195] 岳志春, 陈雪娇, 张晓蕊. 河北省钢铁产业循环经济发展现状调查研究 [J]. 河北工程大学学报: 社会科学版, 2014, 31 (1): 16-19.

[196] 孙启宏, 白卫南, 乔琦. 我国循环经济规划现状与展望 [J]. 环境工程技术学报, 2014, 4 (1): 1-7.

[197] 张建国. 加快废钢产业发展, 促进钢铁资源循环利用 [J]. 再生资源与循环经济, 2014, 7 (4): 31-33.

[198] 宝钢集团有限公司, 上海国家会计学院. 环境会计的理论与实务 [M]. 经济科学出版社, 2011.

[199] 肖序, 刘三红. 基于"元素流—价值流"分析的环境管理会计研究 [J]. 会计研究, 2014 (3): 79-87.

[200] 蔡九菊, 王建军, 陆钟武等. 钢铁企业物质流与能量流及其相互关系 [J]. 东北大学学报: 自然科学版, 2006 (9): 979-982.

[201] 郑季良, 周旋. 钢铁企业绿色供应链管理协同效应评价研究 [J]. 科研管理, 2017 (1): 563-568.

[202] 梅新想, 彭曦. 市场需求、政府补贴与钢铁企业产能过剩 [J]. 商业研究, 2019 (3): 44-52.

后　　记

　　时光荏苒，白驹过隙。回首过往那些痛并快乐的日子，感慨颇深，心里充满了说不尽道不完的感谢。

　　佛家说"惜缘"，世事如棋，人海茫茫，芸芸众生，能与有缘人相识是件难得的幸事。中南商院，名师荟萃，能在其中相遇终生受益的导师也同样难得。而我，恰巧成为其中的幸运儿，挤过了中南考博的独木桥，并有幸师从于肖序教授。衷心感谢我的导师肖序教授，此本书稿从选题立题、框架设计，内容分析直至文章撰写和修改都凝结了导师的心血和智慧结晶。对于学生来说，您既是良师，也为益友，正是您的引导和启发，引领我迈进环境会计这一学科的大门，通过您在学科范围甚至世界的认识，帮助我在尽可能早的时候看到尽可能远、尽可能全貌的未来以及尽可能真实的通向未来的道路。通过一席又一席的话语，包括身体力行，使我了解这一切，也了解自己的悟性和能力，知道自己通过努力才能达到的想要的境界，从中的收获令我受益终身。行文至此，对恩师的感激之情已无以言表。感谢您对我大小论文的一字一句地批注，感谢您在团队研讨会的一次又一次的点拨，感谢您带我数次参加学术会议让我开阔视野，感谢您对我学习和生活的点点滴滴的关心，更感谢在我无数次想要放弃的时候您鼓励的眼神以及给予的信心。您严谨的治学态度、渊博的专业知识、宽广的处世哲学和崇高的师德，对学术知识的专注，是我毕生学习的楷模，从您的身上，我不仅学会了做学问，更学会了做人。这份恩师之情难以回报，也鼓舞着我在今后的学术路程上勇敢前行。

　　衷心感谢肖氏大家族的每一位成员。感谢金友良副教授，您认真的学术态度、直率的性格常常给我以帮助和指导；感谢周志方副教授，作为师兄，你在每一次需要帮助的时候伸出了援手，在学习困难时孜孜不倦的提点了我，在学术研究领域上不断地提携我，让我受益匪浅。感谢同门罗喜英博士，与你同在704室学习的日日夜夜，历历在目，难以忘怀。感谢王琳博士，作为一届的同门，我们一起经历了太多太多，每忆及此，感慨良多。无论如何，这都是一笔宝贵的财富，值得我永久珍藏。感谢刘兴博士和杨璐璐博士，无论是学习和生活方面，你们都给了我很多的帮助和支持，让我受益颇丰。感谢陈翔博士、朱鹏博士和王达蕴博士，我们有着同样的压力，也怀揣同样的梦想，无论如何，坚持自己，终将美好。感谢陈宝玉硕士，帮我承担了很多任务和工作。同时，还要感谢郑玲博士、谢志明博士、张彩平博士、许松涛博士、万红艳博士、谷雨博士、涂红星博士、邹涛博士、李震博士、刘三红博士、潘宇斌博士、曾辉祥博士、张倩硕士、周源硕士对我的支持和帮助。时间流逝，同门情谊永存。

感谢在中南大学学习期间每一位传道授惑的老师，感谢陈晓红教授、游达明教授、刘咏梅教授、颜爱民教授、任胜钢教授、韩庆兰教授、刘爱东教授、王昶教授、喻凯副教授、李世辉副教授等老师给予我学业上的支持和帮助。感谢吉首大学白晋湘教授、中南大学冶金与环境学院郭学益教授、洪开荣教授、袁乐平教授等开题与预答辩专家、匿名评阅人对本书的审阅和指教。

感谢一直以来默默关爱我的家人。感谢我的先生一直以来与我休戚与共，是你不断地支持和鼓励让我走到了现在；感谢我的父母，你们是我一生奋斗的源动力。

自长沙学院工作以来，在学院众多专家、教授与前辈的关心和帮助下本人进一步对部分内容进行了扩展与完善，包括该研究领域在促进园区、产业及企业的可持续发展方面的应用与发展。因此，本书的出版离不开长沙学院众多领导、同事的无私帮助，特别是研究生院李映辉院长的鼎力支持与帮助！感谢所有关心、帮助我的领导、同事、同学和朋友们，你们的支持和帮助是我一生最宝贵的财富！最后，在本书即将出版之际，感谢经济科学出版社的李雪主任及各位编辑，感谢你们对我所提供的帮助和为本书出版所付出的辛勤劳动！

本书的完成不仅意味着人生一段旅程的结束，更代表一段新征程的开始。在未来的人生道路上、学术殿堂里，我将怀着一颗感恩的心，不断探索，不断积累，不断前行，坚持自己，用实际行动来回报所有关心、爱护我的人。

熊菲
2020 年 6 月 10 日